新世纪高等职业教育创新型精品规划丛书

中级财务会计实务

主编　温莉　何红梅

内 容 简 介

本书分十四个项目对会计六要素的具体核算方法及过程进行详细的阐述。项目一介绍财务会计应具备的理论基础。项目二至项目九介绍资产的核算,主要涉及流动资产与非流动资产的核算。由于本书主要作为高职高专教材,所以对于以债务重组和非货币性资产交换方式取得资产的核算不作介绍。项目十和项目十一介绍负债,主要涉及流动负债和长期负债的核算;项目十二介绍所有者权益要素的核算;项目十三介绍收入、费用、利润三要素的核算;项目十四介绍财务报告的编制。

本教材适合高职高专会计类专业和其他经济管理类专业教学使用,也可供企业管理需了解会计核算者阅读。

图书在版编目(CIP)数据

中级财务会计实务/温莉,何红梅主编.—天津:天津大学出版社,2010.9

(新世纪高等职业教育创新型精品规划丛书)

ISBN 978-7-5618-3636-1

Ⅰ.①中… Ⅱ.①温… ②何… Ⅲ.①财务会计－高等学校:技术学校－教材 Ⅳ.①F234.4

中国版本图书馆 CIP 数据核字(2010)第 155277 号

出版发行 天津大学出版社
出 版 人 杨欢
地　　址 天津市卫津路 92 号天津大学内(邮编:300072)
电　　话 发行部:022-27403647　邮购部:022-27402742
网　　址 www.tjup.com
印　　刷 天津泰宇印务有限公司
经　　销 全国各地新华书店
开　　本 185 mm×260 mm
印　　张 18
字　　数 450 千
版　　次 2010 年 9 月第 1 版
印　　次 2010 年 9 月第 1 次
印　　数 1－3 000
定　　价 33.00 元

前　言

“中级财务会计实务”是为会计学、财务管理、会计电算化等会计类专业开设的一门专业必修课程，是专业核心课程，是会计类专业知识结构的主体部分。在财务会计学科体系中，它处于承前启后的地位。课程实践性和技能性较强，既是对会计学原理的具体运用，又是进一步学习高级财务会计的必要前提和基础。

本教材以任务驱动法教学为主要出发点，以我国最新的《企业会计准则》为依据，以项目为载体，以任务驱动设计教材内容，以“项目导入—项目目标—任务认知—任务案例—任务实训”的新颖体系立项分任务编写而成。教材内容及目标任务明确，并贴近实际，结合企业人才需求，侧重实务操作，具有较强的实用性、易学性和新颖性，适用于高职高专教学，融“教、学、做”为一体，符合国家高职高专人才培养的目标。

本教材内容丰富、结构清晰、易学易懂、便于操作，是以理论够用为度、以实用为目的的财经类教材。全书以财务会计的理论基础为起点，以会计六要素——资产、负债、所有者权益、收入、费用和利润的核算为核心内容，设立具体项目，在每个项目中分任务详细阐述其具体的核算方法与过程，并配有相应的实训习题，突出教材实践性强的特点，最后以如何编制财务报表结束全书。全书体现会计核算的全过程，让学生掌握更多的实际操作知识。

全书共分14个项目，由温莉、何红梅主编，高玉莲、林卫芝、李强副主编，姜宁宁参编。具体编写分工为：项目一、五、六、八、十一由温莉编写；项目十三由温莉、李强编写；项目二、三、四、七、十四由何红梅编写；项目九、十由林卫芝编写；项目十二由高玉莲、姜宁宁编写。

书中出现的人名、单位名称等，均为编者根据稿件内容的实际情况精心设计的，与任何单位或个人无关。需强调，书中出现的“待处理财产损益”、“赢利”和部分“盈余”是按照最新版《现代汉语词典》词条及出版要求编写，在日常会计工作中按照新会计准则的要求仍可使用“待处理财产损溢”、“盈利”、“溢余”。

由于编者水平有限，书中难免存在疏漏之处，敬请广大师生与读者提出宝贵意见。

编者

2010年4月

目　　录

项目一

财务会计总论

项目导入

明悦机械有限公司因为日常的经济业务繁多,所以财务部下设出纳、往来结算、存货管理、固定资产管理、资金管理、总账报表等多个工作岗位。财务经理陈恺为了每年年底的结账工作得以顺利开展,在公司的会计制度中规定公司轧账时间为每年的 12 月 25 日,该日以后发生的经济业务由次年入账。但是注册会计师对公司进行审计时,要求公司轧账时间改为每年的 12 月 31 日。注册会计师为什么要提出这样的要求呢?难道当公司将所发生的全部经济业务进行确认、计量和报告时,还要在意是在哪一具体的时间内进行的吗?

项目目标

(1)了解财务会计的含义和特征。

(2)理解财务报告目标。

(3)理解会计核算的基本假设。

(4)掌握会计信息质量要求。

(5)掌握财务会计要素的含义和确认条件。

(6)理解会计要素的计量属性。

任务一　财务会计的特征和财务报告目标

任务认知

一、财务会计的特征

财务会计是以会计准则为依据,通过填制凭证、登记账簿、编制会计报告等方法,确认和计量企业资产、负债、所有者权益的增减变化,反映收入的取得、费用的发生和归属以及净收益的形成与分配,定期以财务报告的形式提供企业的财务状况、经营成果和现金流量的情况,并通过分析会计报告,客观评价企业的经营业绩、偿债能力和获利能力,对企业的经营情况作出全面反映。因此,财务会计具有以下特征。

(一)对外提供通用的财务报告

现代社会中,会计信息的需求者众多,既有企业外部的投资者、债权人、政府机构,也有企

业内部的管理当局。财务会计的主要任务是向企业外部与企业存在经济利益关系的各方提供财务报告，满足外部会计信息使用者的需要。由于企业外部与其利益相关的集团或个人众多，他们所需要的决策信息千差万别，因此，财务会计并不是也不可能针对某一外部会计信息使用者提供财务报告，满足其个别决策的需要，而是通过定期编制通用的“资产负债表”、“利润表”、“现金流量表”和“所有者权益变动表”，向企业外部会计信息使用者传递企业财务状况、经营成果、现金流量等会计信息，反映企业管理层受托责任履行情况，有助于财务报告使用者作出经济决策。

（二）以会计准则规范会计核算

在所有权与经营权相分离的情况下，财务报告是由企业管理当局负责编报的，而财务报告的使用者主要来自企业的外部。会计信息的外部使用者远离企业，不直接参与企业的日常经营管理，而主要通过企业提供的财务报告获得有关的经济信息。因此，财务会计信息的质量是企业外部会计信息使用者关注的焦点。为使财务会计提供的会计信息真实、可靠，防止企业管理者在会计报表中弄虚作假，财务会计必须严格遵循会计准则，并按照法定的程序对有关资料进行归类整理，定期提供反映企业财务状况和经营成果的财务报告。

（三）运用传统会计的方法和程序进行会计活动

财务会计是传统会计演化而来的，它沿用了传统会计中有关确认、计量、记录等的方法及程序，对企业的经济活动进行有效的反映和监督。同时，财务会计是在传统会计基础上的进一步发展，将传统会计的方法、程序提高到一定的会计理论高度，并以公认会计原则的形式使之系统化、条理化和规范化，形成较为严密而稳定的基本结构。

二、财务报告目标

企业财务会计的目的是通过向企业外部会计信息使用者提供有用的信息，帮助使用者作出相关决策。承担这一信息载体和功能的是企业编制的财务报告，它是财务会计确认和计量的最终结果，是沟通企业管理层与外部信息使用者之间的桥梁和纽带。因此，财务报告的目标定位十分重要。财务报告的目标定位决定着财务报告应当向谁提供有用的会计信息，应当保护谁的经济利益，这是编制企业财务报告的出发点；财务报告的目标定位决定着财务报告所要求会计信息的质量特征，决定着会计要素的确认和计量原则，这是财务会计系统的核心与灵魂。

通常认为财务报告目标有受托责任观和决策有用观两种。在我国，企业会计准则规定，企业财务报告的目标是向财务报告使用者提供与企业财务状况、经营成果和现金流量等有关的会计信息，反映企业管理层受托责任履行情况，有助于财务报告使用者作出经济决策。

财务报告目标要求满足投资者等财务报告使用者决策的需要，体现为财务报告的决策有用观；财务报告要求反映企业管理层受托责任的履行情况，体现为财务报告的受托责任观。投资者出资委托企业管理层经营，希望获得更多的投资回报，实现股东财富的最大化，从而进行可持续投资；企业管理层接受投资者的委托从事生产经营活动，努力实现资产的安全完整、保值增值，防范风险，促进企业可持续发展，就能够更好地、持续地履行受托责任，以为投资者提供回报，为社会创造价值，从而构成企业经营者的目标。由此可见，财务报告目标的决策有用观和受托责任观是有机统一的。

任务案例

【案例】

下列项目中,不属于财务报告目标的是(　　)。

A. 向财务报告使用者提供与企业财务状况有关的会计信息

B. 向财务报告使用者提供与企业经营成果有关的会计信息

C. 反映企业管理层受托履行情况

D. 反映国家宏观经济管理的需要

解析

选 D。因为财务报告的目标是向财务报告使用者提供与企业财务状况、经营成果和现金流量等有关的会计信息,反映企业管理层受托责任履行情况,有助于财务报告使用者作出经济决策。所以财务报告目标不再是满足国家宏观经济管理的需要。

任务二　会计基本假设和会计基础

任务认知

一、会计基本假设

会计基本假设是指一般在会计实践中长期奉行、无须证明便为人们所接受的前提条件。为保证会计信息的一致性和符合财务报告的目标,财务会计要在一定的假设条件下才能确认、计量、记录和报告会计信息,并能对会计核算所处的变化不定的会计环境作出合乎情理的判断。我国的会计基本假设有四项,包括会计主体、持续经营、会计分期、货币计量。

(一)会计主体

会计主体是指会计工作所服务的特定单位。会计主体假设要求企业对其本身发生的交易或事项进行确认、计量和报告,反映企业本身所从事的各项生产经营活动。会计主体基本前提的实质在于它规定了企业会计确认、计量和报告的空间范围。

明确界定会计主体是开展会计确认、计量和报告工作的重要前提。首先,明确会计主体,才能划定会计所要处理的各项交易或事项的范围。在会计实务中,只有那些影响企业本身经济利益的各项交易或事项才能加以确认、计量和报告。其次,明确会计主体,才能将会计主体的交易或事项与会计主体所有者的交易或事项以及其他会计主体的交易或事项区分开来。

会计主体不同于法律主体。一般说来,法律主体必然是一个会计主体。例如,一个企业作为一个法律主体,应当建立财务会计系统,独立反映其财务状况、经营成果和现金流量。但是,会计主体并不一定是法律主体。例如,企业集团中的母公司与其所属的子公司之间,两者虽然是不同的法律主体,但是母公司对子公司拥有控制权,为了全面反映企业集团的财务状况、经营成果及现金流量,需要将企业集团作为一个会计主体,编制合并财务报表,在这种情况下,尽管企业集团不是法律主体,但它却是会计主体。

(二)持续经营

持续经营是指在可以预见的将来,企业将会按当前的规模和状态继续经营下去,不会停业,也不会大规模削减业务。在持续经营的前提下,会计确认、计量和报告应当以企业持续、正

常的生产经营活动为前提。因此,在这个基本前提下,会计便可认定企业拥有的资产将会在正常的经营过程中被合理地支配和耗用,企业的债务也将在持续经营中得到有序的补偿。例如,以持续经营为前提,企业取得固定资产时,按取得成本而非清算价格予以计价,并且在持续经营期间视其耐用年限将其价值分配转移,即以计提折旧的方式,将购置固定资产的成本分摊到各个会计期间中去。

持续经营的前提是认定企业的生产经营活动中的资产总以原定的用途被使用、消耗,其资产的现时价值并不重要。倘若持续经营前提不存在,历史成本计价基本原则以及一系列的会计准则和会计方法也将失去存在的基础,就不能客观地反映企业的财务状况、经营成果和现金流量,以致会误导会计信息使用者的经济决策。

(三)会计分期

企业应当划分会计期间,分期结算账目和编制财务报告。会计分期是指将会计主体持续不断的经营活动人为划分为相等的、较短的会计期间,以便分期考核其经营活动的成果。企业以持续经营为理念,但是债权人和投资人乃至经营者却不能等到经济活动完全结束后(承包期满或解散)才核算一次盈亏,这就促使企业将经营活动划分为一个个连续的、长短相同的期间,据以记录经济业务、结算账目、编制会计报表,及时反映一定日期的财务状况和一定期间的经验成果、现金流量的信息。

会计分期的意义在于界定了会计信息的时间长度,产生了本期与非本期的区别,为历史成本计价、权责发生制、可比性原则等奠定了基础。会计期间分为年度和中期。中期是指短于一个完整的会计年度的报告期间,如半年度、季度或者月度等。

(四)货币计量

企业会计应当以货币计量。货币计量是指会计主体在财务会计确认、计量和报告时以货币作为计量尺度,反映会计主体的生产经营活动。企业的会计核算一般以人民币为记账本位币。业务收支以人民币以外的货币为主的企业,可以选定其中一种货币作为记账本位币,但是编报的财务报告应当折算为人民币。

上述会计核算的四项基本假设,具有相互依存、相互补充的关系。会计主体确立了会计核算的空间范围,持续经营和会计分期确立了会计核算的时间长度,而货币计量则为会计核算提供了必要手段。没有会计主体,就不会有持续经营;没有持续经营,就不会有会计分期;没有货币计量,就不会有现代会计。

二、会计基础

企业应当以权责发生制为基础而不应当以收付实现制为基础,进行会计确认、计量和报告。权责发生制是指凡是当期已经实现的收入和已经发生或应负担的费用,不论款项是否收付,都应当作为当期的收入和费用处理;凡是不属于当期的收入和费用,即使款项已经在当期收付,也不应作为当期的收入和费用。按照权责发生制,对于收入的确认应以实现为原则。判断收入是否实现,主要看产品是否已经完成销售过程,劳务是否已经提供。如果产品已经完成销售过程,劳务已经提供,并已取得收款权利,收入就算实现,而不管是否已经收到款项,都应计入当期收入。对费用的确认应以发生为原则,判断费用是否发生,主要看与其相关的收入是否已经实现,费用应与收入相配比。如果某项收入已经实现,那么与之相关的费用就已经发生,而不管这项费用是否已经付出,即在确认收入的同时确认与之相关的费用。

与权责发生制相对应的是收付实现制。在收付实现制下,对收入和费用的入账,以款项实

际收到或支付的日期为基础来确定其归属期。目前,我国的行政单位会计采用收付实现制,事业单位会计除经营部分可以采用权责发生制外,其他大部分采用收付实现制。

为了更加真实、公允地反映特定会计期间的财务状况和经营成果,会计准则明确规定:企业在会计确认、计量和报告中应当以权责发生制为基础。

任务案例

【案例】华兴公司投资者之一李华向公司追加投资,投入资金200万元,并已入到企业账上。同时,李华将自用买房款也入到了企业账上。这些行为是否违反我国的会计基本假设?如果违反,请问是违反哪一项会计基本假设?

解析

华兴公司投资者之一李华向公司追加投资,投入资金200万元,增加了企业主体的资本,是属于企业主体所发生的交易或事项,应当纳入企业会计确认、计量和报告的范围,故没有违反我国会计核算的基本假设。而李华自用买房款入到企业账上,就违反了会计主体这一会计基本假设。企业投资者自用买房款是属于投资者自己所发生的经济活动,而不属于企业的经济活动,因此,不应纳入企业会计处理的范围。

任务实训

单项选择题

1. 确立会计核算空间范围所依据的会计基本假设是(　　)。

A. 会计主体　　B. 持续经营　　C. 会计分期　　D. 货币计量

2. 我国企业会计的确认、计量和报告的会计基础是(　　)。

A. 收付实现制　　B. 权责发生制　　C. 永续盘存制　　D. 定期盘存制

3. 我国行政单位会计的确认、计量和报告的会计基础是(　　)。

A. 收付实现制　　B. 权责发生制　　C. 永续盘存制　　D. 定期盘存制

4. 我国境内的某一外商投资企业,其业务收支以英镑为主,并以英镑作为记账本位币,则编制的财务报表应当(　　)。

A. 折算为人民币　　B. 以英镑反映

C. 折算为美元　　D. 既可折算为人民币,也可以英镑反映

任务三　会计信息质量要求

任务认知

会计信息质量要求是对企业财务报告中所提供会计信息的基本要求,是使财务报告中所提供的会计信息对投资者等信息使用者决策有用而应具备的基本特征,它主要包括可靠性、相关性、可理解性、可比性、实质重于形式、重要性、谨慎性和及时性等。

一、可靠性

可靠性要求企业应当以实际发生的交易或事项为依据进行会计确认、计量和报告,如实反映符合确认和计量要求的各项会计要素及其他相关信息,保证会计信息真实可靠、内容完整。

会计信息若要有用,必须以可靠为基础。如果财务报告所提供的会计信息是不可靠的,就会对投资者等使用者的决策产生误导甚至带来损失。为了贯彻可靠性要求,企业应当做好以下工作。

(1)以实际发生的交易或事项为依据进行确认、计量和报告,将符合会计要素定义及其确认条件的资产、负债、所有者权益、收入、费用和利润等如实地反映在财务报表中。

(2)在符合重要性和成本效益原则的前提下,应保证会计信息的完整性,其中包括编报的报表及其附注内容等应当保持完整,不能随意遗漏或者减少应予披露的信息。

(3)包括在财务报告中的会计信息应当是中立的、无偏的。如果企业在财务报告中为了达到事先设定的结果或效果,通过选择或列示有关会计信息以影响决策和判断,这样的财务报告信息就不是中立的。

二、相关性

相关性要求企业提供的会计信息应当与财务报告使用者的经济决策需要相关,有助于财务报告使用者对企业过去、现在和未来的情况作出评价或者预测。也就是说,会计信息是否有用,是否有价值,关键看其与使用者的决策需要是否相关,是否有助于决策或者提高决策水平。

对于会计信息质量的相关性要求,需要企业在确认、计量和报告会计信息的过程中,充分考虑使用者的决策模式和信息需要。但是,相关性是以可靠性为基础的,两者之间并不矛盾,不应将两者对立起来。也就是说,会计信息在可靠性的前提下,尽可能地做到相关,以满足投资者等财务报告使用者的决策需要。

三、可理解性

可理解性要求企业提供的会计信息应当清晰明了,便于财务报告使用者理解和使用。

可理解性原则是指会计核算和编制的财务报告应当清晰明了,便于了解和运用。会计信息的价值在于对信息使用者的决策有用,因此必须使信息使用者理解会计分录乃至编制报告语言、方法的含义和用途,而且可理解性原则应贯穿于会计凭证开始的各个阶段。对于某些复杂的信息,如交易本身较为复杂或者会计处理较为复杂,但其与使用者的经济决策相关,企业就应当在财务报表中充分披露。

四、可比性

可比性要求企业提供的会计信息应当具有可比性,可比性包括以下两方面含义。

1. 同一企业纵向可比

会计信息质量的可比性要求同一企业不同时期发生的相同或者相似的交易或事项,应当采用一致的会计政策,不得随意变更。确需变更的,应当在附注中说明。如企业将存货计价从先进先出法改为加权平均法,会对存货发出成本和留存存货价值产生不同的影响,附注中应该说明。

2. 不同企业横向可比

会计信息质量的可比性要求不同企业发生的相同或者相似的交易或事项,应当采用规定的会计政策,以确保会计信息口径一致、相互可比。企业经营的好坏,资产情况如何,可通过企业之间会计报表信息的比较来反映,如果企业记账都口径一致,无疑其可比性增强。可比性原则以客观性原则为基础,并不意味着不能有任何其他选择,只要这种选择仍然可以进行有意义的比较。如为了如实反映应收账款的风险,可以根据实际情况选择计提坏账准备比例。

五、实质重于形式

实质重于形式要求企业应当按照交易或事项的经济实质进行会计确认、计量和报告，不应仅以交易或事项的法律形式为依据。如果企业的会计核算仅仅按照交易或事项的法律形式或人为形式进行，而其法律形式或人为形式又未能反映其经济实质和经济现实，那么，会计核算的结果不仅不利于会计信息使用者的决策，反而会误导会计信息使用者的决策。如将融资租入固定资产视同为自有固定资产进行会计处理，就是遵循实质重于形式的原则。

六、重要性

重要性要求企业提供的会计信息应当反映与企业财务状况、经营成果和现金流量等有关的所有重要交易或事项。企业的会计核算应当遵循重要性原则，在会计核算过程中对交易或事项应当区别其重要性程度，采用不同的核算方法。对资产、负债、损益有较大影响，并进而影响财务报告使用者据以作出合理判断的重要会计事项，必须按照规定的会计方法和程序进行处理，并在财务报告中予以充分、准确的披露；对于次要的会计事项，在不影响会计信息真实性和不至于误导财务报告使用者作出正确判断的前提下，可适当简化处理。如某项资产过少可不单独在会计报告中列报，而在财务会计中合并反映。重要性原则与会计信息成本效益直接相关，坚持重要性原则能使提供会计信息的收益大于成本。

在会计实务中，如果某会计信息的省略或者错报会影响投资者等财务报告使用者据此作出决策的，该信息就具有重要性。重要性的应用需要依赖职业判断，企业应当根据其所处环境和实际情况，从项目的性质和金额大小两方面加以判断。

七、谨慎性

谨慎性要求企业对交易或事项进行会计确认、计量和报告应当保持应有的谨慎，不应高估资产或收益，低估负债或费用。谨慎性原则是指会计人员对存在不同会计处理程序和方法的某些经济业务或会计事项，应在不影响合理反映的前提下，尽可能选择不虚增利润和夸大使用者权益的会计处理程序和方法进行会计处理。当有多种会计方法供选择时，企业应当遵循谨慎性原则的要求，不得多计资产或收益、少计负债或费用，也不得设置秘密准备。

八、及时性

及时性要求企业对于已经发生的交易或事项，应当及时进行会计确认、计量和报告，不得提前或者延后。在会计确认、计量和报告过程中贯彻及时性，企业应做好以下工作。

(1)要求及时收集会计信息，即在经济交易或事项发生后，及时收集整理各种原始单据或者凭证。

(2)要求及时处理会计信息，即按照会计准则的规定，及时对经济交易或事项进行确认或者计量，并编制财务报告。

(3)要求及时传递会计信息，即按照国家规定的有关时限，及时地将编制的财务报告传递给财务报告使用者，便于其及时使用和决策。

上述 8 个会计信息质量要求中，可靠性、相关性、可理解性、可比性是会计信息的首要质量要求，是企业财务报告中所提供会计信息应具备的基本质量特征；实质重于形式、重要性、谨慎性和及时性是会计信息的次要质量要求，是对可靠性、相关性、可理解性和可比性等首要质量要求的补充和完善。及时性还是会计信息相关性和可靠性的制约因素，企业应该在相关性和可靠性之间寻求一种平衡，以确定信息及时披露的时间。

任务案例

【案例1】A公司拥有B公司40%的表决权资本,C公司拥有B公司30%的表决权资本。A公司与C公司达成协议:C公司在B公司的权益由A公司代表。则A公司对B公司是控制关系还是具有重大影响?

解析

本例中,A公司实质上控制了B公司。

如果仅从A公司拥有B公司40%的表决权资本的角度来分析,A公司未能对B公司实施控制,A公司只对B公司具有重大影响。如果仅从C公司拥有B公司30%的表决权资本的角度来分析,C公司也未能对B公司实施控制,C公司也只对B公司具有重大影响。

但A公司与C公司达成协议,C公司在B公司的权益由A公司代表。根据实质重于形式的会计质量要求,在这种情况下,A公司实质上拥有B公司70%表决权资本的控制权,表明A公司实质上控制了B公司。

【案例2】下列各项中,符合谨慎性会计信息质量要求的有(　　)。

A. 无形资产计提减值准备

B. 固定资产计提减值准备

C. 存货期末计价采用成本与可变现净值孰低法

D. 按应收账款余额百分比法对应收款项计提坏账准备

解析

本例中,应选ABCD。因为谨慎性要求企业对交易或事项进行会计确认、计量和报告应保持应有的谨慎,不应高估资产或收益、低估负债或费用。各种资产计提减值准备是合理反映资产价值的实际情况,均符合谨慎性要求。

任务实训

(一)单项选择题

1. 下列各项中,不属于会计信息质量要求的是(　　)。

A. 会计核算方法一经确定不得变更

B. 会计核算应当注重交易或事项的实质

C. 会计核算应当以实际发生的交易或事项为依据

D. 企业提供的会计信息应当与财务报告使用者的经济决策需要相关

2. 在会计核算上,将企业以融资租赁方式租入的资产视为企业自有资产所反映的会计信息质量要求是(　　)。

A. 实质重于形式　　B. 可理解性　　C. 重要性　　D. 谨慎性

3. 对于企业发生的某项支出,金额较小的,虽从支出收益期看可在若干个会计期间进行分摊,但企业将其一次性计入当期损益,体现了(　　)的会计信息质量要求。

A. 实质重于形式　　B. 可理解性　　C. 重要性　　D. 谨慎性

(二)多项选择题

1. 下列各项中,体现会计信息谨慎性的有(　　)。

A. 将融资租入固定资产视作自有资产核算

B. 采用双倍余额递减法对固定资产计提折旧

C. 对固定资产计提减值准备

D. 将长期借款利息予以资本化

2. 下列属于会计信息质量要求的是(　　)。

A. 可读性　　B. 可理解性　　C. 可比性　　D. 可靠性

E. 实质重于形式　　F. 相关性

3. 下列属于会计信息首要质量要求的是(　　)。

A. 可读性　　B. 可理解性　　C. 可比性　　D. 可靠性

E. 实质重于形式　　F. 相关性

任务四　会计要素的确认与计量

任务认知

一、企业会计的一般对象

企业会计的对象与企业经济活动的内容密切相关,但不是企业经济活动的全部内容,企业会计的对象仅指能够用货币表现的资金运动。以工业企业为例,工业企业的资产运动按其运动的程序可分为资金投入、资金使用、资金收回3个基本环节。随着企业供、产、销过程的不断进行,企业的资金也在不断地进行循环和周转,即由货币资金转化为固定资金、储备资金,再转化为生产资金、成品资金,最后又转化为货币资金。会计要依次反映各阶段的资金运动,这种资金运动就构成了工业企业会计的一般对象。

二、会计要素

会计要素是根据交易或事项的经济特征所确定的财务会计对象的基本分类。对上述资金运动进行细致的描述即可看出:企业的资金可表现为保持货币形态的资金、原材料占用的资金、固定资产占用的资金、处于生产过程中的在产品占用的资金和完成生产过程待对外销售产成品占用的资金,这些占用资金的项目统称为资产。企业的资金主要来自两个方面,即从债权人处取得的部分和企业所有者投入的部分,人们习惯上把前者称为负债,把后者称为所有者权益。企业外销产品取得的货币资金是企业运用资金取得的成果,称其为收入;而企业为取得收入而耗费资产的货币数额称为费用;收入与费用之间的差额称为利润。上述资产、负债、所有者权益、收入、费用和利润,就是一般所说的财务会计要素。可见,会计要素可以使会计对象、会计凭证和会计报表有机地联系起来。

上述会计要素中的资产、负债和所有者权益是企业财务状况的静态反映,可视为资产负债表要素;收入、费用和利润是从动态方面来反映企业的经营成果,可视为利润表要素。人们利用6个会计要素,就可以从静态和动态两方面描述企业的经济活动。

(一)反映企业财务状况的会计要素

财务状况是指企业一定日期的资产和权益状况,是资金运动相对静止状态时的表现。一个企业的财务状况可通过以下会计要素得以反映。

1. 资产

资产是指企业过去的交易或事项形成的、由企业拥有或控制的、预期会给企业带来经济利

益的资源。资产按其流动性不同,分为流动资产、长期股权投资、固定资产、无形资产及其他资产。根据资产的定义,资产具有3个特征:①资产应为企业拥有或控制的资源;②资产预期会给企业带来经济利益;③资产是由企业过去的交易或事项形成的。

将一项资源确认为资产,需要符合资产的定义,还应同时满足2个条件:①与该资源的有关经济利益很可能流入企业;②该资源的成本或价值能够可靠地计量。

2. 负债

负债是指企业过去的交易或事项形成的、预期会导致经济利益流出企业的现时义务。负债按其流动性的不同,分为流动负债和非流动负债。根据负债的定义,负债具有3个特征:①负债是企业承担的现时义务;②负债预期会导致经济利益流出企业;③负债是由企业过去的交易或事项形成的。

将一项现时义务确认为负债,需要符合负债的定义,还应当同时满足2个条件:①与该义务有关的经济利益很可能流出企业;②未来流出的经济利益的金额能够可靠地计量。

3. 所有者权益

所有者权益是指企业资产扣除负债后,由所有者享有的剩余权益。公司的所有者权益又称为股东权益。所有者权益是所有者对企业资产的剩余索取权,它是企业资产中扣除债权人权益后应由所有者享有的部分,既可反映所有者投入资本的保值增值情况,又体现了保护债权人权益的理念。

所有者权益的来源包括所有者投入的资本、直接计入所有者权益的利得和损失、留存收益等,通常是由实收资本(股本)、资本公积、盈余公积和未分配利润构成。其中,利得是指由企业非日常活动所形成的、会导致所有者权益增加的、与所有者投入资本无关的经济利益的流入,包括直接计入所有者权益的利得和直接计入当期利润的利得。损失是指企业非日常活动所形成的、会导致所有者权益减少的、与所有者投入资本无关的经济利益的流出,包括直接计入所有者权益的损失和直接计入当期利润的损失。

所有者权益的确认和计量,主要取决于资产、负债、收入、费用等其他会计要素的确认和计量,尤其是资产和负债的确认与计量。所有者权益即为企业的净资产,是企业资产总额中扣除债权人权益后的净额,反映所有者财富的净增加额。

所有者权益和负债都属权益,都表现为对企业资产的求偿权,都反映在资产负债表的右边。所有者权益和负债合计总额等于资产总额,但两者又有明显的区别,主要表现在以下方面。

(1)对象不同。负债是企业对债权人负担的经济责任,所有者权益是企业对所有者负担的经济责任。

(2)清偿的次序不同。债权人有优先获取企业用以清偿债务的资产的要求权;所有者权益则是所有者对剩余资产的要求权,这种要求权在顺序上置于债权人的要求权之后。

(3)享受的权利不同。债权人只有获取企业用以清偿债务的资产的要求权,而没有经营决策的参与权和收益分配权;所有者则可以参与企业的经营决策及收益分配。

(4)偿还的期限不同。企业的负债通常都有约定的偿还日期,企业必须按期偿还;所有者权益在企业的存续期内一般不存在偿还问题,即不存在约定的偿还日期,它是企业的一项可以长期使用的资金,只有在企业清算时才予以偿还。

(二)反映企业经营成果的会计要素

经营成果是企业在一定时期内从事生产经营活动所取得的最终成果,是资金运动显著变动状态的主要表现。一个企业的经营成果可通过以下会计要素反映。

1. 收入

收入是指企业在日常活动中形成的、会导致所有者权益增加的、与所有者投入资本无关的经济利益的总流入,包括销售商品的收入、提供劳务的收入和让渡资产使用权而取得的收入等。收入的确认至少应当符合3个条件:①与收入相关的经济利益应当很可能流入企业;②经济利益流入企业的结果会导致资产的增加或负债的减少;③经济利益的流入额能够可靠计量。

2. 费用

费用是指企业在日常活动中发生的、会导致所有者权益减少的、与向所有者分配利润无关的经济利益的总流出。我国规定的费用类项目有主营业务成本、其他业务成本、营业税金及附加、管理费用、销售费用、财务费用、所得税费用等。费用的确认至少应当符合3个条件:①与费用相关的经济利益应当很可能流出企业;②经济利益流出企业的结果会导致资产的减少或负债的增加;③经济利益的流出额能够可靠计量。

3. 利润

利润是指企业在一定会计期间内的经营成果。利润是评价企业管理层业绩的指标之一,也是投资者等财务报告使用者进行决策时的重要参考。利润包括收入减去费用后的净额、直接计入当期利润的利得和损失等,即利润分为两个层次:第一个层次为营业收入减去营业成本、营业税金、管理费用、销售费用、财务费用,反映企业日常活动的经营业绩;第二个层次为再加减直接计入当期利润的利得和损失,反映企业非日常活动的取得。即利润反映收入减去费用、利得减去损失后的净额。利润的计算公式为

利润 =(收入 - 费用)+(利得 - 损失)

利润的确认主要依赖于收入和费用以及利得和损失的确认,其金额的确定也主要取决于收入、费用、利得、损失金额的计量。

三、会计要素的计量

会计计量是为了将符合确认条件的会计要素登记入账并列报于财务报表而确定其金额的过程。企业应当按照规定的会计计量属性进行计量,确定相关金额。计量属性是指予以计量的某一要素的特性方面。从会计角度看,计量属性反映的是会计要素金额的确定基础,主要包括历史成本、重置成本、可变现净值、现值和公允价值等。

(一)历史成本

历史成本又称为实际成本,是指取得或制造某项财产物资时所实际支付的现金或其他等价物。在历史成本计量下,资产按照购置时支付的现金或现金等价物的金额,或者按照购置资产时所付出的对价的公允价值计量。负债按照因承担现时义务而实际收到的款项或者资产的金额,或者承担现时义务的合同金额,或者按照日常活动中为偿还负债预期需要支付的现金或现金等价物的金额计量。

(二)重置成本

重置成本又称现行成本,是指按照当前市场条件,重新取得同样一项资产所需支付的现金或现金等价物金额。在重置成本计量下,资产按照现在购买相同或者相似资产所需支付的现金或现金等价物的金额计量;负债按照现在偿还该项债务所需支付的现金或现金等价物的金

额计量。

(三)可变现净值

可变现净值是指在正常生产经营过程中,以资产预计售价减去进一步加工成本和预计销售费用以及相关税费后的净值。在可变现净值计量下,资产按照其正常对外销售所能收到的现金或者现金等价物的金额扣减该资产完工时估计将要发生的成本、估计的销售费用以及相关税费后的金额计量;可变现净值通常应用于存货资产减值情况下的后续计量。

(四)现值

现值是指对未来现金流量以恰当的折现率进行折现后的价值,是考虑货币时间价值的一种计量属性。在现值计量下,资产按照预计从其持续使用和最终处置中所产生的未来净现金流入量的折现金额计量;负债按照预计期限内需要偿还的未来净现金流出量的折现金额计量。

(五)公允价值

公允价值是指在公平交易中,熟悉情况的交易双方自愿进行资产交换或者债务清偿的金额。在公允价值计量下,资产和负债按照在公平交易中,熟悉情况的交易双方自愿进行资产交换或者债务清偿的金额计量。

根据新准则规定,我国计量属性的应用原则是:企业在对会计要素进行计量时,一般应当采用历史成本;采用重置成本、可变现净值、现值、公允价值计量的,应当保证所确定的会计要素金额能够取得并可靠计量。

任务案例

【案例1】关于资产,有以下说法:①资产由企业拥有或控制是指企业享有某项资源的所有权,或者虽然不享有某项资源的所有权,但该资源能被企业控制;②预期在未来发生的交易或事项也会形成资产;③符合资产定义和资产确认条件的项目应当列入资产负债表,符合资产定义但不符合资产确认条件的项目不应列入资产负债表。你认为哪种说法是正确的?哪种说法是错误的?

解析

资产是指企业过去的交易或事项形成的、由企业拥有或控制的、预期会给企业带来经济利益的资源。因为资产是由企业过去的交易或事项形成的,所以第2种说法是错误的,它不符合资产的定义和特征。将一项资源确认为资产,需要符合资产的定义,还应同时满足2个条件:①与该资源的有关经济利益很可能流入企业;②该资源的成本或者价值能够可靠地计量。所以,上述说法中,第1种和第3种说法是正确的,第2种说法是错误的。

【案例2】下列计价方法中,符合历史成本计量属性的有(　　)。

A. 发出存货计价所采用的先进先出法

B. 固定资产计提折旧

C. 可供出售金融资产期末采用公允价值计量

D. 发出存货计价所使用的移动平均法

解析

本例中,应选ABD。因为不论是在实际成本法下核算的存货还是计划成本法下核算的存货,其发出的计价均以实际取得时的成本为基础,所以A、D是正确的。固定资产折旧是指在固定资产的使用寿命以内,按照确定的方法对应计折旧额进行系统分摊。而应计折旧额是指

应当计提折旧的固定资产的原值扣除其预计净残值后的金额。即应计折旧额也是以实际取得时的成本为基础进行计算的。所以B选项是正确的。C选项“可供出售金融资产期末采用公允价值计量”,显然不符合历史成本计量属性。

任务实训

(一)单项选择题

1. 下列项目中,符合资产定义的是(　　)。

A. 经营租入的设备　　B. 购入的某种材料

C. 待处理财产损失　　D. 计划购买的某项设备

2. 下列各项中,能够引起负债和所有者权益同时发生变动的是(　　)。

A. 在债务重组中将债务转为资本　　B. 股东大会审议批准股利分配方案

C. 计提短期借款的利息　　D. 出售固定资产流入的经济利益

3. 下列项目中,属于利得的是(　　)。

A. 企业销售流入的经济利益　　B. 投资者投入资本

C. 出租建筑物流入的经济利益　　D. 出售固定资产产生的净收益

4. 在会计计量中,一般采用的会计计量属性是(　　)。

A. 历史成本　　B. 重置成本　　C. 公允价值　　D. 现值

5. 依据企业会计准则的规定,下列有关费用和损失的表述中,正确的是(　　)。

A. 费用源于日常活动,损失也可能源于日常活动

B. 费用会影响利润,损失也一定会影响利润

C. 费用源于日常活动,损失源于非日常活动

D. 费用导致所有者权益的减少,损失也一定会导致所有者权益的减少

6. 下列业务中,会引起公司股东权益总额变动的是(　　)。

A. 用资本公积转增资本　　B. 向投资者分配股票股利

C. 接受投资者投资　　D. 用盈余公积弥补亏损

(二)多项选择题

1. 下列属于会计的计量属性的有(　　)。

A. 历史成本　　B. 重置成本　　C. 可变现净值　　D. 现值

E. 公允价值

2. 下列项目中,属于收入的是(　　)。

A. 租出资产　　B. 接受投资者投资

C. 出售材料　　D. 提供劳务

3. 下列项目中,属于负债的有(　　)。

A. 预付账款　　B. 预收账款

C. 公司发行的债券　　D. 未分配利润

4. 下列项目中,属于所有者权益项目的有(　　)。

A. 所有者投入的资本　　B. 直接计入所有者权益的利得和损失

C. 留存收益　　D. 应付职工薪酬

5. 下列关于会计要素的表述中,正确的有(　　)。

A. 负债的特征之一是企业承担现时义务

B. 资产的特征之一是预期能给企业带来经济利益

C. 利润是企业一定期间内收入减去费用后的净额

D. 费用是所有导致所有者权益减少的经济利益的总流出

(三)判断题

1. 如企业在一定期间内发生亏损,则在这一会计期间内的所有者权益一定减少。(　　)

2. A 公司是一家咨询服务公司,人力资源非常丰富,因此该公司的人力资源也是该企业的一项资产。(　　)

3. 只要经济利益流出本企业,就应该确认为一项费用。(　　)

4. 收入最终会导致所有者权益的增加。(　　)

5. 对会计要素,既可采用历史成本计量,也可采用其他计量属性。(　　)

6. 如果某项资产不能为企业带来经济效益,即使是由企业拥有或控制,也不能作为资产在资产负债中列示。(　　)

7. 会计实体一般都是法律实体。(　　)

8. 利得和损失一定会影响当期损益。(　　)

9. 企业为减少本年度亏损而调减计提资产减值准备金额,体现了会计核算的谨慎性原则。(　　)

10. 预期会给企业带来经济利益是指直接导致现金和现金等价物流入企业的潜力,不包括间接导致现金和现金等价物流入企业的潜力。(　　)

项目二

货币资金的核算

📖 项目导入

明悦机械有限公司的出纳员小菲是刚毕业不久的大学生,对货币资金业务管理和内控制度不甚了解,所以不经意会出现一些差错。2010 年 2 月 13 日和 15 日两天的现金业务结束后的例行现金清查中,她发现 13 日现金盈余 26 元,15 日现金短缺 68 元,费尽心思也没有查出原因。最终,为了维持自己在领导中的良好印象,同时又考虑到两次账实不符的金额很小,她决定:用盈余的 26 元相抵短缺的 68 元,其差额 42 元自掏腰包补齐。

此外,小菲对公司银行存款的实存数心中无数,直接影响了公司日常业务的结算。因此公司经理指派专人不定时地检查小菲的工作。结果发现:小菲每次编制银行存款余额调节表时,只以公司银行存款日记账上的实有数为基础,当有未达账项存在时,她就及时将未达账项登记在公司银行存款账上。

请问小菲对上述两项业务的处理是否正确?为什么?如果你是该公司的出纳员,你会如何处理呢?

📖 项目目标

(1)掌握现金的概念及日常管理。
(2)掌握银行存款的概念及其结算方式。
(3)掌握其他货币资金的概念及种类。
(4)能够对现金的收付业务进行核算。
(5)能够对银行存款的收付业务进行核算。
(6)能够编制银行存款余额调节表。
(7)能够对其他货币资金的收付业务进行核算。

任务一　库存现金的核算

📖 任务认知

一、现金概述

在我国,现金是指库存现金,这是狭义的现金概念,包括库存的人民币和外币。广义的现金不仅包括库存现金,还包括银行存款和其他符合现金定义的票据。

（一）现金开支范围

现金开支范围是：①职工工资、津贴；②支付给个人的劳动报酬；③根据国家规定颁发给个人的科学技术、文化艺术、体育等各种奖金；④各种劳保、福利费用以及国家规定的对个人的其他支出；⑤向个人收购农副产品和其他物资的价款；⑥出差人员必须随身携带的差旅费；⑦结算起点（1 000 元人民币）以下的零星支出；⑧中国人民银行确定的必须支付现金的其他支出。

不属于上述规定范围的款项支付应通过银行进行转账结算。

（二）库存现金的限额

为满足企业零星开支的需要，按照规定，企业可保持一定数量的库存现金。库存现金的限额是指企业根据日常开支的现金量提出计划，报开户银行审查，由开户银行根据企业的实际需要和企业距离银行远近情况核定的库存现金的最高限度。其限额一般按照企业 3 ~5 天内的日常零星开支所需现金确定；对于远离银行或交通不便的企业，可以根据企业不超过 15 天的日常支出来核定。超过库存现金限额的部分应于当日终了前存入银行，现金不足时可从银行提取。

（三）禁止坐支现金

企业支付现金时，应从本企业库存现金限额中支付或者从开户银行提取，而不得从本企业的现金收入中直接支付（即坐支现金）。因特殊情况需要坐支现金，应事先报开户银行审查批准，由开户银行核定坐支范围和限额。企业定期向开户银行报送坐支金额及其使用情况。

（四）库存现金的内部控制制度

（1）企业应建立现金的岗位责任制，明确相关部门和岗位的职责权限，确保办理现金业务的不相容岗位的相互分离、制约和监督。出纳人员不得兼任稽核，会计档案保管和收入、支出、费用、债权、债务账目的登记工作。

（2）企业办理现金业务，应配备合格的人员，并根据具体情况进行岗位轮换。

（3）企业应建立现金业务的授权批准制度，明确审批人员对现金业务的授权批准方式、权限、程序、责任和相关的控制措施，规定经办人员办理现金业务的职责范围和工作要求。

（4）企业应加强银行预留印鉴的管理。财务专用章由专人保管，个人名章由本人或其授权人保管。严禁一人保管支付款项所需的全部印章。

（5）企业应加强与现金有关的票据的管理，防止空白票据的遗失和被盗。

（6）现金管理“八不准”。按照《现金管理暂行条例》及其实施细则规定，企业、事业单位和机关、团体、部队现金管理应遵循“八不准”，即：①不准用不符合财务制度的凭证顶替库存现金（即不准白条抵库）；②不准单位之间互相借用现金；③不准谎报用途套取现金；④不准利用银行账户代其他单位和个人存入或支取现金；⑤不准将单位收入的现金以个人名义存入银行进行储蓄；⑥不准保留账外公款，不得私设“小金库”；⑦不准发行变相货币；⑧不准以任何票券代替人民币在市场上流通。

二、库存现金的核算

（一）库存现金的序时核算

为了加强对库存现金的核算与管理，详细地掌握企业现金收支的动态和结存情况，企业必须设置“现金日记账”，按照现金收支业务发生的时间先后顺序，逐日逐笔进行登记，并逐日结出余额，以便与实存现金相核对，做到日清月结，账实相符。

(二)库存现金的总分类核算

企业应设置“库存现金”账户对库存现金进行总分类核算。“库存现金”是资产类账户,用以核算库存现金的收入、支出和结存。收入现金时,记入借方;支出现金时,记入贷方;余额在借方,表示库存现金的结存数额。

库存现金总分类账由不从事出纳工作的会计人员登记,一般采用订本式“三栏式”账簿。月份终了,库存现金总分类账余额与出纳人员登记的现金日记账余额应核对相符。

企业如发生现金短缺时,应借记“待处理财产损益——待处理流动资产损益”账户,贷记“库存现金”账户;反之,如发生现金盈余时,则应借记“库存现金”账户,贷记“待处理财产损益——待处理流动资产损益”账户。待查明原因,再予以转账。对于短缺的现金,如确定由企业列支时,应借记“管理费用”账户;如确定由责任人赔偿时,则借记“其他应收款”账户,贷记“待处理财产损益——待处理流动资产损益”账户。对于盈余的现金,一般情况下,转账时应借记“待处理财产损益——待处理流动资产损益”账户,贷记“营业外收入”账户。

任务案例

【案例 1】10 月 3 日,洪萍公司采购员张宇借差旅费 1 000 元,以现金支付,根据审批的借款单,编制会计分录如下。

解析

借:其他应收款——张宇　　1 000

　贷:库存现金　　1 000

【案例 2】10 月 10 日,张宇报销差旅费 800 元,交回多余的现金 200 元,据差旅费报销清单和相关凭据,编制会计分录如下。

解析

借:管理费用——差旅费　　800

　库存现金　　200

　贷:其他应收款——张宇　　1 000

【案例 3】10 月 11 日,洪萍公司收到零星销售商品款 1 170 元(增值税税率为 17%)。根据销售发票和出库单等相关凭据,作如下账务处理。

解析

借:库存现金　　1 170

　贷:主营业务收入　　1 000

　　应交税费——应交增值税(销项税额)　　170

【案例 4】10 月 12 日,以现金支付购买办公用品款 100 元,根据现金支付单据和办公用品发票,作如下财务处理。

解析

借:管理费用——办公费　　100

　贷:库存现金　　100

【案例 5】10 月 13 日,洪萍公司向银行提取现金 30 000 元以备发放工资,根据现金支票存根联,编制会计分录如下。

解析

借:库存现金　30 000

　贷:银行存款　30 000

【案例6】10月15日,洪萍公司发放工资,根据工资清单,编制会计分录如下。

解析

借:应付职工薪酬　30 000

　贷:库存现金　30 000

【案例7】10月16日,洪萍公司把6 000元现金存入银行,根据银行单据,编制会计分录如下。

解析

借:银行存款　6 000

　贷:库存现金　6 000

【案例8】

A. 10月31日,洪萍公司盘点现金,短缺300元,根据盘点报告单,作如下账务处理。

解析

借:待处理财产损益——待处理流动资产损益　300

　贷:库存现金　300

B. 后查明原因,由出纳员陈强私自借了100元给王明(有王明打的未经批准的借条),另200元找不到原因,责成出纳员陈强赔偿,作如下账务处理。

解析

借:其他应收款——陈强　200

　其他应收款——王明　100

　贷:待处理财产损益——待处理流动资产损益　300

【案例9】

A. 12月31日,洪萍公司清查现金时,发现多了700元,根据库存现金盘点表,作如下账务处理。

解析

借:库存现金　700

　贷:待处理财产损益——待处理流动资产损益　700

B. 经查,其中200元系多收客户款,其他500元无法找到原因,根据审批意见,作如下账务处理。

解析

借:待处理财产损益——待处理流动资产损益　700

　贷:其他应付款　200

　　营业外收入　500

任务实训

(一)单项选择题

1. 企业在对库存现金清查过程中发现的多余现金,未经批准处理之前,应借记"库存现

金”账户,贷记的账户应为(　　)。

A. 其他业务收入　　B. 营业外收入　　C. 待处理财产损益　　D. 管理费用

2. 下列情形下,不违背《内部会计控制规范——货币资金(试行)》规定的“确保办理货币资金业务的不相容岗位相互分离、制约和监督”原则的是(　　)。

A. 由出纳人员兼任会计档案保管工作

B. 由出纳人员保管签发支票所需全部印章

C. 由出纳人员兼任收入总账和明细账的登记工作

D. 由出纳人员兼任固定资产明细账及总账的登记工作

(二)多项选择题

1. 企业发生的下列支出中,按规定可使用现金支付的有(　　)。

A. 支付职工张添差旅费 3 000 元　　B. 支付银行承兑汇票手续费 1 000 元

C. 支付李明困难补助 800 元　　D. 支付购置设备款 6 000 元

E. 支付采购材料款 10 000 元

2. 对于现金管理,下列说法正确的有(　　)。

A. 在国家规定的范围内使用现金结算　　B. 库存限额一经确定,不得变更

C. 收入的现金必须当天送银行　　D. 必须每天登记现金日记账

(三)判断题

1. 一般情况下,企业发生的少量零星开支可直接从本单位的现金收入中支付。(　　)

2. 财务专用章和个人名章可由会计保管。(　　)

(四)计算分析题

(1)8 月 6 日,从银行提取现金 90 000 元,以备发放本月工资。

(2)8 月 7 日,以银行存款支付业务招待费 800 元。

(3)8 月 9 日,以现金发放职工上个月的工资 90 000 元。

(4)8 月 12 日,张兰出差预借差旅费 900 元,以现金支付。

(5)8 月 14 日,公司收到零星销售款 2 340 元(增值税税率为 17%)。

(6)8 月 18 日,职工李宏出差预借差旅费 800 元,以现金支付。出差后报销费用 850 元,差额已用现金补付。

(7)8 月 23 日,以现金支付第四季度的报刊杂志费 600 元。

(8)8 月 31 日,库存现金清查中发现短缺 20 元,清查核实后,仍无法查明原因。责成出纳人员李明赔偿。

要求:根据上述业务编制相关会计分录(计算须写计算过程)。

任务二　银行存款的核算

任务认知

一、银行存款概述

银行存款是企业存放在银行或其他金融机构的货币资金。按照国家《支付结算办法》规定,企业应在当地银行开立账户,办理存款、取款和转账等结算业务。开立账户后,必须遵守中

国人民银行《银行账户管理办法》的各项规定。

（一）银行存款开户的有关规定

银行存款账户分为基本存款账户、一般存款账户、临时存款账户和专用存款账户。

基本存款账户是企业办理日常结算和现金收付的账户。企业的工资、奖金等现金的支取，只能通过基本存款账户办理。

一般存款账户是企业在基本存款账户以外的银行借款转存、与基本存款账户的企业不在同一地点的附属非独立核算单位的账户，企业可以通过该账户办理转账结算和现金缴存，但不能办理现金支取。

临时存款账户是企业因临时经营活动需要开立的账户。企业可以通过该账户办理转账结算和根据国家现金管理规定办理现金收付。

专用存款账户是企业因特定用途需要开立的账户。

一个企业、事业单位只能选择一家银行的一个营业机构开立一个基本存款账户，不得在多家银行机构开立基本存款账户，不得在同一家银行的几个分支机构开立一般存款账户。企业在银行开立账户后，与其他单位之间的一切收付款项，除制度规定可用现金支付的部分外，都必须通过银行办理转账结算。

（二）支付结算方式

根据中国人民银行颁发的《支付结算办法》规定，企业可选择使用的结算方式有支票、商业汇票、银行汇票、委托收款、银行本票、汇兑、托收承付等。

1. 支票

1）定义

支票是指单位或个人签发的，委托办理支票存款业务的银行见票时无条件支付确定金额给收款人或持票人的票据。

2）种类

支票分为现金支票、转账支票和普通支票 3 种。

（1）现金支票，即印有“库存现金”字样的支票。现金支票只能用于支取现金。

（2）转账支票，即印有“转账”字样的支票。转账支票只能用于转账。

（3）普通支票，即未印有“库存现金”和“转账”字样的支票。普通支票可以用于支取现金，也可以用于转账。在普通支票左上角划两条平行线的为划线支票，它只能用于转账，不能用于支取现金。

3）金额

支票签发时，不得超过其付款时在银行或其他金融机构的支票存款账户中实存的存款金额，即不允许签发空头支票。否则，银行予以退票，并按票面金额处以 5% 但不低于 1 000 元的罚款。

4）付款期限

支票的付款期限为自出票日起 10 天，中国人民银行另有规定的除外。对于超过提示付款期限的，持票人开户银行不予受理，付款人不予付款。

5）适用范围

支票结算方式是同城结算中应用比较广泛的一种结算方式。单位和个人在同一票据交换区域的各种款项结算均可使用支票。从 2007 年 7 月开始，支票可在全国通用。为防范支付风

险，异地使用支票的单笔金额上限为50万元。

6)核算账户

在会计核算中，使用“银行存款”账户。

2. 商业汇票

1)定义

商业汇票是指出票人签发的，委托付款人在指定日期无条件支付确定金额给收款人或者持票人的票据。

2)种类

商业汇票分为商业承兑汇票和银行承兑汇票。其中，商业承兑汇票是由银行以外的付款人签发承兑；银行承兑汇票是由银行承兑，且由在承兑银行开立账户的存款人签发，承兑银行按票面金额向出票人收取万分之五的手续费。

3)付款期限

商业汇票的承兑期限，由交易双方商定，最长不超过6个月。商业汇票提示付款期限为自汇票到期日起10天。

4)适用范围

商业汇票结算方式适用范围广泛，在银行开立账户的法人之间根据购销合同进行的商品交易均可使用商业汇票。商业汇票同城、异地均可使用。

5)核算账户

在会计核算中，对债权方，使用“应收票据”账户；对债务方，使用“应付票据”账户。

3. 银行汇票

1)定义

银行汇票是指汇款人将款项交存当地出票银行，由出票银行签发的，并由其在见票时，按实际结算的金额无条件支付给收款人或持票人的票据。

2)付款期限

银行汇票的付款期限为自出票日起1个月。超过提示付款期限不获付款的，持票人在票据权利时效内向出票银行作出说明，并提供本人身份证或单位证明，可持银行汇票和解讫通知向出票银行请求付款。

3)适用范围

对于单位或个人的各种款项结算，同城或异地均可使用银行汇票。

4)核算账户

在会计核算中，使用“其他货币资金——银行汇票”账户。

4. 委托收款

1)定义

委托收款是指收款人委托银行向付款人收取款项的结算方式。

2)种类

委托收款结算方式分为邮寄和电报两种。

3)付款期限

以银行为付款人的，银行应在当日将款项主动支付给收款人；以单位为付款人的，银行应及时通知付款单位。付款单位收到银行交给的委托收款证明及债务证明后，应签收并在3天

内审查债务证明是否真实,是否是本单位的债务,确认之后通知银行付款。

4)适用范围

委托收款结算方式办理款项收取,同城、异地均可使用。它适用于在银行或其他金融机构开立账户的单位和个体经济户的商品交易、劳务款项及其他应收款项的结算。

5)核算账户

在会计核算中,对债权方,使用“应收账款”账户;对债务方,使用“应付账款”账户。

5. 银行本票

1)定义

银行本票是指由银行签发的,承诺自己在见票时无条件支付确定的金额给收款人或持票人的票据。

2)种类和金额

银行本票分为定额本票和不定额本票两种。定额本票面值为1 000元、5 000元、10 000元、50 000元。

3)付款期限

银行本票的付款期限为自出票日起2个月。超过提示付款期限不获付款的,持票人在票据权利时效内向出票银行作出说明,并提供本人身份证或单位证明,可持银行本票向银行请求付款。

4)适用范围

无论单位还是个人,在同一票据交换区域支付各种款项,均可使用银行本票。

5)核算账户

在会计核算中,使用“其他货币资金——银行本票”账户。

6. 汇兑

1)定义

汇兑是指汇款人委托银行将其款项支付给收款人的结算方式。

2)种类

汇兑分为信汇、电汇两种。信汇是指汇款人委托银行通过邮寄方式将款项划转给收款人;电汇是指汇款人委托银行通过电报将款项划转给收款人。这两种汇兑方式由汇款人根据需要选择使用。

3)适用范围

汇兑结算方式适用于异地之间的各种款项结算。

4)核算账户

在会计核算中,对债权方,使用“应收账款”账户;对债务方,使用“应付账款”账户。

7. 托收承付

1)定义

托收承付是指根据购销合同由收款人发货后委托银行向异地付款人收取款项,并由付款人向银行承认付款的结算方式。

2)主体使用要求

使用托收承付结算方式,必须是国有企业、供销合作社以及经营管理良好并经开户银行审查同意的城乡集体所有制工业企业。办理托收承付结算的款项必须是商品交易以及因商品交

易而产生的劳务供应款项。代销、寄销、赊销商品的款项不得办理托收承付结算。

3)金额

托收承付结算的金额起点为10 000元。新华书店系统每笔金额起点为1 000元。

4)付款期限

(1)验单付款,期限为3天,从付款人开户银行发出承付通知的次日算起。付款人在承付期限内,未向银行表示拒绝付款,银行即视为承付。

(2)验货付款,期限为10天,从运输部门向付款人发出提货通知的次日算起。

5)适用范围

托收承付结算方式适用于异地之间的各种款项结算。

6)核算账户

在会计核算中,对债权方,使用“应收账款”账户;对债务方,使用“应付账款”账户。

二、银行存款的核算

(一)银行存款的序时核算

银行存款日记账应由出纳员登记,账簿的格式和登记方法均应与库存现金日记账基本相同。为了及时了解和掌握银行存款的动态和余额,银行存款日记账的登记也应做到日清月结。

(二)银行存款的总分类核算

企业设置“银行存款”总账账户,以对银行存款进行总分类核算。该账户为资产类账户,借方登记收入的存款,贷方登记付出的存款,期末余额在借方,反映存款的结存数额。银行存款的总分类账簿由不从事出纳工作的会计人员登记。登记的方法、依据和账簿的格式均与库存现金总账基本相同。

(三)企业银行存款日记账与银行对账单

企业银行存款日记账应定期与银行对账单核对,至少每月核对一次。核对时,将企业银行存款日记账与银行对账单逐笔核对,双方余额如果不一致,其原因可能是记账差错,也可能是存在未达账项。如果是记账差错,应立即更正;如果存在未达账项,应按月编制“银行存款余额调节表”调节相符。

银行存款余额调节表的编制方法有多种。在会计实务中,多采用以双方的账面余额为起点,加减各自的未达账项,使双方的余额达到平衡。应该指出的是:银行存款余额调节表只是为了核对账目,并不能作为调整银行存款账面余额的原始凭证。

任务案例

【案例1】6月5日,某公司购入材料一批,计价款30 000元,增值税为5 100元,开出转账支票支付货款,材料尚未验收入库。材料采用实际成本法核算。账务处理如下。

解析

借:在途物资　　30 000

　　应交税费——应交增值税(进项税额)　　5 100

　　贷:银行存款　　35 100

【案例2】16月6日,收到安飞公司前欠货款80 000元,存入银行,账务处理如下。

解析

借:银行存款　　80 000

贷:应收账款——安飞公司 80 000

【案例3】6月15日,公司以银行存款偿还前欠三江公司货款100 000元,账务处理如下。

解析

借:应付账款——三江公司 100 000

贷:银行存款 100 000

【案例4】6月16日,公司向银行借款期限6个月150 000元,存入银行,账务处理如下。

解析

借:银行存款 150 000

贷:短期借款 150 000

【案例5】6月18日,公司签发转账支票50 000元,支付下半年的财产保险费,根据支票存根联,账务处理如下。

解析

借:预付账款 50 000

贷:银行存款 50 000

【案例6】6月18日,公司收到明治公司前欠货款15 000元,根据银行转来信汇凭证收账通知单,账务处理如下。

解析

借:银行存款 15 000

贷:应收账款——明治公司 15 000

【案例7】12月19日,公司收到由君飞公司签发的期限为5个月、金额是40 000元的商业汇票已到期,君飞公司如期兑现。账务处理如下。

解析

借:银行存款 40 000

贷:应收票据——君飞公司 40 000

任务实训

(一)单项选择题

1. 企业支付的银行承兑汇票手续费应计入(　　)。

A. 管理费用　　B. 财务费用　　C. 营业外支出　　D. 其他业务成本

2. 下列银行转账结算方式中,只可用于同城结算的是(　　)。

A. 商业汇票结算　　B. 银行本票结算

C. 委托银行收款结算　　D. 银行汇票结算

3. 对企业尚未入账而银行已收妥入账的未达账项,正确的会计处理方法是(　　)。

A. 根据未达账项编制收款凭证,调整为企业银行存款账面余额

B. 根据银行对账单中银行记录的金额,调整企业银行存款账面余额

C. 编制银行存款余额调节表,不作任何会计处理,以后实际收到银行结算凭证时再作会计处理

D. 根据调整后的银行存款余额调节表的银行存款余额,调整企业银行存款账面余额

4. 下列各项可交存现金但不能支取现金的账户是(　　)。

A. 基本存款账户　　B. 一般存款账户　　C. 临时存款账户　　D. 专项存款账户

5. 商业汇票的付款期限最长不得超过(　　)。

A. 6 个月　　B. 3 个月　　C. 12 个月　　D. 9 个月

6. 下列结算方式中,同城和异地均可使用的是(　　)。

A. 汇兑结算方式　　B. 银行本票结算方式

C. 托收承付结算方式　　D. 商业汇票结算方式

7. 下列关于托收承付结算方式表述正确的是(　　)。

A. 同城和异地均可使用　　B. 金额起点 100 000 元

C. 必须是有经济合同的商品交易　　D. 代销商品也可使用

(二)多项选择题

1. 企业可以设立的银行存款账户包括(　　)。

A. 基本存款账户　　B. 一般存款账户　　C. 临时存款账户　　D. 专项存款账户

E. 特别存款账户

2. 可支取现金的支票有(　　)。

A. 现金支票　　B. 转账支票　　C. 普通支票　　D. 划线支票

3. 既适用于同城又适用于异地的结算方式有(　　)。

A. 委托收款结算方式　　B. 银行本票结算方式

C. 托收承付结算方式　　D. 商业汇票结算方式

(三)判断题

1. 企业的一般存款账户可以办理转账结算手续和现金交存,但不能办理现金支取。(　　)

2. 企业采用代销、寄销、赊销方式销售商品的款项,不得采用托收承付结算方式结算货款。(　　)

3. 所有的单位和个人都可以采用托收承付结算方式。(　　)

4. 由于银行存款余额调节表主要用来核对企业与银行双方的记账有无差错,因此不能作为记账的依据。(　　)

5. 银行承兑汇票到期时,如果购货企业的存款不足支付票款,承兑银行应将汇票退还销货企业,由购销双方自行处理。(　　)

6. 托收承付和商业汇票结算方式所适用的业务范围必须是有经济合同的商品交易及商品交易所引起的劳务供应。(　　)

7. 因商品交易而产生的劳务供应及代销商品的款项,可以办理委托收款结算。(　　)

(四)计算分析题

2010 年 3 月 31 日,洪萍公司的企业银行存款日记账余额为 386 000 元,而银行对账单余额为 368 200 元。经与银行对账,发现有几笔未达账项:(1)销售产品后,收到货款 5 000 元,支票已送存银行,银行尚未记账;(2)用银行存款支付广告费 10 000 元,转账支票已开出,银行尚未记账;(3)本月水电费 2 800 元,银行已划出,企业尚未记账;(4)刘宇公司偿付前欠货款 35 000 元,银行已收入企业账户,企业尚未记账。

要求:根据以上资料编制企业银行存款余额调节表,并加以分析说明。

任务三　其他货币资金的核算

任务认知

其他货币资金是指企业除库存现金、银行存款以外的其他各种货币资金，包括外埠存款、银行汇票存款、银行本票存款、信用卡存款、信用证保证金存款、存出投资款等。

一、外埠存款

外埠存款是指企业到外地进行临时或零星采购时，汇往采购地银行开立采购专户的款项。企业将款项委托当地银行汇往采购地开立专户时，根据汇出款项凭证编制付款凭证，借记"其他货币资金——外埠存款"科目，贷记"银行存款"科目；企业收到采购人员交来的供货单位发货票、账单等报销凭证时，据以编制转账凭证，借记"材料采购"或"原材料"、"库存商品"、"应交税费——应交增值税(进项税额)"等科目，贷记"其他货币资金——外埠存款"科目；用外埠存款采购结束将多余资金转回时，根据银行的收账通知编制收款凭证，借记"银行存款"科目，贷记"其他货币资金——外埠存款"科目。

二、银行汇票存款

银行汇票存款是指企业为取得银行汇票按照规定存入银行的款项。企业在填送银行汇票申请书并将款项交存银行，取得银行汇票后，应根据银行签章退回的申请书存根联编制付款凭证，借记"其他货币资金——银行汇票"科目，贷记"银行存款"科目；企业使用银行汇票后，根据发票账单等有关凭证编制转账凭证，借记"材料采购"或"原材料"、"库存商品"、"应交税费——应交增值税(进项税额)"等科目，贷记"其他货币资金——银行汇票"科目；如有多余款或因汇票超过付款期限等原因而退回款项，企业应根据银行转来的银行汇票第四联(多余款收账通知)，借记"银行存款"科目，贷记"其他货币资金——银行汇票"科目。

三、银行本票存款

银行本票存款是指企业为取得银行本票按照规定存入银行的款项。企业向银行提交银行本票申请书并将款项交给银行，取得银行签发的银行本票后，应根据银行签章退回的银行本票申请书存根联编制付款凭证，借记"其他货币资金——银行本票"科目，贷记"银行存款"科目；企业使用银行本票后，应根据发票账单等有关单据编制转账凭证，借记"材料采购"或"原材料"、"库存商品"、"应交税费——应交增值税(进项税额)"等科目，贷记"其他货币资金——银行本票"科目。若本票因超过付款期等原因要求退款时，应填写进账单一式两联，连同本票一并送交银行，根据银行盖章退回的进账单第一联编制收款凭证，借记"银行存款"科目，贷记"其他货币资金——银行本票"科目。

四、信用卡存款

信用卡存款是指企业为取得信用卡按照规定存入银行的款项。按使用对象的不同，信用卡可分为单位卡和个人卡。单位卡账户资金一律从基本存款账户转入，不得交存现金，不得用于10万元以上的商品交易、劳务供应等，不得支取现金。企业应按规定填制申请表，连同支票和有关资料一并送交发卡银行，根据银行盖章退回的进账单第一联，借记"其他货币资金——信用卡存款"科目，贷记"银行存款"科目；企业用信用卡购物或支付有关费用，借记有关科目，

贷记“其他货币资金——信用卡存款”科目；企业信用卡在使用过程中，需要向其账户续存资金的，借记“其他货币资金——信用卡存款”科目，贷记“银行存款”科目。

五、信用证保证金存款

信用证保证金存款是指企业为取得信用证按规定存入银行的保证金。企业向银行申请开立信用证，应按规定向银行提交开证申请书、信用证申请人承诺书和购销合同。企业向银行交纳保证金，根据银行退回的进账单第一联编制付款凭证，借记“其他货币资金——信用证保证金”科目，贷记“银行存款”科目；根据开证行交来的信用证通知书及有关单据列明的金额，借记“材料采购”或“原材料”、“库存商品”、“应交税费——应交增值税（进项税额）”等科目，贷记“其他货币资金——信用证保证金”科目；企业未用完的信用证保证金余额转回开户银行时，根据收款通知编制收款凭证，借记“银行存款”，贷记“其他货币资金——信用证存款”科目。

六、存出投资款

存出投资款是指企业已存入证券公司但尚未进行短期投资的现金。企业向证券公司划出资金时，应按实际划出的金额，借记“其他货币资金——存出投资款”科目，贷记“银行存款”科目；当用该款项购买短期股票、债券等时，按实际发生的金额，借记“交易性金融资产”科目，贷记“其他货币资金——存出投资款”科目。

企业应当加强对其他货币资金的管理，定期对其他货币资金进行检查。对于部分不能收回或者全部不能收回的其他货币资金，应当查明原因进行处理，有确凿证据表明无法收回的，应当根据企业管理权限报经批准后，借记“营业外支出”科目，贷记“其他货币资金”科目。

任务案例

【案例 1】2 月 19 日，某公司向开户银行申请办理银行汇票，公司开出汇票委托书并将款项 10 360 元交存银行取得银行汇票，账务处理如下。

解析

借：其他货币资金——银行汇票存款　　10 360
　贷：银行存款　　10 360

2 月 20 日，公司采用银行汇票办理采购货款的结算，其中货款 8 000 元，增值税 1 360 元，材料验收入库，账务处理如下。

解析

借：原材料　　8 000
　应交税费——应交增值税（进项税额）　　1 360
　贷：其他货币资金——银行汇票存款　　9 360

2 月 20 日，结算完毕，公司收到开户银行的收账通知，收到汇票余款 1 000 元，账务处理如下。

解析

借：银行存款　　1 000
　贷：其他货币资金——银行汇票存款　　1 000

【案例 2】2 月 21 日，某公司到外地采购材料，开出汇款委托书，委托当地开户银行将采购

款8 000元汇往采购地银行开立采购专户,账务处理如下。

解析

借:其他货币资金——外埠存款　　8 000

　　贷:银行存款　　8 000

2月22日,收到采购人员交来报销凭证,其中货款6 000元,增值税1 020元,材料验收入库,账务处理如下。

解析

借:原材料　　6 000

　　应交税费——应交增值税(进项税额)　　1 020

　　贷:其他货币资金——外埠存款　　7 020

接当地银行通知,汇出的采购专户存款余额已汇回,存入公司的银行存款账户。账务处理如下。

解析

借:银行存款　　980

　　贷:其他货币资金——外埠存款　　980

【案例3】某企业向证券公司划出款项800 000元,拟进行投资。账务处理如下。

解析

借:其他货币资金——存出投资款　　800 000

　　贷:银行存款　　800 000

【案例4】某公司到飞玫公司采购原材料,12月23日,填制银行汇票汇票申请书36 000元,根据银行汇票申请书存根联,账务处理如下。

解析

借:其他货币资金——银行汇票　　36 000

　　贷:银行存款　　36 000

12月24日,材料入库,货款30 000元,增值税5 100元,一并以面值36 000元的银行汇票付讫,余款尚未收回,账务处理如下。

解析

借:原材料　　30 000

　　应交税费——应交增值税(进项税额)　　5 100

　　贷:其他货币资金——银行汇票　　35 100

12月25日,银行转来多余款收账通知,金额为900元,系24日签发的银行汇票使用后的余额,账务处理如下。

解析

借:银行存款　　900

　　贷:其他货币资金——银行汇票　　900

任务实训

(一)单项选择题

1. 企业将存款划入某证券公司,委托其代购即将发行的H公司股票。对该笔存款,企业

的核算账户为(　　)。

A. 银行存款　　B. 股本　　C. 长期股权投资　　D. 其他货币资金

2. 企业在银行的信用卡存款,其核算账户为(　　)。

A. 其他货币资金　　B. 银行存款　　C. 在途货币资金　　D. 库存现金

(二)多项选择题

1. 下列各项属于其他货币资金内容的有(　　)。

A. 银行本票　　B. 银行承兑汇票　　C. 外埠存款　　D. 外币存款

E. 备用金

2. 下列各项中,属于资产负债表中货币资金内容的有(　　)。

A. 存出投资款　　B. 备用金　　C. 信用证保证金　　D. 信用卡存款

E. 外埠存款　　F. 银行存款

(三)判断题

1. 银行汇票与银行承兑汇票一样,都通过“其他货币资金”账户核算。(　　)

2. 单位的信用卡可以续存现金,但不能支取现金。(　　)

(四)计算分析题

甲公司2010年1月发生如下经济业务。

(1)委托银行开出50 000元银行汇票进行采购。采购A材料价款42 000元,增值税率为17%。材料已验收入库。

(2)汇款80 000元到外地设立采购专户。采购结束,收到供货单位发票,发票上列明价款60 000元,增值税税率17%,所购B材料已到货并验收入库;采购专户同时结清。

(3)向某证券公司划款20万元,委托其代购B公司即将发行的股票。

(4)委托银行开出银行本票50万元向甲公司采购C材料。当日,收到材料并验收入库,增值税发票列示C材料价款40万元,增值税税率17%。本票余款尚未结清。

(5)将款项交存银行,开立银行本票,金额150 000元。

(6)用银行本票结算材料货款,增值税专用发票注明:价款100 000元,增值税 17 000元,共计117 000元。

要求:根据上述业务编制会计分录。

项目三

应收和预付款项的核算

项目导入

明悦机械有限公司2009年的财务报告已生成。财务总监在审阅时,发现4个问题:①当年度应收款项的期末余额为4 800万元,其中牵涉到12家关联方企业,应收账款高达3 200万元;②坏账损失的估计比率高达16%;③在采用应收账款余额百分比法进行坏账损失计算时,应收款账的余额中包括200万元的应收票据及1 000万元的预付账款;④企业间“三角债”相当严重。

假设你是该公司的财务总监,你会如何评价这家公司的应收款项的核算管理呢?

项目目标

(1)掌握应收账款的概念、入账价值。

(2)掌握应收票据的概念、分类、入账价值。

(3)掌握应收票据利息的计算、贴现的计算方法。

(4)掌握预付账款和其他应收款的确认、入账价值。

(5)掌握坏账损失的概念、坏账准备的提取方法及计算。

(6)能够对应收账款进行核算。

(7)能够对应收票据进行核算。

(8)能够对预付账款和其他应收款进行核算。

(9)能够对坏账损失进行核算。

任务一　应收票据的核算

任务认知

一、应收票据的概念

应收票据是指企业因采用商业汇票支付方式销售商品、产品、提供劳务等而收到的商业汇票。

商业汇票是由出票人签发的,委托付款人在指定日期无条件支付确定的金额给收款人或持票人的票据。在银行开立存款账户的法人与其他组织之间须具有真实的交易关系或债权债务关系,才能使用商业汇票。

二、应收票据的分类

(一)商业承兑汇票和银行承兑汇票

商业汇票按承兑人的不同,分为商业承兑汇票和银行承兑汇票。

商业承兑汇票由银行以外的付款人承兑。商业承兑汇票按交易双方的约定,由销货企业或购货企业签发,并由购货企业承兑。承兑时,购货企业应在汇票正面记载“承兑”字样和承兑日期并签章。

银行承兑汇票由银行承兑,由在承兑银行开立账户的存款人签发。承兑银行按票面金额向出票人收取万分之五的手续费。购货企业应于汇票到期前将票款足额交存其开户银行,以备由承兑银行在汇票到期日或到期日后的见票当日支付票款。销货企业应在汇票到期时将汇票连同进账单送交开户银行以便转账收款。承兑银行凭汇票将承兑款项无条件转给销货企业,如果购货企业于汇票到期日未能足额交存票款时,承兑银行除凭票向持票人无条件付款外,对出票人尚未支付的汇票金额按每天万分之五计收罚息。

(二)带息商业汇票和不带息商业汇票

商业汇票按是否计息可分为带息商业汇票和不带息商业汇票。

带息商业汇票是指在商业汇票到期时,承兑人必须按票面金额加上应计利息向收款人或被背书人支付票款的票据。

不带息商业汇票是指商业汇票到期时,承兑人只按票面金额(即面值)向收款人或被背书人支付票款的票据。

三、应收票据的计价

应收票据应当按票据的面值计价,即企业收到应收票据时,应按照票据的面值入账。

四、应收票据的核算

为了反映和监督应收票据取得、收回及票据贴现等业务,企业应设置“应收票据”账户。该账户的借方登记取得的应收票据的面值和计提的票据利息;贷方登记到期收回票款或到期前向银行贴现的应收票据的票面余额。期末余额在借方,反映企业尚未收回且未申请贴现的应收票据的面值和应计利息。本账户应按照商业汇票的种类设置明细账,进行明细核算。

(一)不带息应收票据的核算

不带息应收票据的到期值等于其面值。企业销售商品、产品或提供劳务收到开出并承兑的商业汇票时,按应收票据的面值,借记“应收票据”科目;按实现的营业收入,贷记“主营业务收入”科目;按专用发票上注明的增值税,贷记“应交税费——应交增值税(销项税额)”科目。应收票据到期收回时,按票面金额,借记“银行存款”科目,贷记“应收票据”科目 。到期不能收回的不带息应收票据,按票面金额,借记“应收账款”科目,贷记“应收票据”科目。

(二)带息应收票据的核算

对于收到的带息应收票据,期末(通常是指 6 月 30 日与 12 月 31 日)按应收票据的票面价值和确定的利率计算票据的利息,借记“应收票据”科目,贷记“财务费用”科目。带息应收票据到期时,收到承兑人兑付的到期票款后,按实际收到的款项借记“银行存款”科目;按票据面值贷记“应收票据”科目,两者差额贷记“财务费用”科目。带息应收票据到期不能收回时,应将票据面值与应计未收利息之和一并转为应收账款,借记“应收账款”科目,贷记“应收票据”和“财务费用”科目。

票据利息的计算公式为

应收票据 = 票面金额 × 票面利率 × 期限

公式中,票面利率一般指年利率,期限指签发日至到期日的时间间隔。票据的期限有按月和按日表示两种。

票据期限按月表示时,应以到期月份中与出票日相同的那一天为到期日。如3月10日签发的3个月票据,到期日应为6月10日。月末签发的票据,不论月份大小,以到期月份的月末那一天为到期日。如4月30日签发的4个月票据,到期日应为8月31日。票据期限按月表示时,计算利息使用的利率要换算成月利率(年利率 ÷12)。

票据期限按日表示时,应从出票日起按实际经历天数计算。通常出票日和到期日,只能计算其中的一天,即"算头不算尾"或"算尾不算头"。例如,3月10日签发的90天票据,其到期日应为6月8日。同时,计算利息使用的利率要换算成日利率(年利率 ÷360)。

带息应收票据到期收回款项时,应按收到的本息借记"银行存款"科目,按账面余额贷记"应收票据"科目,按其差额(未计提利息部分)贷记"财务费用"科目。

(三)应收票据转让的核算

企业可以将自己持有的商业汇票背书转让。背书是指持票据人在票据背面签字,签字人称为背书人,背书人对票据的到期付款负连带责任。

企业将持有的应收票据背书转让以取得所需物资时,按应计入取得物资成本的价值借记"材料采购"或"原材料"、"库存商品"等科目,按专用发票上注明的增值税借记"应交税费——应交增值税(进项税额)"科目,按应收票据的账面余额贷记"应收票据"科目,如有差额,借记或贷记"银行存款"等科目。

如为带息应收票据,企业将其转让以取得所需物资时,按应计入取得物资成本的价值借记"材料采购"或"原材料"、"库存商品"等科目,按专用发票上注明的增值税借记"应交税费——应交增值税(进项税额)"科目,按应收票据的账面余额贷记"应收票据"科目,按尚未计提的利息贷记"财务费用"科目,按应收或应付的金额借记或贷记"银行存款"等科目。

(四)应收票据贴现

1. 应收票据贴现的概念

应收票据贴现是指持票人因急需资金,将未到期的商业汇票背书后转让给银行,银行受理后,从票面金额中扣除按银行的贴现率计算的贴现利息后,将余额付给贴现企业的业务活动。

应收票据贴现实质上是企业融资的一种形式。在贴现中,企业付给银行的利息称为贴现利息,银行计算贴现利息的利率称为贴现率,企业从银行获得的票据到期扣除贴现利息后的货币收入称为贴现所得,即贴现净额。

2. 应收票据贴现的计算和账务处理

应收票据的贴现应计算贴现期、贴现利息和贴现净额。其中,贴现期是指自贴现日起至到期日为止的实际天数,也采用"算头不算尾"或"算尾不算头"的方法计算确定。贴现的计算公式如下:

票据到期值 = 面值 + 利息

贴现利息 = 票据到期值 × 贴现率 × 贴现期

贴现净额 = 票据到期值 - 贴现利息

不带息应收票据的到期值就是其面值,带息应收票据的到期值是面值加上按票面载明的

利率的票据全部期间的利息。

如企业持未到期的应收票据向银行贴现,应按实际收到的金额(即减去贴现息后的净额)借记“银行存款”科目,按贴现利息部分借记“财务费用”等科目,按商业汇票的票面金额贷记“应收票据”科目(适用满足金融资产转移准则规定的金融资产终止确认条件的情形)或“短期借款”科目(适用不满足金融资产转移准则规定的金融资产终止确认条件的情形)。若贴现的商业承兑汇票到期,因承兑人的银行存款账户不足支付,申请贴现的企业收到银行退回的商业承兑汇票时(限适用于贴现企业没有终止确认原票据的情形),应按商业汇票的票面金额,借记“短期借款”科目,贷记“银行存款”科目。若申请贴现企业的银行存款账户余额不足,应按商业汇票的票面金额,借记“应收账款”科目,贷记“应收票据”科目,银行作逾期贷款处理。

任务案例

【案例1】A企业销售一批产品给B企业,货已发出,货款30 000元,增值税额为5 100元。双方商定采用商业汇票结算。B企业交给A企业一张6个月到期不带息的商业承兑汇票,面额为35 100元。A企业的账务处理如下。

解析

借:应收票据　　35 100

　贷:主营业务收入　　30 000

　　应交税费——应交增值税(销项税额)　　5 100

6个月后,应收票据到期,A企业收回款项35 100元,存入银行。

解析

借:银行存款　　35 100

　贷:应收票据　　35 100

如果该票据到期,B企业无力偿还票款,A企业应将到期票据的票面金额转入“应收账款”科目。A企业应作如下账务处理。

解析

借:应收账款——A企业　　35 100

　贷:应收票据　　35 100

【案例2】一张面值50 000元、利率为10%、期限为6个月的商业汇票,其出票日为3月18日,其票据到期日应为9月18日。求该票据应计提利息额。

解析

该票据应计提利息额 = 50 000 × 10% × 6 ÷ 12 = 2 500(元)

【案例3】将案例2中的商业汇票改为180天到期,其面值、利率不变,出票日仍为3月18日,则其票据到期日应为9月14日(3月18日至月底计14天;4月份30天;5月份31天;6月份30天;7月份31天;8月份31天;至9月13日共180天,按“算头不算尾”的办法,到期日应为9月14日,14日不计息)。求该票据应计利息额。

解析

该票据应计利息额 = 50 000 × 10% × 180 ÷ 360 = 2 500(元)

【案例4】甲企业2009年6月1日销售一批产品给乙企业,货已发出,专用发票上注明的销售收入为10 000元,增值税1 700元。收到乙企业交来的商业承兑汇票一张,期限5个月,

票面利率为4%。甲企业应作如下账务处理。

解析

收到票据时，

借:应收票据 11 700

贷:主营业务收入 10 000

应交税费——应交增值税(销项税额) 1 700

票据到期收回款项时，

收款金额 = 11 700 + 11 700 × 4% ÷ 12 × 5 = 11 895(元)

借:银行存款 11 895

贷:应收票据 11 700

财务费用 195

【案例5】某企业4月29日售给本市F公司一批产品，货款总计100 000元，适用增值税税率为17%。F公司交来一张出票日为5月1日、面值117 000元、期限为3个月的商业承兑无息票据。该企业6月1日持票据到银行贴现，贴现率为12%。如果本项贴现业务符合金融资产转移准则规定的金融资产终止确认条件，则企业应作会计分录如下。

解析

收到票据时，

借:应收票据 117 000

贷:主营营业收入 100 000

应交税费——应交增值税(销项税额) 17 000

6月1日到银行贴现时，票据到期日为8月1日，贴现期为2个月(6月1日至8月1日)。

票据到期值 = 票据票面金额 = 117 000(元)

贴现息 = 117 000 × 12% × 2 ÷ 12 = 2 340(元)

贴现额 = 117 000 − 2 340 = 114 660(元)

借:银行存款 114 660

财务费用 2 340

贷:应收票据 117 000

【案例6】案例5中，到8月1日，企业已办理贴现的应收票据到期，若F公司无力向贴现银行支付票款，贴现银行将票据退回企业并从该企业的账户将票据款划出。企业应作会计分录如下。

解析

借:应收账款——F公司 117 000

贷:银行存款 117 000

若该企业银行存款账户余额不足，则贴现银行将这笔款项金额作为逾期贷款通知该企业，企业应作会计分录如下。

解析

借:应收账款——F公司 117 000

贷:短期借款 117 000

上述票据到期承兑人无力向贴现银行支付票款的情况，一般发生在商业承兑汇票。银行

承兑汇票一般不会出现到期不能付款的情况。

📖 任务实训

(一)单项选择题

1. 带息商业汇票到期值的计算与(　　)无关。

A. 票据面值　　B. 票面利率　　C. 票据期限　　D. 贴现率

2. 企业 2010 年 3 月 10 日签发一张期限为 3 个月的商业汇票,其到期日为(　　)。

A. 6 月 8 日　　B. 6 月 9 日　　C. 6 月 10 日　　D. 6 月 11 日

3. 某企业将一张面值为 30 000 元、期限 3 个月的不带息商业承兑汇票,在持有 45 天后向银行贴现,贴现率为 12%,则企业可得贴现净额为(　　)元。

A. 30 000　　B. 29 550　　C. 29 100　　D. 30 450

4. 某企业 2009 年 5 月 10 日将一张面值为 10 000 元、出票日为 2009 年 4 月 20 日、票面利率为 12%、期限 30 天的票据向银行贴现,贴现率为 18%,则该票据的贴现利息为(　　)元。

A. 50.5　　B. 250　　C. 25　　D. 42.5

5. 如果一张票据的出票日期为 9 月 28 日,期限 60 天,则其到期日为(　　)。

A. 11 月 28 日　　B. 11 月 30 日　　C. 11 月 27 日　　D. 11 月 29 日

6. 票据的贴现期即从(　　)。

A. 票据开出日到贴现日　　B. 票据开出日到到期日

C. 票据贴现日到到期日　　C. 票据贴现日到实际收款日

(二)多项选择题

1. 在我国会计实务中,作为应收票据核算的票据有(　　)。

A. 支票　　B. 银行汇票　　C. 银行本票　　D. 商业承兑汇票

E. 银行承兑汇票

2. 带息商业汇票到期值的计算与(　　)有关。

A. 票据面值　　B. 票面利率　　C. 票据期限　　D. 贴现率

E. 银行实际利率

3. 票据贴现时,实际贴现所得可能(　　)票据面值。

A. 大于　　B. 小于　　C. 等于

(三)判断题

1. 某票据出票日为 2010 年 2 月 28 日,4 个月到期,则到期日为 6 月 28 日。(　　)

2. 企业无息票据的贴现所得一定小于票据面值,而带息票据的贴现所得则不一定小于票据面值。(　　)

3. 银行汇票和商业汇票都通过"应收票据"科目核算。(　　)

(四)计算分析题

1. 洪萍公司于 2010 年 2 月 28 日销售一批产品给甲企业,售价为 10 000 元,增值税为 1 700元,并已收到甲企业一张期限为 6 个月、年利率为 9%、面值为 11 700 元的商业承兑汇票。票据到期时,收到甲企业承兑的款项并存入银行。

要求:确定该票据的到期日、到期值并作出相关的账务处理。

2. 甲企业 2009 年 12 月 1 日因销售商品取得一张面值 20 000 元、期限 3 个月、票面利率为

3%的商业承兑汇票，企业持有2个月后向银行申请贴现，贴现率为6%，如果本项贴现业务符合金融资产转移准则规定的金融资产终止确认条件。票据到期后，承兑方如期承兑。

要求：计算贴现净额并进行相关的账务处理。

任务二　应收账款的核算

任务认知

一、应收账款概述

应收账款是指企业因销售商品、产品或提供劳务等业务，应向购货单位或接受劳务单位收取的款项。它是企业因销售商品、产品或提供劳务等经营活动所形成的债权。核算应收账款时，必须确定其入账价值，及时反映应收账款的形成、收回情况，合理确认和计量坏账损失，并按规定计提坏账准备。

二、应收账款入账价值的确定

应收账款应按实际发生额计价入账。其入账价值包括销售货物或提供劳务的价款、增值税以及代购货单位垫付的包装费、运杂费等。在确认应收账款的入账价值时，还要考虑商业折扣和现金折扣等因素。

（一）商业折扣

所谓商业折扣，是指销售企业为了鼓励客户多购商品而在商品标价上给予的扣除。通常用百分数来表示，如10%、20%等。扣减折扣后的净额才是实际销售价格。商业折扣一般在交易发生时即已确定，它仅仅是确定实际销售价格的一种手段，不需在买卖双方任何一方的账上反映。因此，在存在商业折扣的情况下，企业应收账款入账金额应按扣除商业折扣以后的实际售价确认。

（二）现金折扣

所谓现金折扣是指债权人为了鼓励债务人在规定的期限内早日付款而向债务人提供的债务扣除。现金折扣通常发生在以赊销方式销售商品或提供劳务的交易中。企业为了鼓励客户提前偿付货款，通常与债务人达成协议，债务人在不同的期限内付款可享受不同比例的折扣。现金折扣一般用符号"折扣率/付款期限"来表示。例如"3/10，1/20，N/50"分别表示：10天内付款按售价给予3%的折扣；20天内付款按售价给予1%的折扣；50天内付款则不给折扣。

企业会计准则规定：在存在现金折扣的情况下，应收账款应以未减去现金折扣的金额作为入账价值，即按总价法入账。实际发生的现金折扣作为一种理财费用，计入发生当期的损益。

三、应收账款的核算

（一）没有商业折扣情况

企业销售商品或材料发生的应收账款在没有商业折扣的情况下，企业按应收的全部金额借记"应收账款"科目，贷记"主营业务收入"、"其他业务收入"、"应交税费——应交增值税（销项税额）"等科目；收回款项时，借记"银行存款"科目，贷记"应收账款"科目。企业代购单位垫付运杂费时，借记"应收账款"科目，贷记"银行存款"科目；收回代垫费用时，借记"银行存款"科目，贷记"应收账款"科目。

(二)有商品折扣情况

企业发生的应收账款在有商业折扣的情况下,应按扣除商业折扣后的金额入账。

(三)有现金折扣情况

企业发生的应收账款在有现金折扣的情况下,采用总价法入账,发生的现金折扣作为财务费用处理。

任务案例

【案例1】甲企业向乙企业销售一批商品,价款50 000元,增值税税率为17%,甲企业代乙企业垫付运费500元,已办妥银行存款收款手续。甲企业作如下账务处理。

解析

借:应收账款——乙企业 59 000

贷:主营业务收入 50 000

应交税费——应交增值税(销项税额) 8 500

银行存款 500

甲企业收到银行收款通知,收到上述货款时,应作如下账务处理。

解析

借:银行存款 59 000

贷:应收账款 59 000

【案例2】甲企业销售一批产品给丙企业,按价目表标明的价格计算,金额为10 000元。由于是成批销售,甲企业给丙企业10%的商业折扣,折扣金额为1 000元,增值税税率为17%。甲企业应作如下账务处理。

解析

借:应收账款——内企业 10 530

贷:主营业务收入 9 000

应交税费——应交增值税(销项税额) 1 530

甲企业收到银行收款通知,收到上述货款时,作如下账务处理。

解析

借:银行存款 10 530

贷:应收账款 10 530

【案例3】甲企业在2010年1月5日销售一批产品给丁公司,增值税专用发票上注明售价是10 000元,增值税1 700元,产品交付并办妥托收手续。销售产品时,规定现金折扣的条件为:2/10,1/20,N/30。甲企业应作如下账务处理。

解析

借:应收账款——A公司 11 700

贷:主营业务收入 10 000

应交税费——应交增值税(销项税额) 1 700

如果丁公司在10日内付款,甲企业应作如下账务处理。

解析

借:银行存款 11 466

财务费用 234

贷:应收账款——A 公司 11 700

如果丁公司在 20 日内付款,甲企业应作如下账务处理。

解析

借:银行存款 11 583

财务费用 117

贷:应收账款——A 公司 11 700

如果丁公司超过了现金折扣的最后期限付款,甲企业应作如下账务处理。

解析

借:银行存款 11 700

贷:应收账款——A 公司 11 700

任务实训

(一)单项选择题

1. 应收账款应按(　　)入账。

A. 估计金额　B. 实际发生的金额　C. 双方协商的金额　D. 计划金额

2. 应收账款是由(　　)而产生的。

A. 现销业务　B. 产品的销售业务　C. 赊销业务　D. 其他销售业务

3. 某企业销售一批商品,其增值税专用发票上注明的价款为 60 万元,适用增值税率为 17%,为购买方代垫运费 2 万元,款项尚未收回。该企业确认的应收款为(　　)万元。

A. 70. 2　B. 62　C. 72. 2　D. 60

4. 某企业 2010 年 1 月 8 日销售商品 100 件,增值税专用发票上注明的价款为 10 000 元,增值税额为 1 700 元。企业为了及早收回货款而在合同中规定的现金折扣条件为:3/10,1/20,N/50。假定计算现金折扣时,不考虑增值税。如买方于 2010 年 1 月 24 日付清货款,该企业实际收款金额为(　　)元。

A. 11 583　B. 11 466　C. 11 600　D. 11 500

(二)多项选择题

1. 应收账款包括(　　)。

A. 销售商品应收的货款　B. 职工预借的差旅费

C. 提供劳务应收的账款　D. 应收保险公司的赔款

E. 预拨给销售部门的业务周转金

2. 按照《企业会计准则》规定,可以作为应收款入账金额的项目是(　　)。

A. 产品销售收入价款　B. 增值税销项税额

C. 商业折扣　D. 代垫运杂费

(三)判断题

1. 企业购货时所取得的现金折扣应冲减所购存货的成本。(　　)

2. 企业会计准则规定:在存在商业折扣的情况下,应收账款应按总价法入账。(　　)

3. 企业会计准则规定:实际发生的现金折扣作为一种理财费用,计入发生当期的损益。(　　)

（四）计算分析题

1. 甲企业在2009年12月25日销售一批商品，增值税专用发票上注明售价100 000元、税款17 000元。甲企业为了及早收回货款，给予的现金折扣条件为：3/10，1/20，N/40。假定计算现金折扣时不考虑增值税。

要求：(1)编制甲企业实现销售收入时的会计分录；(2)若买方2009年12月25日支付货款，编制收到货款时的会计分录；(3)若买方2009年1月10日以一张面值117 000元、年利率为5%、期限5个月的商业承兑汇票抵偿该到期无力支付的货款，试编制该会计分录；(4)计算该汇票的到期值并编制收回到期票款的会计分录。

2. 甲公司为增值税一般纳税企业，适用的增值税税率为17%。2010年3月1日，甲公司向乙公司销售一批商品，按价目表上标明的价格计算，其不含增值税的售价总额为20 000元。因属批量销售，甲公司同意给予乙公司10%的商业折扣。同时，为鼓励乙公司及早付清货款，甲公司规定的现金折扣条件为：3/10，1/20，N/40。

要求：(1)编制甲公司2010年3月1日的会计分录；(2)若乙公司在2010年3月15日付款，则甲公司给予乙公司的现金折扣（按含增值税的售价计算）为多少元？并作出相关的会计分录。

任务三　预付账款和其他应收款的核算

任务认知

一、预付账款

（一）预付账款的概念

预付账款是指企业按照购货合同规定预付给供应单位的款项。

按照权责发生制原则，预付账款虽款项已经付出，但对方的义务尚未尽到，要求对方履行义务仍是企业的权利。因此，预付账款和应收账款一样，都是企业的短期债权。但是，两者又有所区别。应收账款是企业销货引起的，是应向购货方收取的款项；而预付账款是企业购货引起的，是预先付给供货方的款项。故二者应分别进行核算。

对于企业预付的款项，应在款项付出时，以预付金额入账。

（二）预付账款的核算

对于企业发生的预付账款业务，应通过"预付账款"科目核算。该科目属资产类科目，借方登记预付的款项和补付的款项，贷方登记收到所采购货物应付的总价款和因预付货款多余而退回的款项，期末余额一般在借方，反映企业实际预付的款项。

对于企业因购货而预付的款项，借记"预付账款"科目，贷记"银行存款"科目。收到所购物资时，按应计入购入物资成本的金额，借记"材料采购"或"原材料"、"库存商品"等科目，按可抵扣的增值税额，借记"应交税费——应交增值税（进项税额）"科目，按应付金额，贷记"预付账款"科目。对补付的款项，借记本科目，贷记"银行存款"科目。对退回多付的款项，借记"银行存款"科目，贷记"预付账款"科目。

对于预付账款不多的企业，也可以不设"预付账款"科目，而将预付账款业务放在"应付账款"科目核算。预付货款时，借记"应付账款"科目，贷记"银行存款"科目；收到材料或商品时，借记"材料采购"、"应交税费——应交增值税（进项税额）"科目，贷记"应付账款"科目。但在

编制财务报表时,仍然要将“预付账款”和“应付账款”的金额分开报告。

二、其他应收款

(一)其他应收款的概念

其他应收款是指企业除应收票据、应收账款和预付账款等经营活动以外的其他各种应收和暂付款项。其内容有:①应收的各种赔款或罚款;②应收出租包装物的租金;③应向职工收取的各种垫付款项;④备用金(向企业各职能科室、车间等拨付的备用金);⑤存出的保证金,如租入包装物支付的押金;⑥其他各种的应收和暂付款项。不包括企业拨出用于投资和购买物资的各种款项。

(二)其他应收款的核算

1. 备用金的会计处理

备用金是指为了满足企业内部各部门和职工个人经营活动的需要,而暂付给有关部门和职工个人使用的备用现金。

为了反映监督备用金的领用和使用情况,应在“其他应收款”账户中下设“备用金”明细账户,借方登记备用金的领用数额,贷方登记备用金的使用数额。期末余额在借方,反映企业暂付周转使用的备用金数额。

根据备用金管理制度,备用金的核算分为定额备用金制和非定额备用金制两种。

(1)定额备用金制。它是根据使用部门工作的实际需要,先核定其备用金定额并依此拨付备用金,使用后再拨付现金,补足其定额的制度。

(2)非定额备用金制。它是为了满足临时性需要而暂付给有关部门和个人的现金,使用后实报实销的制度。

2. 备用金以外的其他应收款的会计处理

会计处理备用金以外的其他应收款时,借记“其他应收款”科目,贷记“库存现金”、“银行存款”科目。

任务案例

【案例 1】企业按合同规定,预付给飞宇公司购买甲材料 10 000 元。会计分录如下。

解析

借:预付账款——飞宇公司　　10 000
　贷:银行存款　　10 000

企业收到上述甲材料验收入库,专用发票上注明货款 6 000 元、增值税 1 020 元。会计分录如下。

解析

借:原材料——甲材料　　6 000
　应交税费——应交增值税(进项税额)　　1 020
　贷:预付账款——飞宇公司　　7 020

同时,收到飞宇公司通过银行退回的余款。

解析

借:银行存款　　2 980
　贷:预付账款——飞宇公司　　2 980

【案例2】甲公司向乙公司采购材料5 000吨，单价为10元，所需支付的款项总额50 000元。按照合同规定向乙公司预付货款的50%，验收货物后补付其余款项。甲公司应作如下会计处理。

解析

(1)预付50%的货款，会计分录如下。

借：预付账款——乙公司　　25 000

　　贷：银行存款　　25 000

(2)收到乙公司发来的5 000吨材料，经验收无误，增值税专用发票记载的货款为50 000元，增值税额为8 500元。甲公司以银行存款补付不足款项33 500元。

借：原材料　　50 000

　　应交税费——应交增值税（进项税额）　　8 500

　　贷：预付账款——乙公司　　58 500

借：预付账款——乙公司　　33 500

　　贷：银行存款　　33 500

【案例3】甲企业的总务科核定的备用金金额为8 000元，以现金拨付。会计分录如下。

解析

借：其他应收款——备用金（总务科）　　8 000

　　贷：库存现金　　8 000

总务科报销日常管理支出6 800元。会计分录如下。

解析

借：管理费用　　6 800

　　贷：库存现金　　6 800

年终，收回业务科备用金。会计分录如下。

解析

借：库存现金　　6 800

　　贷：其他应收款——备用金　　6 800

【案例4】甲企业采购员刘宇外出预借差旅费1 000元，以现金付讫。会计分录如下。

解析

借：其他应收款——备用金（刘宇）　　1 000

　　贷：库存现金　　1 000

刘宇出差归来，报销800元，余款退回现金200元。会计分录如下。

解析

借：管理费用　　800

　　库存现金　　200

　　贷：其他应收款——备用金（刘宇）　　1 000

【案例5】甲企业以银行存款代职工李玫垫付应由其个人负担的职业教育培训费2 200元，拟从其工资中扣除。垫支时作会计分录如下。

解析

借：其他应收款——李玫　　2 200

贷:银行存款　　　　2 200

扣款时作会计分录如下。

借:应付职工薪酬　　　　2 200

　贷:其他应收款——李玫　　　　2 200

任务实训

(一)单项选择题

1. 对于不设置“预付账款”科目的企业,在预付货款时应计入(　　)科目。

A. 应收账款　　B. 应付账款　　C. 其他应收款　　D. 其他应付款

2. 3月5日,开出一张转账支票支付办公楼的押金30 000元。下列分录正确的是(　　)。

A. 借:预付账款　　30 000
　　贷:银行存款　　30 000

B. 借:其他应付款　　30 000
　　贷:银行存款　　30 000

C. 借:其他应收款　　30 000
　　贷:银行存款　　30 000

D. 借:其他预付款　　30 000
　　贷:银行存款　　30 000

(二)多项选择题

1. 属于其他应收款核算范围的项目有(　　)。

A. 应收股利　　B. 代购货单位垫支的运杂费

C. 备用金　　D. 应收职工欠款

E. 存出保证金

2. 下列项目应通过“其他应收款”核算的有(　　)。

A. 拨付给企业各内部单位的备用金　　B. 应收的各种罚款

C. 收取的各种押金　　D. 应向职工收取的各种垫付款项

3. 关于“预付账款”账户,下列说法正确的有(　　)。

A. “预付账款”账户贷方余额反映的是应付供应单位的款项

B. “预付账款”属于资产性质的账户

C. 对于预付货款不多的企业,可以不单独设置“预付账款”账户,将预付账款记入“预收账款”账户的借方

D. “预付账款”账户核算企业因销售业务产生的往来款项

(三)判断题

1. 企业存出保证金一定是通过“其他应收款”科目核算。(　)

2. 预付账款和应收账款一样,都是企业的短期债权。(　　)

3. 对于预付账款不多的企业,也可以不设“预付账款”科目,而将预付账款业务在“应付账款”科目核算。因此在编制财务报表时,没必要将“预付账款”和“应付账款”的金额分开报告。(　　)

(四)计算分析题

1. 企业按合同规定,预付给A公司购买甲材料6 000元。企业收到上述甲材料验收入库,专用发票上注明货款8 000元,增值税1 360元。不足部分以银行存款补足。

要求:作出上述业务的相关会计分录。

2. 甲企业的业务科核定的备用金金额为10 000元,6月1日以现金拨付。6月15日,业务科报销日常支出6 000元。8月6日,业务科报销日常支出7 000元。12月31日,收回业务科备用金。

要求:作出上述业务的相关会计分录。

任务四 坏账损失的核算

任务认知

一、坏账损失概述

(一)坏账损失的概念

坏账是指企业无法收回或收回的可能性极小的应收款项,包括应收账款和其他应收款等。由于发生坏账而产生的损失称为坏账损失。

(二)坏账损失的确认

企业确认坏账时,应遵循财务报告的目标和会计核算的基本原则,具体分析各应收账款的特性、金额的大小、信用期限、债务人的信誉和当时的经营情况等因素。一般来讲,企业的应收账款符合下列条件之一的,应确认为坏账。

(1)债务人破产或死亡,以其破产财产或遗产清偿后仍然无法收回的应收账款。

(2)债务人较长时期内未履行其偿债义务,并有足够的证据表明该应收账款已无法收回或收回的可能性极小。

企业应当在期末对应收账款进行检查,并预计可能产生的坏账损失。对于预计可能发生的坏账损失,计提坏账准备。企业计提坏账准备的方法由企业自行确定。企业应当制定计提坏账准备的政策,明确计提的范围、方法、账龄的划分和提取比例。按照管理权限,经股东大会或董事会,或经理(厂长)会议或类似机构批准,依据法律和行政法规的规定报有关各方备案,并备置于企业所在地,以供投资者查阅。坏账准备计提方法一经确定,不得随意变更,如需变更,仍应按上述程序,经批准后报送有关各方备案,并在会计报表附注中说明。

在计提坏账准备时,应注意以下几个问题。

第一,除有确凿证据表明该项应收款项不能收回或收回的可能性不大外(如债务单位已撤销、破产、资不抵债、现金流量严重不足、发生严重的自然灾害等导致停产,而在短时间内无法偿付债务以及3年以上的应收款项),不能全额计提坏账准备的情况有:①当年发生的应收款项;②计划对应收款项进行重组;③与关联方发生的应收款项;④其他已逾期,但无确凿证据表明不能收回的应收款项。

第二,对于企业的预付账款,如有确凿证据表明其不符合预付账款性质,或者因供货单位破产、撤销等原因已无望再收到所购货物时,应当将原计入预付账款的金额转入其他应收款,并按规定计提坏账准备。

第三,企业不应对应收票据计提坏账准备,而应等应收票据到期不能收回转入应收账款后,再按规定计提坏账准备。

二、坏账损失的核算

坏账损失的核算方法一般有两种:直接转销法和备抵法。我国企业会计准则规定:企业应

采用备抵法核算坏账损失。

(一)备抵法的概念

备抵法是指按期估计坏账损失,计入当期费用,同时建立坏账准备,即当实际发生坏账损失时,应根据其金额已计提的坏账准备,同时转销相应的应收款项的一种方法。

采用这种方法,坏账损失计入同一期间损益,体现了权责发生制和配比原则的要求;避免了企业虚盈实亏,体现了稳健原则的要求;在报表上列示应收款项净额,使报表使用者能了解企业应收款项的可变现金额。

在备抵法下,企业应设置"坏账准备"账户,该账户的贷方登记每期提取的坏账准备数额,借方登记实际发生的坏账损失数额,期末余额一般在贷方,反映企业已经提取但尚未转销的坏账准备数额。

(二)坏账损失的核算

采用备抵法,坏账准备可按下列公式计算:

当期按应收款项计算应提坏账准备金额 = 本期"应收款项"科目的期末余额 × 坏账准备计提比例

当期实际提取的坏账准备 = 当期按应收款项计算的应提坏账准备金额 - 计提前"坏账准备"科目的贷方余额(或 + 计提前"坏账准备"科目的借方余额)

如果当期按应收款项计算的应提坏账准备金额大于计提前"坏账准备"科目的贷方余额,则应按其差额提取坏账准备;如果当期按应收款项计算的应提坏账准备金额小于计提前"坏账准备"科目的贷方余额,则应按其差额冲减已计提的坏账准备;如果当期按应收款项计算的应提"坏账准备"金额为零,则应将"坏账准备"科目余额全部冲回。

企业提取坏账准备时,借记"资产减值损失"科目,贷记"坏账准备"科目。本期应提取的坏账准备大于其账面余额的,应按其差额提取;应提数小于账面余额的差额,借记"坏账准备"科目,贷记"资产减值损失"科目。

实际发生坏账时,借记"坏账准备"科目,贷记"应收账款"、"其他应收款"等科目。如果已确认并转销的坏账以后又收回,则应按收回的金额,借记"应收账款"、"其他应收款"等科目,贷记"坏账准备"科目;同时,借记"银行存款"科目,贷记"应收账款"、"其他应收款"等科目。

企业采用备抵法进行坏账损失的核算时,必须按期估计坏账损失。估计坏账损失的方法有应收款项余额百分比法、账龄分析法和销货百分比法等。

1. 应收款项余额百分比法

余额百分比法是根据会计期末应收账款的余额乘以估计坏账率即为当期应估计的坏账损失,据此提取坏账准备。估计坏账率可以按照以往的数据资料加以确定,也可以根据规定的百分率计算。企业发生的坏账多,比例相应就高些;反之,比例相应则低些。

2. 账龄分析法

账龄分析法是根据应收账款入账时间的长短估计坏账损失的一种方法。虽然应收账款能否收回以及能收回多少不一定完全取决于入账时间的长短,但一般来说,账款拖欠的时间越长,发生坏账的可能性就越大。

3. 销货百分比法

销货百分比法是根据赊销金额的一定百分比估计坏账损失的一种方法。在采用此方法时，估计坏账损失百分比可能由于企业生产经营情况的不断变化而不相适应，因此，必须经常检查百分比法是否能反映企业坏账损失的实际情况，倘若发现过高或过低的情况，应及时调整百分比。采用该种方法计提坏账准备时，不用考虑上年“坏账准备”科目的余额。

任务案例

【案例 1】某企业年末应收账款的余额为 1 000 000 元，提取坏账准备的比例为 5%；第二年发生了坏账损失 6 000 元，年末应收账款的余额为 1 100 000 元；第三年，已冲销的应收账款又收回 1 900 元，期末应收账款的余额为 1 200 000 元。编制会计分录如下。

解析

第一年提取坏账准备为

$$1\ 000\ 000 \times 5\% = 5\ 000(\text{元})$$

会计分录如下。

借：资产减值损失　　5 000

　贷：坏账准备　　5 000

第二年转销坏账，会计分录如下。

借：坏账准备　　6 000

　贷：应收账款　　6 000

第二年年末按应收账款的余额计提坏账准备为

$$1\ 100\ 000 \times 5\% = 5\ 500(\text{元})$$

年末计提坏账准备前，“坏账准备”科目的借方余额为 1 000 元，本年度应提坏账准备为 6 500(6 500 = 5 500 + 1 000)元。

借：资产减值损失　　6 500

　贷：坏账准备　　6 500

第三年，已冲销的应收账款又收回 1 900 元，会计分录如下。

借：应收账款　　1 900

　贷：坏账准备　　1 900

同时，

借：银行存款　　1 900

　贷：应收账款　　1 900

第三年年末按应收账款的余额计算提取坏账准备为

$$1\ 200\ 000 \times 5\% = 6\ 000(\text{元})$$

至年末，计提坏账准备前的“坏账准备”科目的贷方余额为 8 400 元，本年度应冲销多提的坏账准备金额为 2 400(2 400 = 8 400 − 6 000)元。

会计分录如下。

借：坏账准备　　2 400

　贷：资产减值损失　　2 400

【案例 2】某企业 2009 年 12 月 31 日应收账款账龄及估计坏账损失的情况见表 3-1。

表 3-1　2009 年 12 月 31 日应收账款账龄及估计坏账损失情况

应收账款账龄	应收账款金额(元)	估计损失(%)	估计损失金额(元)
未到期	60 000	0.5	300
过期 2 个月	50 000	1	500
过期 4 个月	40 000	2	800
过期 6 个月	30 000	3	900
过期 6 个月以上	20 000	4	800
合计	200 000	—	3 300

从表 3-1 看出,该企业 2009 年 12 月 31 日"坏账准备"科目的账面余额应为 3 300 元,企业应根据前期"坏账准备"科目的账面余额,计算本期应入账的金额,编制会计分录,予以入账。

解析

(1)假设在估计坏账损失前,"坏账准备"科目有贷方余额 300 元,则该企业本期还应计提 3 000(3 000 = 3 300 - 300)元。编制的会计分录如下。

借:资产减值损失　　3 000

　贷:坏账准备　　3 000

(2)假设在估计坏账损失前,"坏账准备"科目有借方余额 300 元,则该企业本期还应计提 3 600(3 600 = 3 300 + 300)元,编制的会计分录如下。

借:资产减值损失　　3 600

　贷:坏账准备　　3 600

【案例 3】某公司 2009 年全年赊销金额为 500 000 元,根据以往资料和经验,估计坏账损失率为 3%,年末估计坏账损失为 500 000 × 3% = 15 000(元)。编制会计分录如下。

解析

借:资产减值损失　　15 000

　贷:坏账准备　　15 000

任务实训

(一)单项选择题

1."坏账准备"科目借方发生额反映(　　)。

A. 已发生的坏账损失　　B. 尚未动用的坏账准备

C. 提取的坏账准备　　D. 收回已作为坏账核销的应收账款

2. 某年末应收账款余额为 500 000 元,坏账准备贷方余额为 1 000 元,按 4‰提取坏账准备,应补提的坏账准备为(　　)元。

A. 1 000　　B. 2 000　　C. 3 000　　D. 4 000

3. 按应收账款余额的一定比例计提坏账准备的企业,应根据(　　)提取。

A. 中期期末或年末应收账款的余额　　B. 季末应收账款的余额

C. 月末应收账款的余额　　D. 年初应收账款的余额

4. 企业按规定提取坏账准备,应计入(　　)。

A. 财务费用　　B. 营业外收入　　C. 资产减值损失　　D. 制造费用

5. 某企业年末应收账款余额为 500 000 元,坏账准备贷方余额为 2 000 元,按 3‰提取坏账准备,则应冲减的坏账准备为(　　)元。

A. 1 500　　B. 2 000　　C. 500　　D. 3 500

6. 在采用应收账款余额百分比法计提坏账准备的情况下,已核销的坏账又重新收回时,应借记(　　)。

A. 营业外收入　　B. 应收账款　　C. 坏账准备　　D. 资产减值损失

(二)多项选择题

1. 下列各项中,应记入"坏账准备"账户贷方的有(　　)。

A. 提取坏账准备　　B. 冲回多提的坏账准备

C. 收回以前确认并转销的坏账　　D. 备抵法下实际发生的坏账

2. 企业可以提取坏账准备的项目是(　　)。

A. 应收账款　　B. 其他应收款

C. 已到期未能收回的应收票据　　D. 有证据表明确实无法收回的预付账款

3. 采用备抵法进行坏账准备核算时,估计坏账准备的具体方法有(　　)。

A. 总价法　　B. 账龄分析法

C. 应收账款余额百分比法　　D. 净价法

E. 销货百分比法

4. 在企业采用备抵法核算坏账,并收回过去已确认并转销的坏账时,应编制的会计分录是(　　)。

A. 借:应收账款
　　贷:坏账准备

B. 借:银行存款
　　贷:应收账款

C. 借:坏账准备
　　贷:应收账款

D. 借:资产减值损失
　　贷:应收账款

E. 借:应收账款
　　贷:资产减值损失

(三)判断题

1. 由于企业应收及预付款项存在发生坏账损失的风险,因此按现行准则规定都应计提一定比率的坏账准备。(　　)

2. "坏账准备"账户期末余额在贷方,在资产负债表上列示时,应列入流动负债项目中。(　　)

3. 已确认为坏账的应收账款,并不意味着企业放弃了其追索权,一旦重新收回,应及时入账。(　　)

4. 采用备抵法核算坏账的情况下,发生坏账时所做的冲销应收账款的会计分录,会使资产及资本同时减少相同数额。(　　)

(四)计算分析题

1. 甲企业采用应收款项余额百分比法核算坏账损失,坏账准备计提比例为 5‰。2008 年 1 月 1 日,"应收账款"账户的余额为 100 万元,2008 年 12 月 31 日"应收账款"账户的余额为

80 万元。2008 年度发生相关业务:(1)5 月 8 日,收回 2007 年度核销的坏账 4 000 元,存入银行;(2)11 月 9 日,因一客户破产,有应收账款 2 500 元不能收回,经批准确认为坏账。

要求:作出相应的账务处理。

2.2009 年 1 月 1 日,甲企业应收账款余额为 3 000 000 元,坏账准备余额为 150 000 元。2009 年度,甲企业发生相关业务:(1)销售商品一批,增值税专用发票上注明的价款为 5 000 000 元,增值税额为 850 000 元,货款尚未收到;(2)因某客户破产,该客户所欠货款 10 000 元不能收回,确认为坏账损失;(3)收回上年度已转销为坏账损失的应收账款 8 000 元并存入银行;(4)收到某客户以前所欠的货款 4 000 000 元并存入银行;(5)2009 年 12 月 31 日,甲公司对应收账款进行减值测试。确定按 5% 计提坏账准备。

要求:(1)编制 2009 年度确认坏账损失的会计分录;(2)编制收到上年度已转销为坏账损失的应收账款的会计分录;(3)计算 2009 年年末应计提的坏账准备;(4)编制 2009 年末计提坏账准备的会计分录。(答案中金额用元表示)

项目四

存货的核算

项目导入

芳菲是某大学会计学专业大一的学生。第一学期结束后的寒假，为了早点接触社会，熟悉真实的会计工作岗位，在妈妈朋友的介绍下，她来到明悦机械有限公司实习。由于才学会计不久，芳菲主要是在会计部门看看凭证、账簿，熟悉会计的日常工作。今天，公司购进了两种材料：一种是用于生产产品的A材料，一种是用于车间改建的B材料。但让苏菲不解的是，同样是材料，为什么用于生产产品的A材料在“原材料”科目下核算，而用于车间改建的B材料则在“工程物资”科目下核算。两者有什么区别呢？都属于存货吗？于是，她虚心请教公司财务部的程会计。如果你是程会计，你会如何向芳菲解释呢？

项目目标

(1)了解存货的概念、分类及范围。

(2)掌握存货的初始计量、发出存货的计价方法以及期末计价。

(3)掌握原材料按照实际成本和计划成本收、发、存的核算。

(4)熟悉库存商品、周转材料、委托加工物资的核算。

(5)掌握存货清查和期末计量。

(6)能够对存货进行初始计量和期末计量。

(7)能够对原材料按照实际成本和计划成本进行核算。

(8)能够对周转材料、委托加工物资、库存商品进行核算。

(9)能够对存货进行清查。

任务一　存货的确认与分类

任务认知

一、存货的确认与分类

(一)存货的概念与特征

存货是指企业在日常生产经营过程中持有的、以备出售的产成品或商品，以及处在生产过程中的在产品、在生产过程或提供过程中耗用的材料和物料等。

存货通常有的特征：①存货是有形资产；②存货是流动资产；③持有存货的目的是为了在

正常生产经营过程中被销售或耗用;④存货可能发生价值的减损。

(二)存货的确认标准

存货在同时满足两个条件时,才能确认:①与该存货有关的经济利益很可能流入企业;②该存货的成本能够可靠地计量。

某个项目要确认为存货,首先要符合存货的定义。在此前提下,应当符合上述存货确认的两个条件。关于存货的确认,尚须说明以下几点。

第一,关于代销商品。代销商品(也称为托销商品)是指一方委托另一方代其销售的商品。从商品所有权的转移来分析,代销商品在售出以前,所有权属于委托方,受托方只是代对方销售商品。因此,代销商品应作为委托方的存货处理。但为了使受托方加强对代销商品的核算和管理工作,企业会计制度也要求受托方将其受托代销商品纳入账内核算。

第二,关于在途商品。对于销售合同或协议规定已确认销售(如已收到货款)但尚未发运给购货方的商品,应作为购货方的存货而不应再作为销货方的存货;对于购货方已收到商品但尚未收到销货方结算等的商品,购货方应作为其存货处理;对于购货方已经确认为购进(如付款等)但尚未到达入库的在途商品,购货方应将其作为存货处理。

第三,关于购货约定。对于约定未来购入的商品,因为企业并没有实际的购货行为发生,所以,不作为企业的存货,也不确认有关的负债和费用。

(三)存货的分类

1. 按经济用途分

(1)原材料。原材料是指企业在生产过程中经加工改变其形态或性质并构成产品主要实体的各种原料及主要材料、辅助材料、外购半成品(外购件)、修理用备件(备品、备件)、包装材料、燃料等。

(2)在产品。在产品是指企业正在制造但尚未完工的生产物,包括正在各生产工序加工的产品,以及已加工完毕但尚未检验或已检验但尚未办理入库手续的产品。

(3)半成品。半成品是指经过一定生产过程并已检验合格交付半成品仓库保管,但还未制造完工成为产成品,仍需进一步加工的中间产品。但不包括从一个生产车间转给另一个生产车间继续加工的自制半成品以及不能单独计算成本的自制半成品。

(4)产成品。产成品是指工业企业已经完成全部生产过程并验收入库,可以按照合同规定的条件送交订货单位,或者可以作为商品对外销售的产品。企业接受外来原材料加工制造的代制品和为外单位加工修理的代修品,制造和修理完成验收入库后,应视同企业的产成品。

(5)商品。商品是指送交商品流通企业的产成品,包括外购或委托加工完成验收入库用于销售的各种产成品。

(6)包装物。包装物是指生产流通过程中,为包装本企业的产品或商品并随它们一起出售、出借或出租的各种包装容器,如桶、箱、瓶、坛、袋等。其主要作用是盛装、装潢产品或商品。但是,有的包装材料和物品在会计上不作为包装物存货进行核算:①各种包装用的材料,如纸、绳、铁丝、铁皮等,应作为原材料进行核算;②企业在生产经营过程中用于储存和保管产品或商品、材料、半成品、零件等,而不随同产品或商品出售、出租或出借的包装物,如企业在经营过程中周转使用的包装容器,应按其价值大小和使用年限长短,分别归入固定资产或低值易耗品进行核算。

(7)低值易耗品。指不能作为固定资产的各种用具物品,如工具、管理用具、玻璃器皿、劳

动保护用品，以及在经营过程中周转使用的容器等。其特点是单位价值较低，使用期限相对于固定资产较短，在使用过程中基本保持其原有实物形态不变。

(8)委托代销商品。指企业委托其他单位代销的商品。

(9)委托加工物资。指企业委托外单位加工的各种材料、商品等物资。

2. 按存入地点分

企业的存货分布于供、产、销各个环节。按存放地点，可能分为在库存货、在途存货、在制存货和发出存货。

3. 按取得来源分

存货按取得来源可分为外购存货、自制存货、委托加工存货、投资者投入的存货、接受捐赠的存货、盘盈的存货等。

二、存货的入账价值

存货应当按照成本进行初始计量。存货成本包括采购成本、加工成本和其他成本。企业存货的来源不同，其成本构成内容也不同。

(一)外购存货的计价

存货的采购成本一般包括购买价款、相关税费、运输费、装卸费、保险费以及其他可归属于存货采购成本的费用，具体包括：①买价；②运杂费；③运输途中的合理损耗；④入库前的整理挑选费；⑤购入物资负担的税金和其他费用。

对于商品流通企业的外购商品，其采购过程中发生的买价以外的相关进货费用，应计入存货采购成本，也可以先行归集，期末根据所购商品的存销情况进行分摊。对于企业采购商品的进货费用金额较小的，可以在发生时计入当期损益。

(二)自制存货的计价

自制存货的成本主要由采购成本、加工成本以及使存货达到目前场所和状态所发生的其他成本构成。其中存货的加工成本是指存货加工过程中发生的追加费用，包括直接人工以及按照一定方法分配的制造费用。存货的其他成本是指除采购成本、加工成本以外的，使存货到达目前场所和状态所发生的其他支出，如为特定客户设计产品所发生的设计费用等。

(三)委托加工存货的计价

对于委托加工的存货，以实际耗用的原材料或者半成品及加工费、运输费、装卸费和保险费等费用，以及按规定应计入成本的税金作为实际成本。

(四)接受投资存货的计价

对于投资者投入的存货，应当按照投资合同或协议约定的价值确定，但合同或协议约定价值不公允的除外。

(五)接受捐赠存货的计价

对于接受捐赠的存货，按以下规定确定其实际成本。

(1)如捐赠方提供了有关凭据(如发票、报关单、有关协议)，按凭据上标明的金额加上应支付的相关税费作为实际成本。

(2)如捐赠方没有提供有关凭据，按顺序确定其实际成本：①对同类或类似存货存在活跃市场的，按同类或类似存货的市场价格估计的金额加上应支付的相关税费作为实际成本；②对同类或类似存货不存在活跃市场的，按该接受捐赠的存货的预计未来现金流量现值作为实际成本。

(六)盘盈存货的计价

对于盘盈存货,按同类或类似存货的市场价格作为实际成本。

(七)企业提供劳务的计价

对于企业提供劳务的,按所发生的从事劳务提供人员的直接人工和其他直接费用以及可归属的间接费用计入存货成本。

任务案例

【案例】某企业为增值税一般纳税人。购入乙种原材料 5 000 吨,收到的增值税专用发票上注明的售价为每吨 1 200 元,增值税为 1 020 000 元,另发生运输费用 60 000 元(其中 7% 作为进项税额抵扣),装卸费用 20 000 元,途中保险费用 18 000 元。原材料运抵企业后,验收入库原材料为 4 996 吨,运输途中发生合理损耗 4 吨。求该原材料的入账价值。

解析

该原材料的入账价值 = 5 000 × 1 200 + 60 000 × (1 − 7%) + 20 000 + 18 000

= 6 093 800(元)

任务实训

(一)单项选择题

1. 下列各项物品中,不属于企业存货的有(　　)。

A. 在途物资　B. 委托加工物资　C. 自制半成品　D. 特种储备物资

2. 下列各项支出中,可能不计入存货成本的项目是(　　)。

A. 购进存货时的进项增值税　B. 入库前的挑选整理费

C. 购买存货而发生的运输费　D. 购买存货而交纳的消费税

3. 商品流通企业对于存货的附带成本一般应计入(　　)。

A. 存货成本　B. 期间费用　C. 销售成本　D. 营业外支出

4. 在进货发生的下列各项中,不应计入外购存货成本的是(　　)。

A. 购货价格　B. 购货运费

C. 取得的现金折扣收入　D. 在途保险费

(二)多项选择题

1. 下列项目中,属于企业存货的有(　　)。

A. 在产品　B. 原材料　C. 工程物资　D. 包装物

2. 下列各项中,应计入存货采购成本的是(　　)。

A. 买价　B. 运输途中的合理损耗

C. 增值税　D. 进口关税

3. 下列项目中,应计入外购存货成本的有(　　)。

A. 支付的买价　B. 入库后的挑选整理费

C. 运输途中的合理损耗　D. 入库前的挑选整理费用

E. 一般纳税企业购进存货发生进项增值税

4. 下列各项中,应作为企业存货核算和管理的有(　　)。

A. 委托代销商品　B. 委托加工材料　C. 在途材料　D. 发出商品

E. 工程物资

（三）判断题

1. 同一项资产，在不同的企业里可能分属存货和固定资产。（　　）

2. 购入材料在运输途中发生的合理损耗不需单独进行账务处理。（　　）

3. 商品流通企业购进商品所发生的采购费用和储存费用应计入商品成本。（　　）

4. 从存货的所有权来看，代销商品在出售以前，应作为委托方的存货处理，但是为了加强受托方对商品的核算和管理，受托方应将受托代销商品作为本企业的存货管理。（　　）

5. 盘盈存货的计价应按照同类或类似存货的市场价格，作为实际成本。（　　）

（四）计算分析题

H公司（一般纳税人）从外地购进一批甲材料，取得的增值税专用发票上注明材料价款为20 000元，增值税额为3 400元，另外支付运输费1 500元，装卸费300元，税法规定运费的增值税扣除率为7%。

要求：计算该批材料的采购成本。

任务二　实际成本法下原材料的核算

任务认知

对于存货的日常核算，可以按实际成本核算，也可以按计划成本核算。存货按实际成本核算，不论是总分类核算，还是明细分类核算，都按实际成本计价。实际成本法一般适用于规模较小、存货品种简单、采购业务不多的企业。

一、实际成本法下原材料核算的账户设置

原材料按实际成本核算时，应设置"原材料"、"在途物资"等账户。

"原材料"账户属资产类账户，用来核算企业库存的各种原材料实际成本。该账户借方登记收入原材料的实际成本；贷方登记发出原材料的实际成本；期末余额在借方，表示库存原材料的实际成本。

"在途物资"账户用来核算企业已经付款或已开出承兑商业汇票但尚未到达或尚未验收入库的各种物资的实际成本。借方登记已支付或已开出承兑商业汇票的各种物资的实际成本；贷方登记已验收入库物资的实际成本；期末余额在借方，表示已经付款或已开出承兑商业汇票但尚未到达或尚未验收入库的在途物资的实际成本。

二、实际成本法下原材料取得的核算

（一）外购原材料的核算

由于结算方式和采购地点的不同，材料入库和货款的支付在时间上往往不一致，因而其账务处理也有所不同。材料入库和货款的支付在时间上的不同，形成3种基本情况：①材料到达企业验收入库，同时货款已经支付；②结算凭证已到，货款已付，材料尚未验收入库；③材料已验收入库，货款尚未支付。

1. 材料到达企业验收入库，货款已支付

企业（均为一般纳税人，下同）在支付货款、材料验收入库后，应根据发票账单等结算凭证确定的材料成本，借记"原材料"科目，根据取得的增值税专用发票上注明的税额（不计入材料

采购成本)，借记"应交税费——应交增值税(进项税额)"科目，按照实际支付的款项，贷记"银行存款"、"其他货币资金"等科目。

2. 结算凭证已到，货款已付，材料尚未验收入库

发生此类业务时，应根据有关结算凭证、增值税专用发票中记载的已付款的材料价款及增值税额，借记"在途物资"、"应交税费——应交增值税(进项税额)"账户，根据实际付款金额贷记"银行存款"或"其他货币资金"账户。待材料验收入库后，再借记"原材料"账户，贷记"在途物资"账户。

3. 材料已验收入库，货款尚未支付

根据货款未付的不同形式，又分为以下 3 种情况。

(1)发票账单已到，货款暂欠。根据发票、银行结算凭证、收料单等，借记"原材料"、"应交税费——应交增值税(进项税额)"账户，贷记"应付账款"等账户。

(2)发票账单已到，企业开出商业汇票。根据相关凭证单据，借记"原材料"、"应交税费——应交增值税(进项税额)"科目，贷记"应付票据"科目。

(3)发票账单未到，企业无法付款。对于材料已到达并已验收入库，但发票账单等结算凭证未到，货款尚未支付的采购业务，因企业未收到有关结算凭证，无法准确计算入库材料实际成本及销售方代垫的采购费用，应于月末，按材料的暂估价值，借记"原材料"账户，贷记"应付账款——暂估应付账款"账户。下月初用红字作同样的记账凭证予以冲回，待结算凭证到达后，借记"原材料"、"应交税费——应交增值税(进项税额)"账户，贷记"银行存款"、"其他货币资金"或"应付票据"等账户。

4. 购料途中发生短缺或毁损

如果是运输途中的合理损耗，应当计入材料采购成本。如果是供货单位责任事故造成的短缺，应视款项是否已经支付而作出相应的账务处理；如果尚未支付货款，应按短缺的数量和发票金额填写拒付理由书，向银行办理拒付手续；如果货款已经支付，并已记入"在途物资"账户的情况下，在材料运达企业验收入库，发现短缺或毁损时，应根据有关的索赔凭证，借记"应付账款"、"应交税费——应交增值税(进项税额)"(红字)账户，贷记"在途物资"账户。

如果是运输部门的责任事故造成的短缺或毁损，应根据有关的索赔凭证，借记"其他应收款"、"应交税费——应交增值税(进项税额)"(红字)账户，贷记"在途物资"账户。

如果是运输途中发生的非常损失和尚待查明原因的途中损耗，查明原因前，借记"待处理财产损益——待处理流动资产损益"账户，贷记"原材料"、"应交税费——应交增值税(进项税额转出)"账户。待查明原因经批准后再进行账务处理：如果是因供应单位、运输部门、保险公司和其他过失人负责赔偿的损失，借记"应付账款"、"其他应收款"等账户，贷记"待处理财产损益——待处理流动资产损益"账户；如果是因自然灾害等非正常原因造成的损失，应将扣除残料价值和过失人、保险公司赔偿后的净损失，借记"营业外支出——非常损失"账户，贷记"待处理财产损失损益——待处理流动资产损益"账户；如果是其他无法收回的损失，借记"管理费用"账户，贷记"待处理财产损益——待处理流动资产损益"账户。

注意：根据新增值税法规定，因自然灾害等原因造成的损失无须进行进项税额转出。

(二)自制原材料的核算

对于自制并已验收入库的原材料，以实际成本借记"原材料"账户，贷记"生产成本"账户。

(三)投资者投入的原材料的核算

投资者投入的原材料,按投资各方确认的价值,借记"原材料"账户,如果企业已被批准为一般纳税人,还应按增值税专用发票上注明的增值税额,借记"应交税费——应交增值税(进项税额)"账户,按确定的出资额,贷记"实收资本"(或"股本")账户,按其差额,贷记"资本公积"账户。

三、实际成本法下原材料发出的核算

(一)存货的计价方法

存货的计价方法是指对发出存货和每次发出后的存货价值的计算确定方法。由于采购时间、采购地点等不同,企业购进同样的存货,其单位成本往往各异。当发出存货时,会出现按什么单价计价的问题,这就必须采用合理的计算方法予以确定。根据财政部的规定,企业对存货的计价可以选择使用先进先出法、加权平均法、个别计价法等。计价方法一经确定后,不得随意变更。

1. 先进先出法

先进先出法是指根据先入库先发出的原则,对于发出的存货,以先入库存货的单价进行计价,从而计算发出存货成本的方法。采用先进先出法计算发出存货成本的具体做法是:先按第一批入库存货的单价计算发出存货的成本,领发完毕后,再按第二批入库存货的单价计算,以此类推。若领发的存货属于前后两批入库的,单价又不同时,应分别用两个单价计算。在采用先进先出法的情况下,由于期末结存材料金额是根据近期入库存货成本计价的,其价值接近于市场价格,并能随时结转发出存货的实际成本。但每次发出存货要根据先入库的单价计算,工作量较大,一般适用于收发存货次数不多的情况。当物价上涨时,采用先进先出法会高估企业当期利润和库存存货价值;反之,会低估企业当期利润和库存存货价值。

2. 加权平均法

加权平均法包括月末一次加权平均法和移动加权平均法。

(1)月末一次加权平均法是指在期末计算存货的平均单位成本时,用期初存货数量和本期各批收入的数量作为权数确定存货的平均单位成本,从而计算出期末存货和已销存货成本的一种计价方法。计算公式如下:

加权平均单位成本 =(期初存货成本 + 本期收入存货成本)÷(期初存货数量 + 本期收入存货数量)

本期销售或耗用存货成本 = 本期销售或耗用存货数量 × 加权平均单位成本

期末结存存货成本 = 期末结存存货数量 × 加权平均单位成本

考虑到计算出的加权平均单位成本不一定是整数,往往要在小数点之后四舍五入,为了保证账面数字之间的平衡关系,一般采用倒挤成本法计算发出存货的成本,即:

本期销售或耗用存货成本 = 月初结存存货成本 + 本期收入存货成本 − 期末结存存货成本

采用月末一次加权平均法,只需在月末计算一次加权平均单价,比较简单。但平时从账上无法提供存货的收、发、存情况,不利于存货的管理。

(2)移动加权平均法是指在每次收到存货以后,以各批收入数量与各批收入前的结存数量为权数,为存货计算出新的加权平均单位成本的一种方法。每次进货后,都要重新计算一次加权平均单位成本。计算公式如下:

移动加权平均单位成本 =（结存存货成本 + 本批进货成本）÷（结存存货数量 + 本批进货数量）

本批销售或耗用存货成本 = 本批销售或耗用存货数量 × 本批存货移动加权平均单位成本

移动加权平均法的优点是便于管理人员及时了解存货的结存情况，并且每当购入新的存货，就要重新计算加权平均单位成本，使得存货的单价比较接近于市场价格。缺点是计算量较大。

3. 个别计价法

个别计价法又称为分批计价法，是指认定每一件或每一批的实际单价，计算发出该件或该批存货成本的方法。其计算公式如下：

发出存货成本 = 发出存货数量 × 该件（批）存货单价

采用个别计价法，对每件或每批购进的存货应分别存放，并分别登记存货明细分类账。对每次领用的存货，应在存货领用单上注明购进的件别或批次，便于按照该件或该批存货的实际单价计算其耗用金额。

个别计价法适用于房屋、船舶、飞机、汽车、珠宝、名画等数量品种较少、单位价值高的存货。

（二）原材料发出的核算

根据"领料单"或"限额领料单"、"领料登记簿"或"发出材料汇总表"登记发出材料的记账凭证，进而登记原材料明细账。企业发出的材料，根据不同的用途，借记"生产成本"、"制造费用"、"管理费用"等账户，贷记"原材料"账户。

任务案例

【案例1】某企业经有关部门核定为一般纳税人。某日该企业从本地购进A材料一批，取得的增值税专用发票上注明的原材料货款计100 000元，增值税额为17 000元。发票等结算凭证已经收到，材料已验收入库，货款已通过银行转账支付。要求编制会计分录。

解析

借：原材料　　100 000

　　应交税费——应交增值税（进项税额）　　17 000

　　贷：银行存款　　117 000

【案例2】某企业收到银行转来的托收承付付款通知以及发票，向艾飞公司购进甲材料一批，买价200 000元，增值税34 000元，经审核无误，到期承付。根据有关原始凭证，编制如下会计分录。

解析

借：在途物资——艾飞公司　　200 000

　　应交税费——应交增值税（进项税额）　　34 000

　　贷：银行存款　　234 000

【案例3】承【案例2】该企业收到仓库送来的收料单，艾飞公司甲材料运到并验收入库。根据收料单编制如下会计分录。

解析

借:原材料　　200 000

　贷:在途物资——艾飞公司　　200 000

【案例 4】某公司由外地购进甲材料,买价 630 000 元,增值税 107 100 元,材料已到达企业且验收入库,并收到委托收款、运单等单证。企业无款支付,货款暂欠。编制会计分录如下。

解析

借:原材料　　630 000

　应交税费——应交增值税(进项税额)　　107 100

　贷:应付账款　　737 100

【案例 5】如【案例 4】中,假设企业开出商业汇票结算货款。

解析

借:原材料　　630 000

　应交税费——应交增值税(进项税额)　　107 100

　贷:应付票据　　737100

【案例 6】某公司 8 月 25 日从外地购进乙材料一批,材料已运达并验收入库,结算凭证尚未到达,款项未付。8 月 31 日结算凭证仍未到,该批材料估价为 11 000 元。9 月 26 日各结算凭证到达,该批材料增值税专用发票上注明价款 10 000 元,增值税 1 700 元,另对方代垫运杂费 1 000 元,全部款项以通过银行转账支付。9 月 1 日将估价入账的材料以红字冲回。要求作账务处理。

解析

(1)8 月 31 日,材料虽已验收入库,但结算凭证仍未到,款项未付,月末按估价暂估入账,

借:原材料　　11 000

　贷:应付账款——暂估应付账款　　11 000

(2)9 月 1 日,将估价入账的材料以红字冲回,

借:原材料　　11 000(红字)

　贷:应付账款——暂估应付账款　　11 000(红字)

(3)9 月 26 日结算凭证到达,并支付货款,

借:原材料　　10 000

　应交税费——应交增值税(进项税额)　　1 700

　贷:银行存款　　11 700

【案例 7】2010 年 3 月,俊伟公司存货的收、发、存如表 4-1 所示。

表 4-1　2010 年 3 月俊伟公司存货的收、发、存表　　(单位:略)

摘要	收入		发出		结存		
	数量	单价	数量	单价	数量	单价	金额
3 月 1 日　期初余额					6	5	
3 月 5 日　购进	8	4					
3 月 10 日　购进	6	3					

续表

摘要	收入		发出		结存		
	数量	单价	数量	单价	数量	单价	金额
3月18日　发出			17				
3月25日　购进	20	2					
3月28日　发出			14				
3月31日　本月合计	34		31		9		

要求:分别按先进先出法、月末一次加权平均法和移动加权平均法,求出3月份发出存货和月末结存存货的成本。(如有小数位,四舍五入保留两位小数)

解析

1. 采用先进先出法

本月发出存货的成本为:$6\times5+8\times4+3\times3+3\times3+11\times2=102$

月末结存存货的成本为:$9\times2=18$

2. 采用月末一次加权平均法

加权平均单位成本为:$(6\times5+8\times4+6\times3+20\times2)\div(6+8+6+20)=3$

本月发出存货的成本为:$(17+14)\times3=93$

月末结存存货的成本为:$9\times3=27$

3. 采用移动加权平均法

1)3月5日

加权平均单位成本为:$(6\times5+8\times4)\div(6+8)=62\div14=4.43$

结存存货的成本为:$(6+8)\times4.43=62.02$

2)3月10日

加权平均单位成本为:$(62.02+6\times3)\div(14+6)=80.02\div20=4$

结存存货的成本为:$(6+8+6)\times4=80$

3)3月18日

发出存货的成本为:$17\times4=68$

结存存货的成本为:$80-68=12$

4)3月25日

加权平均单位成本为:$(12+20\times2)\div(3+20)=52\div23=2.26$

结存存货的成本为:$(3+20)\times2.26=51.98$

5)3月28日

发出存货的成本为:$14\times2.26=31.64$

结存存货的成本为:$52-31.64=20.36$

6)本月发出存货的成本为:$68+31.64=99.64$

月末结存存货的成本为:$6\times5+8\times4+6\times3+20\times2-99.64=20.36$

【案例8】甲企业本月发出材料共计78 000元,其中用于制造产品61 000元,车间领用10 000元,管理部门领用7 000元。账务处理如下。

🗁 **解析**

借:生产成本　　61 000

　制造费用　　10 000

　管理费用　　7 000

　贷:原材料　　78 000

任务实训

(一)单项选择题

1. 发出存货采用先进先出法计价。在物价上涨的情况下,会使企业(　　)。

A. 期末存货升高,当期利润增加　　B. 期末库存升高,当期利润减少

C. 期末库存降低,当期利润增加　　D. 期末库存降低,当期利润减少

2. 在存货价格持续上涨的情况下,使得期末存货账面余额最大的存货计价方法是(　　)。

A. 先进先出法　　B. 个别计价法

C. 月末一次加权平均法　　D. 移动加权平均法

3. 采用实际成本核存货时,将用到(　　)科目。

A. 材料采购　　B. 物资采购　　C. 在途物资　　D. 材料成本差异

4. 3 月 1 日 A 存货结存数量 200 件,单价为 2 元;3 月 2 日发出 150 件;3 月 5 日购进 200 件,单价 2.2 元;3 月 7 日发出 100 件。企业发出存货采用移动平均法计算成本,则 3 月 7 日结存 A 存货的实际成本应为(　　)元。

A. 324　　B. 216　　C. 540　　D. 516

5. 11 月 1 日,B 存货结存数量 200 件,单价 4 元;11 月 2 日发出 150 件;11 月 5 日购进 200 件,单价 4.4;11 月 7 日发出 100 件。企业在对发出存货采用先进先出法计价,则 11 月 7 日发出 B 存货的市价成本为(　　)元。

A. 400　　B. 420　　C. 430　　D. 440

(二)多项选择题

1. 下列属于发出存货计价方法的是(　　)。

A. 先进先出法　　B. 后进先出法　　C. 加权平均法　　D. 个别计价法

2 . 下列各项中,应作为原材料进行核算和管理的是(　　)。

A. 原料及主要材料　　B. 修理用备件　　C. 包装材料　　D. 出租包装物

3. 物价持续上涨时,采用先进先出法结转发出存货成本,其缺点是(　　)。

A. 高估当期存货价值　　B. 低估当期存货价值

C. 高估当期利润　　D. 低估当期利润

E. 高估当期销货成本

4. 购进材料一批,已验收入库,但结算凭证未到,货款尚未支付。正确的处理方法是(　　)。

A. 在材料验收入库时即入账　　B. 月末按暂估价入账

C. 材料验收入库时,暂不入账　　D. 下月初用红字冲回

E. 月末暂时不入账,等结算凭证到后入账

5. 材料按实际成本核算时,材料购进核算应该设置的账户有(　　)。

A.“在途物资”　　B.“材料采购”　　C.“原材料”　　D.“材料成本差异”

E.“生产成本”

(三)判断题

1. 先进先出法是根据后入库先发出的原则,对于发出的存货,以后入库的单价进行计价,从而计算发出存货成本的方法。(　　)

2. 月末,如货到单未到,则应按暂估价入账。(　　)

3. 采用加权平均法对存货计价时,当物价上升,加权平均成本会小于现行成本;当物价下降,加权平均成本将会大于现行成本。(　　)

4. 存货计价方法的选择不仅影响着资产负债表中资产总额的多少,而且也影响利润表中的利润。(　　)。

(四)计算分析题

1. 资料:某公司 2010 年 1 月库存 A 商品明细账部分记录如下。

2010 年		凭证编号	摘要	收入		发出		结存	
月	日			数量	单价	数量	单价	数量	单价
1	1	略	期初余额					500	12
	5		购入	800	14			1 300	
	12		发出			900		400	
	15		发出			200		200	
	28		购入	600	17			800	
	29		发出			300		500	

要求:分别采用先进先出法和月末一次加权平均法和移动加权平均法计算本期发出 A 商品的金额和期末库存 A 商品的金额(列出计算过程,计算保留到小数点后两位)。

2. 某公司 3 月 23 日从外地购进 A 钢材料,材料已验收入库,月末发票账单尚未收到也无法确定其实际成本,暂估价值 33 000 元。4 月 13 日结算凭证到达,价款为 30 000 元,增值税为 5 100 元,货款以银行存款支付。

要求:编制上述业务的相关会计分录。

任务三　计划成本法下原材料的核算

任务认知

计划成本法是指企业存货的收入、发出和结余均按预先制定的计划成本计价,实际成本与计划成本之间的差额单独进行核算。存货按计划成本核算,要求存货的总分类核算和明细分类核算均按计划成本计价。单位计划成本一旦确定,在一定时期内应相对固定不变,以收、发、存的数量乘相应的单位计划成本就可计算出收发成本,核算比较简单、迅速。

计划成本法一般适用于存货品种繁多、收发频繁的企业。

一、计划成本法下原材料核算的账户设置

原材料按计划成本核算时,应设置"原材料"、"材料采购"和"材料成本差异"等账户。

"原材料"账户属资产类账户。在计划成本法中,该账户使用核算企业库存的各种原材料的计划成本。该账户借方登记验收入库材料的计划成本;贷方登记发出原材料的计划成本;期末余额在借方,表示库存原材料的计划成本。

"材料采购"账户核算企业采用计划成本进行材料日常核算时购入材料的采购成本。该账户的借方登记外购材料的实际成本,贷方登记已验收入库的材料的计划成本。借方大于贷方表示超支,从本科目贷方转入"材料成本差异"科目的借方;借方小于贷方表示节约,从本科目借方转入"材料成本差异"科目的贷方。月末借方余额表示尚未验收入库的在途材料的实际成本。

"材料成本差异"账户是资产类账户,是"原材料"账户的调整账户,用来核算材料实际成本与计划成本的差异。借方登记验收入库材料的实际成本大于计划成本的超支差异以及发出材料应承担的节约差异,贷方登记验收入库材料的实际成本小于计划成本的节约差异以及发出材料应承担的超支差异。期末余额若在借方,表示库存各种材料实际成本大于计划成本的超支差异;若在贷方,表示库存各种材料实际成本小于计划成本的节约差异。

二、计划成本法下原材料取得的核算

(一)外购材料的核算

企业采购材料,发生采购材料的实际成本时,计入"材料采购"账户,材料验收入库时,按入库材料的计划成本,借记"原材料"账户,贷记"材料采购"账户,实际与计划成本的差额转入"材料成本差异"账户。

(二)自制材料的核算

对于自制并已验收入库的原材料,按计划成本借记"原材料"账户,贷记"生产成本"账户。同时结转材料成本差异,实际成本大于计划成本的差异,借记"材料成本差异"账户,贷记"生产成本"账户;对于实际成本小于计划成本的差异,作相反会计分录。

三、计划成本法下原材料发出的核算

企业发出材料时,一律采用计划成本计价,根据不同的用途,借记"生产成本"、"制造费用"、"管理费用"等账户,贷记"原材料"账户。期末再将发出材料计划成本调整为实际成本。调整公式为:

实际成本=计划成本±材料成本差异

在期末,根据"原材料"和"材料成本差异"科目的记录,计算出材料成本差异分配率和本期发出材料应承担的材料成本差异。发出材料的成本差异应当按月分摊,不得在季末或年末一次计算。有关计算公式如下:

材料成本差异分配率=(期初结存材料成本差异+本期收入材料成本差异)÷(期初结存材料计划成本+本期收入材料计划成本)×100%

上述公式中,材料成本差异如果是节约差异,用负号表示。

发出材料应负担的材料成本差异=本期发出材料计划成本×材料成本差异率

在计划成本法下,对于包装物和低值易耗品等存货的核算,通过"周转材料——包装物"、

"周转材料——低值易耗品"、"材料成本差异"科目核算,核算方法比照原材料的核算。领用、出售以及出租、出借包装物时,应分摊其成本差异。领用、出售以及摊销低值易耗品时,也应同时分摊其成本差异。

任务案例

【案例1】艾飞企业向甲企业采购A材料40 000千克。3月4日,银行转来托收凭证,金额为97 600元,内附专用发票一张。开列A材料40 000千克,每千克2元,货款计80 000元;增值税额13 600元;运杂费凭证一张,金额4 000元。艾飞企业账务处理如下。

解析

借:材料采购——A材料　　84 000
　应交税费——应交增值税(进项税额)　　13 600
　贷:银行存款　　97 600

3月10日,仓库转来收料单,40 000千克A材料已验收入库,其计划单价为2.20元/千克,予以转账。账务处理如下。

借:原材料——原料及主要材料　　88 000
　贷:材料采购——A材料　　88 000

同时,结转采购A材料成本差异。账务处理如下。

借:材料采购——A材料　　4 000
　贷:材料成本差异　　4 000

【案例2】甲企业采用计划成本法,2009年6月份A材料的收、发、存情况:(1)原材料期初余额为5 800元,"材料成本差异"账户期初贷方余额为212元,原材料计划单位成本为5.20元;(2)本月6月5日和6月19日购入材料的数量分别为1 500千克和2 000千克,实际购货成本分别为7 600元和10 332元;(3)本月发出材料1 600千克用于生产产品。

解析

根据以上资料,账务处理如下。

借:生产成本　　8 320
　贷:原材料——A材料　　8 320

材料成本差异分配率 $=(-212+7\,600-1\,500\times5.20+10\,332-2\,000\times5.20)\div(5\,800+1\,500\times5.20+2\,000\times5.20)=-480\div24\,000=-2\%$

本月耗用材料应承担的材料成本差异 $=(-2\%)\times8\,320=-166.40$(元)

借:材料成本差异　　166.40
　贷:生产成本　　166.40

【案例3】企业原材料采用计划成本核算,本月生产车间一般耗料12 000元,行政管理部门用料5 000元,销售工业性材料3 000元。若材料成本差异率为超支3%,账务处理如下。

解析

领料时,

借:制造费用　　12 000
　管理费用　　5 000
　其他业务成本　　3 000

贷:原材料　　20 000

结转差异时,

借:制造费用　　360

　管理费用　　150

　其他业务成本　　90

　贷:材料成本差异　　600

📖 任务实训

(一)单项选择题

1. 采用计划成本进行材料日常核算时,月末发出材料应分摊的成本差异,如果是超支差,应记入(　　)。

A.“材料成本差异”账户的借方　　B.“材料成本差异”账户的贷方

C.“材料成本差异”账户的借方或贷方　　D. 其他账户

2. 企业对原材料采用计划成本法核算,下列各项中应计入“材料采购”账户贷方的是(　　)。

A. 原材料的买价　　B. 结转入库材料的成本节约差异

C. 采购材料的运杂费　　D. 结转入库材料的成本超支差异

3. 某企业采用计划成本进行原材料的核算。2008 年 4 月初结存原材料的计划成本为 200 000元,本月收入原材料的计划成本为 400 000 元,本月发出材料的计划成本为 350 000 元,原材料月初成本差异的月初数为 4 000 元(超支),本月收入材料成本差异为 8 000 元(超支),则本月结存材料的实际成本为(　　)元。

A. 357 000　　B. 255 000　　C. 343 000　　D. 245 000

4. 某企业为一般纳税人。原材料按计划成本核算,甲材料计划单位成本为每千克 70 元。企业购入甲材料 1 000 千克,增值税专用发票注明的材料价款为 70 400 元,增值税额为 11 968 元。企业验收入库时,实收 980 千克,短少的 20 千克为运输途中定额消耗。则购入该批甲材料的材料成本差异为(　　)元。

A. 1 800　　B. 400　　C. 392　　D. 13 768

(二)多项选择题

1 . 当入库存货的计划成本大于其实际成本时,其差额应(　　)。

A. 借记“材料采购”账户　　B. 借记“原材料”账户

C. 借记“材料成本差异”账户　　D. 贷记“原材料”账户

E. 贷记“材料成本差异”账户

2.“材料成本差异”账户贷方可以用来登记(　　)。

A. 入库材料成本超支差异　　B. 结转发出材料应负担的超支差异

C. 入库材料成本节约差异　　D. 结转发出材料应负担的节约差异

E. 在途材料的节约差异

(三)判断题

1.“在途物资”用于按计划成本核算存货时。(　　)

2. 材料成本差异等于计划成本减去实际成本。(　　)

3."材料成本差异"账户的借方余额表示超支额。(　　)

(四)计算分析题

甲企业购入A材料,10月1日有关账户的期初余额如下。

(1)原材料账户:A材料2 000千克,计划单价10元,金额20 000元。

(2)材料成本差异账户(贷方余额):800元。

(3)10月份发生下列有关经济业务。

1日,银行转来乙公司的托收凭证,金额为19 710元,内附增值税专用发票一张,开列A材料1 500千克,每千克11元,货款计16 500元,增值税为2 805元,运杂费凭证一张,金额405元,经审核无误立即付。次日,仓库转来收料单,1日购入A材料已到并验收入库,予以转账。

6日,甲企业向丙企业赊购A材料3 000千克,金额32 090元,货款计27 000元,增值税4 590元,运费500元。付款条件:10天内付款享受2%的折扣,20天内付清货款享受购货折扣1%,超过20天为全价。A材料已验收入库,用总价法转账。

10日,甲企业用银行存款31 550元支付9日购买丙企业A材料的款项。

15日,银行转来丙企业有关托收凭证,金额为28 080元,内附增值税专用发票一张,开列A材料2 000千克,货款为24 000元,增值税为4 080元,运杂费由对方承付,经审核无误,予以支付。

18日,仓库转来通知,14日从丙企业发来的A材料到达,并准备验收入库,入库盘点时发现短缺200千克,其中50千克属于正常损耗,150千克由运输单位负责。(假设该材料市价与成本价相同)

本月共发出A材料5 200千克,全部用于生产产品领用。

要求:(1)根据上述有关经济业务作出有关账务处理;(2)计算材料成本差异率,将本月发出的材料计划成本调整为实际成本,并作出相关的会计分录。(结果如有小数,四舍五入保留两位小数)

任务四　其他存货的核算

📖 任务认知

一、库存商品的核算

(一)库存商品概述

库存商品是指库存的外购商品、自制商品产品、存放在门市部准备出售的商品、发出展览的商品以及寄存在外或存放在仓库的商品等。

工业企业的库存商品主要指产成品。产成品是指企业已经完成全部生产过程并已验收入库,合乎标准规格和技术条件,可以按照合同规定的条件送交订货单位,或者可以作为商品对外销售的产品。企业接受外来原材料加工制造的代制品和为外单位加工修理的代修品,制造和修理完成验收入库后,视同企业的产成品。商品流通企业的库存商品主要指外购或委托加工完成验收入库用于销售的各种商品。

企业应设置"库存商品"科目,核算各种库存商品的实际成本(或进价)或计划成本(或售

价)。库存商品增加记借方,库存商品减少记贷方,余额在借方,反映期末库存商品的成本(计划成本或实际成本)。此外,对于工业企业接受外来原材料加工制造的代制品和为外单位加工修理的代修品,在制造费用完成验收入库后,视同企业的产品,在“库存商品”科目核算。对于可以降价出售的不合格品,也在“库存商品”科目核算,但应当与合格商品分开记账。

(二)库存商品的核算

1. 产成品的核算

生产完成验收入库的产成品,

借:库存商品

　　贷:生产成本

销售库存商品结转成本,

借:主营业务成本

　　贷:库存商品

产成品既可以按计划成本核算,也可以按实际成本核算。按计划成本核算时,应增设“产品成本差异”科目。

产成品发出的计价可参照原材料进行。

2. 商品的核算

商品流通业的库存商品核算方法主要有:数量进价金额核算法和售价金额核算法两种。数量进价金额核算法一般适用于商品批发企业,其商品收发的核算可参照原材料按实际成本计价的核算;售价金额核算法一般适用于商品零售企业,其商品核算应增设“商品进销差价”账户,以反映库存商品进价与售价之间的差额。商品批发企业还可以采用无利率法计算发出商品和期末库存商品的成本。

1)售价金额核算法

购买商品入库时,

借:库存商品(售价)

　　贷:银行存款(或在途物资)等科目(进价)

　　　　商品进销差价(售价 - 进价)

商品销售结转成本时,

借:主营业务成本(售价)

　　贷:库存商品(售价)

反映期末结转进销差价时,

借:商品进销差价

　　贷:主营业务成本

2)毛利率法

毛利率法是根据本期销售净额乘以上期实际(或本月计划)毛利率核算本期销售毛利,并计算发出存货成本和期末存货成本的一种方法。计算公式如下:

$$毛利率 = 销售毛利 \div 销售净额 \times 100\%$$

$$销售净额 = 商品销售收入 - 销售折让和销售退回$$

$$销售毛利 = 销售净额 \times 毛利率$$

$$销售成本 = 销售净额 - 销售毛利$$

期末存货成本＝期初存货成本＋本期收入存货成本－本期销售成本

用毛利率法计算本期销售成本和期末存货成本适用于商业批发企业。采用这种方法，商品销售成本按商品大类销售额进行计算，比较简便，也能满足对存货管理的需要。

二、委托加工物资的核算

（一）委托加工物资概述

企业从外部购入的原材料等存货，如果在规格和质量上尚不能直接满足生产上的需要，企业本身由于工艺设备条件限制或从降低成本上考虑，时常将这部分存货委托给外单位加工，制造成另一种性能和用途的存货，从而形成了委托加工物资。

委托加工物资的实际成本包括实际耗用的原材料或半成品的实际价值，以及加工、运输、装卸和保险费用等。

（二）委托加工物资的核算

企业应设置“委托加工物资”科目，核算企业委托外单位加工的各种物资的实际成本。发给外单位加工的物资，按实际成本，借记“委托加工物资”科目，贷记“原材料”、“库存商品”等科目，按计划成本（或售价）核算的企业，还应当同时结转成本差异。企业支付加工费用和应负担的运杂费等，借记“委托加工物资”、“应交税费——应交增值税（进项税额）”等科目，贷记“银行存款”等科目。加工完成验收入库的物资和剩余的物资，按加工收回物资的实际成本和剩余的实际成本，借记“原材料”、“库存商品”等科目，贷记“委托加工物资”科目。采用计划成本或售价核算的，按计划成本或售价，借记“原材料”或“库存商品”科目，按实际成本，贷记“委托加工物资”科目，按实际成本与计划成本或售价之间的差额，借记或贷记“材料成本差异”或贷记“商品进销差价”科目。

对于委托加工物资的核算，还应按照加工合同设置明细账，进行明细分类核算。

三、包装物的核算

（一）包装物概述

包装物是指生产工艺经营过程中为包装本企业产品而储备的各种包装容器，如桶、箱、瓶、坛、袋等。其核算内容包括：①生产过程中用于包装产品并作为产品组成部分的包装物；②随同商品出售而单独计价的包装物；③随同商品出售但不单独计价的包装物；④出租或出借给购买单位使用的包装物。

（二）包装物的核算

为了反映各种包装物的收、发、存情况，应设置“周转材料——包装物”账户，并按包装物的类别设置明细账户。取得包装物时记借方，发出包装物时记贷方，余额在借方，以反映期末包装物的成本和在用包装物的摊余价值。包装物的核算既可按实际成本进行又可按计划成本进行。

1. 包装物取得的核算

对于企业购入、自制、委托外单位加工完成验收入库的包装物，通过“周转材料——包装物”科目核算，核算方法比照原材料的核算。各种包装材料，如纸、绳、铁丝、铁皮等，应在“原材料”科目核算；用于储存和保管产品、材料而不对外出售的包装物，应按价值大小和使用年限长短分别在“固定资产”或“低值易耗品”科目核算

2. 包装物发出的核算

1）生产领用包装物

对于生产领用的用于包装本企业产品并构成产品组成部分的包装物，应根据领用包装物

的实际成本,借记“生产成本”等账户,贷记“周转材料——包装物”账户。

2)随同商品出售单独计价的包装物

对于随同商品出售而单独计价的包装物,实际上在销售商品的同时也在销售包装物。为了单独核算包装物的销售利润,应按出售包装物的收入记入“其他业务收入”账户,按包装物的成本记入“其他业务成本”账户。

3)随同商品出售但不单独计价的包装物

对于随同商品出售但不单独计价的包装物,其不计价收费的实质是为了推销或扩大其商品的销售,因此,包装物的成本作为包装费计入“销售费用”账户,即结转发出包装物的成本时,借记“销售费用”账户,贷记“周转材料——包装物”账户。

4)出租、出借包装物

出租包装物是企业为了促进销售向客户提供的一种有偿服务,其租金收入应计入“其他业务收入”账户,出租包装物的实际成本应计入“其他业务成本”账户。

当出借包装物给购货单位免费使用时,其出借包装物的实际成本应视为企业在销售过程中的耗费,计入“销售费用”账户。出租、出借的包装物不能使用而报废时,其残料价值应冲减“其他业务成本”、“销售费用”账户。

包装物的摊销方法主要有一次摊销法、五五摊销法和分次摊销法。一次摊销法是指包装物在领用时就将其全部价值计入相关成本费用;五五摊销法是指包装物在领用时先摊销价值的一半,在报废时再摊销其价值的另一半;分次摊销法是指根据周转材料可供使用的估计次数,将其成本分期计入有关成本费用的摊销方法。分次摊销法的核算原理与五五摊销法相同,只是周转材料的价值是分别计算摊销的,而不是在领用时和报废时各摊销一半。

对于出租、出借包装物频繁且数量多、金额大的企业,出租、出借包装物的成本也可以采用五五摊销法进行核算。在这种情况下,“周转材料——包装物”账户应设置在库、在用“出租包装物”、“出借包装物”、“摊销”等明细账户。

四、低值易耗品的核算

(一)低值易耗品概述

低值易耗品是指单位价值较低或容易毁损的,不能作为固定资产的各种用具和物品。低值易耗品按其用途可以分为以下几类。

(1)一般工具。是指生产中常用的各种工具,如刀具、量具、夹具等。

(2)专用工具。是指专门用于制造某一特定产品,或在某一特定工序上使用的工具,专用的刀具、夹具等。

(3)替换设备。是指容易磨损或制造不同产品需要更换使用的各种设备,如轧钢用的钢辊等。

(4)管理用具。是指在经营管理中使用的各种办公用具、家具等。

(5)劳动保护用品。是指为了安全生产、劳动保护而发给职工的工作服、工作鞋和各种劳动保护用品。

(二)低值易耗品的核算

为了加强对低值易耗品的管理与核算,企业应设置“周转材料——低值易耗品”科目。该科目核算企业库存的低值易耗品的实际成本或计划成本。

低值易耗品可以被多次使用并且在使用过程中保持原有实物形态,因此它的价值在使用

中逐渐转移,这一点与其他的存货有所区别。

1. 低值易耗品取得的核算

对于企业购入、自制、委托外单位加工完成验收入库的低值易耗品,通过“周转材料——低值易耗品”科目核算,核算方法比照原材料的核算。

2. 低值易耗品发出的核算

发出低值易耗品的摊销方法同包装物的摊销方法一样。

对于一次摊销的低值易耗品,在领用时将其全部价值摊入有关的成本费用,借记有关科目,贷记“周转材料——低值易耗品”科目。报废时,将报废低值易耗品的残料价值作为当月低值易耗品摊销额的减少,冲减有关成本费用,借记“原材料”等科目,贷记“制造费用”、“管理费用”等科目。

对于用低值易耗品按使用车间、部门进行数量和金额明细核算的企业,可以采用五五摊销法和分次摊销法核算。在这种情况下,应设置“周转材料——低值易耗品——在用”、“周转材料——低值易耗品——在库”、“周转材料——低值易耗品——摊销”三个明细科目进行核算。“低值易耗品”科目的期末余额为期末库存未用低值易耗品。

对在用低值易耗品以及使用部门退回仓库的低值易耗品,应加强管理,并在备查簿上登记。

任务案例

【案例 1】某批发公司月初存货 100 000 元,本月购货 200 000 元,本月商品销售收入净额 250 000 元,上季度该类商品毛利率为 20%。计算本月已销售存货和月末存货的成本。

解析

销售毛利 = 250 000 × 20% = 50 000(元)

销售成本 = 250 000 - 50 000 = 200 000(元)

期末存货成本 = 100 000 + 200 000 - 200 000 = 100 000(元)

【案例 2】甲企业发出材料,计划成本 3 000 元,委托乙企业加工。委托加工物资发出时应负担的材料成本差异额为节约额 40 元;本企业通过银行支付来往运杂费 100 元及委托加工单位加工费 400 元;加工返回验收入库,计划成本 3 500 元。月末结转委托加工物资的实际成本与计划成本的差异。账务处理如下。

解析

根据上述业务,作如下会计分录。

借:委托加工物资　　2 960
　　材料成本差异　　40
　　贷:原材料　　3 000

以银行存款支付委托加工物资的来往运费,

借:委托加工物资　　100
　　贷:银行存款　　100

根据有关结算凭证、单据,以银行存款支付甲企业的加工费用,

借:委托加工物资　　400
　　贷:银行存款　　400

将完工的委托加工物资，根据“委托加工物资收料单”，按计划成本验收入库，

借:原材料　　3 500

　贷:委托加工物资　　3 460

　　材料成本差异　　40

【案例3】甲企业本月销售包装物实际成本为40 000元，该包装物单独计价，出售收入为50 000元，增值税为8 500元。收到转账支票存入银行，账务处理如下。

解析

借:银行存款　　58 500

　贷:其他业务收入　　50 000

　　应交税费——应交增值税(销项税额)　　8 500

结转销售成本时，

借:其他业务成本　　40 000

　贷:周转材料——包装物　　40 000

【案例4】假设同【案例3】的资料，但领用的包装物不单独计价。账务处理如下。

解析

借:销售费用　　40 000

　贷:周转材料——包装物　　40 000

【案例5】甲企业出租包装物一批，成本20 000元，收取押金50 000元，每月租金收入6 500元，经过一段时间后，对方退还押金，同时包装物报废，残料价值3 000元。假定不考虑相关税费，账务处理如下(用一次摊销法核算)。

解析

领用时，结转成本，

借:其他业务成本——出租包装物　　20 000

　贷:周转材料——包装物　　20 000

收到押金时，

借:银行存款　　50 000

　贷:其他应付款　　50 000

收到租金时，

借:银行存款　　6500

　贷:其他业务收入　　6 500

退还押金时，

借:其他应付款　　50 000

　贷:银行存款　　50 000

包装物报废时，

借:原材料　　3 000

　贷:其他业务成本　　3 000

【案例6】甲企业生产车间领用400件管理用具，每件200元，共计80 000元。使用一段时间后报废，残料作价500元入库(用五五摊销法核算)，账务处理如下。

解析

领用时,

借:周转材料——低值易耗品——在用　　80 000

　　贷:周转材料——低值易耗品——在库　　80 000

同时摊销50%,

借:制造费用　　40 000

　　贷:周转材料——低值易耗品——摊销　　40 000

经使用批准报废,按报废低值易耗品的全部成本再摊销50%,

借:制造费用　　40 000

　　贷:周转材料——低值易耗品——摊销　　40 000

同时冲销已报废低值易耗品留存在其明细账上的在用数和摊销数时,

借:周转材料——低值易耗品——摊销　　80 000

　　贷:周转材料——低值易耗品——在用　　80 000

报废的两套工具残料作价500元,残料入库时,

借:原材料　　500

　　贷:制造费用　　500

任务实训

(一)单项选择题

1. 出借包装物发生的包装物摊销费,应列入(　　)。

A. 管理费用　　B. 销售费用　　C. 主营业务成本　　D. 其他业务成本

2. 下列不通过包装物核算的项目是(　　)。

A. 生产领用包装物　　B. 出租包装物

C. 用于储存产品而不对外出售的包装物　　D. 出借包装物

3. 出租包装物收取的租金应当确认为(　　)。

A. 主营业务收入　　B. 其他业务收入　　C. 营业外收入　　D. 投资收益

4. 某商场采用售价金额核算法对库存商品进行核算。本月初库存商品的进价成本为6万元,售价总额为9万元;本月购进商品的进价成本为8万元,售价总额为11万元;本月销售商品的销售总额为15万元。则该商场当月售出商品应分摊的进销差价为(　　)万元。

A. 3.5　　B. 4　　C. 4.5　　D. 5

(二)多项选择题

1. 企业出租包装物摊销时,可以采用的摊销方法有(　　)。

A. 总价法　　B. 一次摊销法　　C. 分次摊销法　　D. 五五摊销法

2. 用于储存和保管产品、材料而不对外出售的包装物,应按其价值大小及使用年限长短,分别按(　　)或(　　)账户核算。

A. 包装物　　B. 原材料　　C. 固定资产　　D. 低值易耗品

3. 在"周转材料——包装物"账户核算的包装物是指(　　)。

A. 一次性消耗的包装材料

B. 用于储存和保管产品、材料而不对外出售、出租和出借的包装物

C. 用于包装本企业产品，并对外出租和出借的包装物

D. 用于包装本企业产品，并对外出售的包装物

4. 下列业务中，通过“其他业务收入”核算的是(　　)。

A. 销售材料取得的收入　　B. 出租包装物的摊销额

C. 随商品出售并单独计价的包装物收入　　D. 出借包装物收到的押金

5. 下列项目中，应作为销售费用处理的有(　　)。

A. 销售材料的成本

B. 出租包装物的摊销额

C. 随商品出售，并不单独计价的包装物的成本

D. 出借包装物的摊销额

6. 企业委托外单位(双方均为一般纳税人)加工存货，其实际成本应包括(　　)。

A. 加工中实际耗用的有关存货的实际成本　　B. 加工费用

C. 加工环节支付的增值税　　D. 加工存货的往返运杂费

E. 加工存货的往返运输的途中保险费

7. 下列各项中，属于周转材料的是(　　)。

A. 委托加工物资　　B. 包装物　　C. 低值易耗品　　D. 委托代销商品

E. 在途原材料

8. 下列各项中，应计入其他业务成本的有(　　)。

A. 随同产品出售并单独计价的包装物成本　　B. 出租包装物的摊销成本

C. 销售不适用材料的成本　　D. 出借包装物的摊销成本

E. 随同产品出售但不单独计价的包装物的成本

(三)判断题

1. 为了安全生产、劳动保护而发给职工的工作服、工作鞋和各种劳动保护用品不能列为低值易耗品。(　　)

2. 随同产品出售单独计价的包装物应按出售包装物时的收入计入“主营业务收入”。(　　)

3. 出租或出售包装物的摊销价值应作为“销售费用”处理。(　　)

4. 核算“库存商品”通常有售价金额核算法和毛利率法。(　　)

(四)计算分析题

1. 甲企业出租包装物一批，实际成本 30 000 元，收到押金 35 000 元存入银行，同时每月收到租金 2 500 元。经一段时间后企业退还包装物押金，同时报废包装物，收到残料 1 500 元并验收入库。要求：作出相关账务处理(采用一次摊销法)。

2. 甲公司领用专用工具一批，其中生产领用 40 000 元，生产车间领用 50 000 元。其中生产领用的工具使用报废后，残料作价 3 000 元入库。

要求：分别运用一次摊销法和五五摊销法，对低值易耗品进行摊销，并作出有关会计分录。

3. 天宇企业发出材料，计划成本 3 500 元，委托三明企业加工。委托加工物资发出时应负担的材料成本差异额为超支额 80 元。本企业通过银行支付来往运杂费 200 元及委托加工单位加工费 700 元。加工返回验收入库，计划成本 4 200 元。月末结转委托加工物资的实际成本与计划成本的差异。要求：编制上述业务的会计分录。

任务四　存货的清查及期末计价

📖 任务认知

一、存货清查

（一）存货清查概述

存货的品种、规格繁多。在收、发、存过程中，由于种种原因，如计量或计算上的差错、自然损耗、丢失、被盗或毁损等现象，时常造成账实不符。因此，必须建立和健全各种规章制度，对存货进行清查盘点，如实反映企业存货的实有数额，保证存货核算的真实性，监督存货的安全完整。

存货清查的内容一般包括核对存货的账存数和实存数；查明盘盈、盘亏存货的品种、规格和数量；查明变质、毁损、积压呆滞存货的品种、规格和数量。

企业在年终编制会计报表以前，必须进行一次全面清查，以确保年度决算报告的真实性。年度内应进行定期或不定期清查、全面或局部清查。年终清查应由有关的领导干部、会计人员和供应保管部门的有关职工组成清查小组进行；平时清查则可由会计人员会同仓库管理人员进行。

（二）存货清查核算

企业会计制度规定，经股东大会或董事会或经理（厂长）会议或类似机构批准后，对盘盈、盘亏和毁损的存货，应在期末结账前处理完毕。如在期末结账前未经批准的，应在对外提供财务报告时先进行处理，并在会计报表附注中作出说明。如果其后批准处理的金额与已处理的金额不一致，应按其差额调整会计报表相关项目的年初数。

为反映存货清查盘盈、盘亏的发生和财产盘盈、盘亏的发生和账务处理，应设置"待处理财产损益"账户。该账户核算企业在清查财产过程中查明各种财产盘盈、盘亏和毁损的价值。贷方登记材料、产品等的盘盈数（不包括固定资产）以及批准处理各项资产的盘亏、毁损的价值；借方登记材料、产品等的盘亏、毁损数以及批准处理各项资产的盘盈数（不包括固定资产）。企业的财产损益应查明原因，在期末结账前处理完毕，处理后本科目应无余额。

1. 存货盘盈的核算

对存货盘盈的金额，一般作冲减管理费用处理。

2. 存货盘亏的核算

对盘亏、毁损等的损失，分别按不同性质的原因进行处理：由于自然损耗造成的定额以内的短缺，应在相关成本费用中核销；由于各种原因造成的超定额损耗，应该明确责任后，由有关单位或个人赔偿，实在无法确定责任单位或个人的扣除残料价值，在管理费用中核销；由于自然灾害等不可抗拒原因发生的严重损失，应在扣除保险公司赔偿后扣除处置收入、过失人赔偿，在营业外支出中列示。

二、存货期末计价原则

在资产负债表日，存货应当按照成本与可变现净值孰低法计量。

当存货成本低于可变现净值时，存货按成本计量；当存货成本高于可变现净值时，存货按

可变现净值计量，同时按照成本高于可变现净值的差额计提存货跌价准备，计入当期损益。

这里所讲的“成本”是指存货的历史成本，即按前面所介绍的以历史成本为基础的发出存货计价方法（如先进先出法等）计算期末存货的实际成本，如果企业在存货成本的日常核算中采用简化核算方法（如计划成本法），则“成本”为经调整后的实际成本。“可变现净值”是指在正常生产经营过程中，以存货的估计售价减去至完工时估计将要发生的成本、估计的销售费用以及相关税费后的余额。对于企业的各类存货，在确定其可变现净值时，应当以当期取得的最可靠的证据为基础预计，同时，应考虑持有存货的目的。

在资产负债表日，当存在下列情况之一时，应当计提存货跌价准备。

（1）市价持续下跌，并且在可预见的未来无回升的希望。

（2）企业使用该项原材料生产的产品的成本大于产品的销售价格。

（3）企业因产品更新换代，原有库存原材料已经不适应新产品的需要，而该原材料的市场价格又低于其账面价值。

（4）因企业所提供的商品或劳务过时或消费者偏好改变而使市场的需求发生变化，导致市场价格逐渐下跌。

（5）其他足以证明该项存货实质上已经发生减值的情形。

三、计提存货跌价准备的核算

1. 计提存货跌价准备的方法

如果期末存货的成本低于可变现净值时，不必作会计处理，资产负债表中的存货仍按期末账面的价值列示；如果期末可变现净值低于成本时，则必须确认当期的期末存货跌价损失，计提存货跌价准备。具体计提方法如下。

（1）按照单个存货项目计提存货跌价准备。企业将每个存货项目的成本与其可变现净值逐一进行比较，按较低者计量存货，并且按成本高于可变现净值的差额，计提存货跌价准备。

（2）按照存货类别计提存货跌价准备。对于数量繁多、单位价值较低的存货，按照存货类别的成本总额与可变现净值的总额进行比较，每个存货类别均取较低者确定存货期末价值。

2. 存货跌价准备的会计处理

为核算企业的存货跌价准备，企业应设置“存货跌价准备”科目。该科目借方登记冲减恢复的减值准备、发出存货应转出的减值准备；贷方登记计提的减值准备。余额在贷方，反映企业已计提但尚未转销的存货跌价准备。

在资产负债表日，首先比较成本与可变现净值，算出应计提的跌价准备，然后与“存货跌价准备”账户的余额进行比较，如果应提数大于已提数，应予以补提；反之，应冲销部分已提数。但如果已计提跌价准备的存货其价值以后能得以恢复，其转回已计提的存货跌价准备应以原计提的金额为限。

当提取和补提存货跌价准备时，借记“资产减值损失”，贷记“存货跌价准备”；而冲回或转销存货跌价准备时，借记“存货跌价准备”，贷记有关科目。

任务案例

【案例 1】企业在财产清查盘点中发现库存商品盘亏 1 000 元，该商品的进项税额为 170 元，经查明，上项盘亏的存货属于自然灾害造成的损失，应作会计分录如下。

解析

批准前,

借:待处理财产损益——待处理流动资产损益　1 000

　　贷:库存商品　1 000

批准后,

借:营业外支出　1 000

　　贷:待处理财产损益——待处理流动资产损益　1 000

如果企业存货是采用计划成本核算的,还应同时结转成本差异。

【案例 2】如果上述案例 1 中的盘亏不是自然灾害造成的,经查明并审批后的处理意见是:由保管员赔偿 10%,其余计入本期损益。账务处理如下。

解析

批准前,

借:待处理财产损益——待处理流动资产损益　1 170

　　贷:库存商品　1 000

　　　　应交税费——应交增值税(进项税额转出)　170

批准后,

借:其他应收款　117

　　管理费用　1 053

　　贷:待处理财产损益——待处理流动资产损益　1 170

【案例 3】甲企业在财产清查中盘盈库存商品为 300 元。经批准,期末冲减管理费用应作会计分录如下。

解析

批准前,

借:库存商品　300

　　贷:待处理财产损益——待处理流动资产损益　300

批准后,

借:待处理财产损益——待处理流动资产损益　300

　　贷:管理费用　300

【案例 4】假设 2009 年年末存货的账面成本为 110 000 元,预计可变现净值为 105 000 元。账务处理如下。

解析

由于存货的预计可变现净值低于其成本,因此,按其差额计提存货跌价准备 5 000(5 000 = 110 000 - 105 000)元,应作如下会计分录。

借:资产减值损失　5 000

　　贷:存货跌价准备　5 000

(1)假设 2010 年年末该存货的预计可变现净值为 95 000 元,应补提存货跌价准备 10 000(10 000 = 110 000 - 95 000 - 5 000)元,应作如下会计分录。

借:资产减值损失　10 000

　　贷:存货跌价准备　10 000

(2)假设2011年年末的情况如下。

该存货的可变现净值有所恢复,预计可变现净值103 000元,则应冲减存货跌价准备8 000(-8 000=110 000-103 000-15 000)元,作如下会计分录。

借:存货跌价准备　　8 000

　贷:资产减值损失　　8 000

如果该存货预计可变现净值不是恢复到103 000元,而是恢复到135 000元,则应冲减计提的存货跌价准备15 000元,以"存货跌价准备"科目余额冲减至零为限,作如下会计分录。

借:存货跌价准备　　15 000

　贷:资产减值损失　　15 000

任务实训

(一)单项选择题

1.2008年底前,甲商品未计提跌价损失。2008年12月31日,甲商品成本10 000元,可变现净值为9 000元;2009年12月31日,成本仍为10 000元,可变现净值估计为7 000元。则2009年末,对甲商品应作的处理为(　　)元。

A.补提跌价准备2 000　　B.冲减跌价准备1 000

C.补提跌价准备3 000　　D.冲减跌价准备3 000

2.存货期末计价采用成本与可变现净值孰低法,所体现的会计核算一般原则是(　　)。

A.权责发生制　　B.配比原则　　C.谨慎性原则　　D.客观性原则

3.企业采用成本与可变现净值孰低法通过个别比较确定期末存货价值。2010年2月末,A、B、C三种存货的成本和可变现净值分别为:A存货成本10 000元,可变现净值8 500元;B存货成本15 000元,可变现净值16 000元;C存货成本28 000元,可变现净值25 000元。该企业2月末存货的价值为(　　)元

A.46 500　　B.48 500　　C.47 500　　D.49 500

4.某企业因火灾烧毁一批原材料,该批原材料的采购成本为16 000元,进项税额为2 720元;收到各种赔款1 500元,残料入库100元。报经批准后,应计入营业外支出账户的金额为(　　)元。

A.18 720　　B.17 120　　C.14 400　　D.17 600

5.企业在具体运用"成本与可变现净值孰低法"时,应进行账务处理的情况是(　　)。

A.可变现净值高于成本　　B.可变现净值低于成本

C.可变现净值等于成本　　D.以上都需要进行账务处理

6.在下列原材料相关损失项目中,应记入管理费用的是(　　)。

A.自然灾害造成的原材料损失　　B.人为责任造成的原材料损失

C.计量差错引起的原材料盘亏　　D.原材料运输途中发生的合理损耗

7.按照规定,在成本与可变现净值孰低法下,对成本与可变现净值进行比较,以确定当期存货跌价准备金额时,一般应当(　　)。

A.分单个存货项目进行比较　　B.分存货类别进行比较

C.按全部存货进行比较　　D.根据实际情况由企业作出选择

8. 期末对存货采用成本与可变现净值孰低法计价时,其可变现净值的含义是(　　)。

A. 预计存货的售价

B. 预计售价送去进一步加工成本和销售所必需的预计税金及费用

C. 现时重置成本

D. 现时重置成本加正常利润

(二)多项选择题

1. 企业进行存货清查时,对于盘亏的存货,应先计入"待处理财产损益"账户,报经批准后,根据不同的原因可分别转入(　　)。

A. 管理费用　　B. 销售费用　　C. 营业外支出　　D. 其他应收款

E. 制造费用

2. 每个会计期末,企业应重新确定存货的可变现净值。企业在定期检查时,如果发现了以下情形之一,应当考虑计提存货跌价准备:(　　)。

A. 市价持续下跌,并且在可预见的未来无回升的希望

B. 使用该原材料生产的产品成本大于产品的售价

C. 因产品更新换代,原有库存原材料已不适应新产品的需要,而该材料的市价又低于其账面成本

D. 因企业所提供的商品或劳务过时或消费者偏好改变而使市场需求变化,导致市价下跌

E. 其他足以证明该存货实质已经发生减值的情形

3. 计算存货可变现净值时,应从预计售价中扣除的项目是(　　)。

A. 销售过程中发生的税金　　B. 存货的账面成本

C. 销售过程中发生的销售费用　　D. 存货的估计成本

E. 出售前进一步加工的加工费用

(三)判断题

1. 当存货的可变现净值高于其实际成本时,应将原存货跌价准备中已有的金额全部冲减,但最多将存货跌价准备冲减至零为止。(　　)

2. 成本与可变现净值孰低法中的"成本",是指存货的历史成本,可变现净值是指存货的实际售价。(　　)

(四)计算分析题

1. 2009 年 12 月 31 日,PMF 公司存货资料如下:

存货成本低于可变现净值报告单

填报部门:材料仓库　　2009 年 12 月 31 日　　单位:(元)

品名	计量单位	成本	可变现净值	差额
A	千克	12 000	10 000	(2 000)
B	件	13 500	9 500	(4 000)
C	只	25 000	20 000	(5 000)

要求:假设下期其他条件不变,A 材料、B 材料、C 材料可变现净值分别为 9 000 元、10 000 元、26 000元,用备抵法作出相关的账务处理。

2. 资料:2006 年初,甲存货的跌价准备为零。年末,甲存货的实际成本为 80 000 元,可变现净值为 77 000 元。假设其后各年甲存货的成本没变,可变现净值分别为:2007 年末,可变现净值为 73 000 元;2008 年末,可变现净值为 77 500 元;2009 年末,可变现净值为 81 000 元。

要求:计算各年应提取或应冲减的存货跌价准备并编制相关的会计分录。

项目五

证券投资的核算

项目导入

明悦机械有限公司在保证公司资金流动的前提下，为获取更多的收益，现拟进行一些证券投资：一是购入B上市公司的股票，打算短期持有，在近期内出售以获取短期的收益；二是购入C公司发行的债券，打算长期持有。对于公司这一投资决策经批准通过并实际购入后，作为公司会计的你，根据新的《企业会计准则》，你将如何划分这两项投资？应具体设置哪些账户进行账务处理？如何确认公司的投资收益呢？如果B公司股票买进时市价是每股12元，在资产负债表日该股票市价为每股11元，这时，你又应如何进行相应核算呢？

项目目标

(1)掌握交易性金融资产的含义及确认条件。

(2)掌握持有至到期投资的含义及特征。

(3)掌握可供出售金融资产的含义及内容。

(4)能够对交易性金融资产进行初始计量和后续计量以及出售时的账务处理。

(5)能够对持有至到期投资进行初始计量和后续计量以及资产减值的核算。

(6)能够对可供出售金融资产进行初始计量和后续计量以及资产减值的核算。

任务一　交易性金融资产的核算

任务认知

一、交易性金融资产概述

交易性金融资产是指企业为了近期内出售而购入和持有的金融资产，例如企业以赚取差价为目的从二级市场购入的股票、债券、基金等。

满足下列条件之一的金融资产，应归类为交易性金融资产。

(1)取得该金融资产的目的，主要是为了近期内出售。例如企业以赚取差价为目的从二级市场购入的股票、债券、基金等。

(2)属于进行集中管理的可辨认金融工具组合的一部分，且有客观证据表明企业近期采用短期获利方式对该组合进行管理。在这种情况下，即使组合中有某个组成项目持有的期限稍长也不受影响。这里的“金融工具组合”是指金融资产组合。

(3)属于衍生工具。但是,被指定为有效套期工具的衍生工具、属于财务担保合同的衍生工具、与在活跃市场中没有报价且其公允价值不能可靠计量的权益工具投资挂钩并须通过交付该权益工具结算的衍生工具除外。其中,财务担保合同是指保证人和债权人约定,当债务人不履行债务时,保证人按照约定履行债务或者承担责任的合同。

二、交易性金融资产的计量与核算

交易性金融资产无论是在初始确认还是在资产负债表日均按公允价值计量。为了核算交易性金融资产的取得、收取现金股利或债券利息、处置等业务,企业应当设置"交易性金融资产"、"公允价值变动损益"、"投资收益"、"应收股利"、"应收利息"等科目。

"交易性金融资产"科目核算企业为交易目的所持有的债券投资、股票投资、基金投资等交易性金融资产的公允价值。企业持有的直接指定为以公允价值计量且其变动计入当期损益的金融资产也在"交易性金融资产"科目核算。"交易性金融资产"科目的借方登记交易性金融资产的取得成本、资产负债表日其公允价值高于账面余额的差额等;贷方登记资产负债表日其公允价值低于账面余额的差额,以及企业出售交易性金融资产时结转的成本和公允价值变动损益。企业应当按照交易性金融资产的类别和品种,分别设置"成本"、"公允价值变动"等明细科目进行核算。

"公允价值变动损益"科目核算企业交易性金融资产等公允价值变动而形成的应计入当期损益的利得或损失,贷方登记资产负债表日企业持有的交易性金融资产等的公允价值高于账面余额的差额;借方登记资产负债表日企业持有的交易性金融资产等的公允价值低于账面余额的差额。"公允价值变动损益"作为损益项目列入利润表。

"投资收益"科目核算企业持有交易性金融资产等期间取得的投资收益以及处置交易性金融资产等实现的投资收益或投资损失,贷方登记企业出售交易性金融资产等实现的投资收益;借方登记企业为取得交易性金融资产所发生的相关交易费用及企业出售交易性金融资产等发生的投资损失。其中,交易费用是指可直接归属于购买、发行或处置金融工具新增的外部费用,包括支付给代理机构、咨询公司、券商等的手续费和佣金及其他必要支出,但不包括债券溢折价、融资费用、内部管理成本及其他与交易不直接相关的费用。

交易性金融资产投资的目的是在保证资金流动性的前提下以能够承担的风险为代价,获取证券的短期买卖价差收益,而不是将其长期持有,故这类投资处于时刻交易状态,在报表中将其归类于流动资产。

(一)交易性金融资产的取得

企业取得交易性金融资产时;应当按照该金融资产取得时的公允价值作为其初始确认金额,借记"交易性金融资产——成本"科目,按发生的交易费用,借记"投资收益",如果取得交易性金融资产所支付的价款中包含了已宣告但尚未发放的现金股利或已到付息期但尚未领取的债券利息的,应当单独确认为应收项目,借记"应收股利"或"应收利息"科目。按实际支付的金额,贷记"银行存款"等科目。

(二)持有期间的股利或利息

企业在持有交易性金融资产的期间里,对于被投资单位宣告发放的现金股利或企业在资产负债表日按分期付息、一次还本债券投资的票面利率计算的利息收入,应当确认为投资收益,同时也应确认为应收项目。因此,应借记"应收股利"或"应收利息"科目,贷记"投资收益"科目。

（三）资产负债表日公允价值变动

在资产负债表日，交易性金融资产应当按照公允价值计量，公允价值与账面余额之间的差额计入当期损益。企业在资产负债表日，交易性金融资产公允价值高于其账面余额的差额，应借记“交易性金融资产——公允价值变动”科目，贷记“公允价值变动损益”科目。如果是交易性金融资产公允价值低于其账面余额的差额则作相反的会计分录。

（四）出售交易性金融资产

企业出售交易性金融资产时，应按实际收到的金额借记“银行存款”等科目，按该金融资产的账面价值转销“交易性金融资产——成本/公允价值变动”科目，按实际收到的金额扣除原账面价值及出售环节所发生的费用后的差额贷记或借记“投资收益”科目。同时，将原计入该金融资产的公允价值变动转出，借记或贷记“公允价值变动损益”科目，贷记或借记“投资收益”科目。

任务案例

【案例1】2009年11月5日，A公司存入证券公司1 000万元备用。11月9日，A公司委托证券公司从上海证券交易所购入B上市公司股票50万股，并将其划分为交易性金融资产。该笔股票投资在购买日的公允价值为900万元。另支付相关交易费用金额为2.5万元。要求编制A公司的账务处理。

解析

(1)2009年11月5日，存入证券公司1 000万元时，

借：其他货币资金——存出投资款　　10 000 000

　　贷：银行存款　　10 000 000

(2)2009年11月9日，购入B上市公司股票时，

借：交易性金融资产——成本　　9 000 000

　　投资收益　　25 000

　　贷：其他货币资金——存出投资款　　9 025 000

【案例2】2009年1月8日，A公司购入B公司发行的公司债券，该笔债券于2008年7月1日发行，面值为2 000万元，票面利率为4%，债券每年末付息一次，次年的2月份收到。A公司将其划分为交易性金融资产，以银行存款支付价款为2 100万元（其中包括已到付息期但尚未领取的债券利息40万元）和交易费用30万元。2009年2月5日，A公司收到该笔债券利息40万元。2010年2月5日，A公司收到债券利息80万元。要求编制A公司的账务处理。

解析

(1)2009年1月8日，购入B公司债券时，

借：交易性金融资产——成本　　20 600 000

　　应收利息　　400 000

　　投资收益　　300 000

　　贷：银行存款　　21 300 000

(2)2009年2月5日，收到购买价款中所包含的已到付息期但尚未领取的债券利息时，

借：银行存款　　400 000

　　贷：应收利息　　400 000

(3)2009 年 12 月 31 日，确认 B 公司的公司债券利息收入时，

借：应收利息　　800 000

　贷：投资收益　　800 000

(4)2010 年 2 月 5 日，收到 B 公司的公司债券利息时，

借：银行存款　　800 000

　贷：应收利息　　800 000

本例，在取得交易性金融资产所支付的价款中，包含了已到付息期但尚未领取的债券利息 400 000 元，应记入“应收利息”科目，不记入“交易性金融资产”科目。

【案例 3】承【案例 2】，2009 年 12 月 31 日，A 公司购买的该笔债券的市价为 2 080 万元。要求编制 A 公司的账务处理。

解析

2009 年 12 月 31 日，该笔债券的公允价值为 2 080 万元，账面余额为 2 060 万元，公允价值大于账面余额 20 万元，应记入“公允价值变动损益”科目的贷方。A 公司应作如下账务处理。

借：交易性金融资产——公允价值变动　　200 000

　贷：公允价值变动损益　　200 000

【案例 4】承【案例 2】和【案例 3】，假定在 2010 年 2 月 25 日，A 公司出售了所持有的 B 公司发行的公司债券，售价为 2 085 万元。财务处理如下。

解析

借：银行存款　　20 850 000

　贷：交易性金融资产——成本　　20 600 000

　　　　　　　　　——公允价值变动　　200 000

　　投资收益　　50 000

同时，

借：公允价值变动损益　　200 000

　贷：投资收益　　200 000

任务实训

（一）单项选择题

1. 某公司从上海证券交易所购入一批股票作为交易性金融资产核算和管理。对实际支付价款中所包含已宣告发放但尚未领取的现金股利应计入（　　）账户。

A. 应收股利　　B. 交易性金融资产　　C. 投资收益　　D. 财务费用

2. 对于企业持有某交易性金融资产期间取得的现金股利，应当在现金股利宣告发放日确认并计入（　　）科目。

A. 交易性金融资产　　B. 投资收益

C. 公允价值变动损益　　D. 资本公积

3. 交易性金融资产应当以公允价值进行后续计量，公允价值变动计入（　　）科目。

A. 营业外支出　　B. 投资收益

C. 公允价值变动损益　　D. 资本公积

4. 某公司认购 C 公司普通股股票 1 000 股，每股面值 10 元，实际买价每股 11 元，其中包

含已宣告发放但尚未领取的现金股利500元,另外支付相关费用100元,公司将该批股票作为交易性金融资产核算和管理,则该批投资的初始投资成本为(　　)元。

A. 10 000　　B. 11 000　　C. 11 600　　D. 10 500

5. 处置交易性金融资产时,该金融资产公允价值与(　　)之间的差额应当确认为投资收益,同时调整公允价值变动损益。

A. 初始入账价值　　B. 面值　　C. 账面价值　　D. 买价

6. 甲公司于2008年4月10日,以每股12元的价格购入A股票50万股,作为交易性金融资产,购买该股票支付手续费等10万元。2008年12月31日A股票的市价为每股11元,该日此交易性金融资产的账面价值为(　　)万元。

A. 550　　B. 585　　C. 610　　D. 575

7. 交易性金融资产期末计价采用(　　)。

A. 实际成本　　B. 公允价值

C. 成本与市价孰低法　　D. 现值

(二)多项选择题

1. 下列属于交易性金融资产的有(　　)。

A. 以赚取差价为目的从二级市场购入的股票

B. 以赚取差价为目的从二级市场购入的债券

C. 以赚取差价为目的从二级市场购入的基金

D. 不作为有效套期工具的衍生工具

2. 对于交易性金融资产的核算,应设置的明细账有(　　)。

A. 成本　　B. 应计利息　　C. 利息调整　　D. 公允价值变动

3. 对于交易性金融资产的会计处理,下列说法正确的是(　　)。

A. 购入时按公允价值与支付的相关交易税费之和确认为初始成本

B. 资产负债表日以公允价值计量,其变动金额计入当期投资收益

C. 出售时,将收入金额与其账面价值之间的差额确认为投资收益;同时将原计入"公允价值变动损益"账户的金额转入"投资收益"账户

D. 持有期间取得的利息或现金股利,冲减其账面价值

E. 对于购入时所付价款中包含的已宣告发放但尚未支付的债券利息或现金股利,应作为应收款项单独核算

(三)计算分析题

1. 2008年5月11日,甲企业购入10万股股票,每股市价10元,甲企业将其划分为交易性金融资产。取得时实际支付价款106万元(包含已宣告发放的现金股利5万元,交易费用1万元)。2008年5月16日收到最初支付价款中所包含的现金股利5万元。2008年12月31日,该股票公允价值为112万元。2009年5月6日,收到现金股利3万元。2009年6月8日,将该股票处置,售价120万元,不考虑其他费用。

要求:作出甲公司的相关账务处理。

2. 2009年7月1日,乙公司购入面值为100万元,年利率为4%的A债券,取得时的价款为102万元(包含已到付息期但尚未领取的利息2万元),另支付交易费用0.5万元。乙公司将该项金融资产划分为交易性金融资产。2009年12月31日,A债券的公允价值为106万元。

2010 年 1 月 5 日,收到 A 债券 2009 年度的利息 4 万元。2010 年 2 月 3 日,乙公司出售 A 债券,售价为 108 万元。

要求:作出乙公司的相关账务处理。

任务二　持有至到期投资的核算

任务认知

一、持有至到期投资概述

持有至到期投资是指到期日固定、回收金额固定或可确定,且企业有明确意图和能力持有至到期的非衍生金融资产。因为股权投资没有固定到期日,所以,从性质上看,持有至到期投资属于债券性投资,其具体特征如下。

(一)到期日固定、回收金额固定或可确定

到期日固定、回收金额固定或可确定,是指相关合同明确了投资者在确定期间内获得或应收取现金流量(例如投资利息和本金等)的金额和时间。因此,从投资者角度看,如果不考虑其他条件,在某项投资划分为持有至到期投资时可以不考虑可能存在的发行方重大支付风险。另外,由于要求到期日固定,从而权益工具投资不能划分为持有至到期投资。如果符合其他条件,不能由于某债务工具投资是浮动利率投资而不将其划分为持有至到期投资。

(二)有明确意图持有至到期

有明确意图持有至到期是指投资者在取得投资时意图就是明确的,除非遇到一些企业所不能控制、预期不会重复发生且难以合理预计的独立事件,否则将持有至到期。存在下列情况之一的,表明企业没有明确意图将金融资产投资持有至到期。

(1)持有该金融资产的期限不确定。

(2)发生市场利率变化、流动性需要变化、替代投资机会及其投资收益率变化、融资来源和条件变化、外汇风险变化等情况时,将出售该金融资产。但是,无法控制、预期不会重复发生且难以合理预计的独立事项引起的金融资产出售除外。

(3)该金融资产的发行方可以按照明显低于其摊余成本的金额清偿。

(4)其他表明企业没有明确意图将该金融资产持有至到期的情况。

据此,对于发行方可以赎回的债务工具,如发行方行使赎回权,投资者仍可收回其几乎所有初始净投资(含支付的溢价和交易费用),那么投资者可以将此类投资划分为持有至到期投资。但是,对于投资者有权要求发行方赎回的债务工具投资,投资者不能将其划分为持有至到期投资。

(三)有能力持有至到期

有能力持有至到期是指企业有足够的财务资源,并不受外部因素影响将投资持有至到期。存在下列情况之一的,表明企业没有能力将具有固定期限的金融投资持有至到期。

(1)没有可利用的财务资源持续地为该金融资产投资提供资金支持,以使该金融资产投资持有至到期。

(2)受法律、行政法规的限制,使企业难以将该金融资产投资持有至到期。

(3)其他表明企业没有能力将具有固定期限的金融资产投资持有至到期的情况。

企业应当于每个资产负债表日对持有至到期投资的意图和能力进行评价。发生变化的，应当将其重新归类为可供出售金融资产进行处理。

（四）到期前处置或重新归类对所持有剩余非衍生金融资产的影响

企业将持有至到期投资在到期前处置或重分类，通常表明其违背了将投资持有至到期的最初意图。如果处置或重分类前的金额较大，则企业在处置或重分类后应立即将其剩余的持有至到期投资（即全部持有至到期投资扣除已处置或重分类的部分）重分类为可供出售金融资产。

例如，某企业在2008年将某项持有至到期投资重分类为可供出售金融资产并出售了一部分，且重分类或出售部分的金额相对于该企业没有重分类或出售之前全部持有至到期投资总额比例较大，则该企业应当将剩余的其他持有至到期投资划分为可供出售金融资产，而且在2008年和2009年两个完整的会计年度内不能将该金融资产划分为持有至到期投资。

二、持有至到期投资的计量与核算

取得持有至到期投资时按公允价值计量，其后续计量采用摊余成本。所谓持有至到期投资的摊余成本是指持有至到期投资的初始确认金额经调整后的结果：①扣除已偿还的本金；②加上或减去采用实际利率法将初始确认金额与到期日金额之间的差额进行摊销形成的累积摊销额；③扣除已发生的减值损失。

企业对持有至到期投资应设置“持有至到期投资”账户进行核算。该账户属于非流动资产类账户，按照持有至到期投资的类别和品种，分别设置“成本”、“利息调整”、“应计利息”等明细科目进行核算。

持有至到期投资的会计处理，着重于该金融资产的持有者打算“持有至到期”，未到期前通常不会出售或重分类。因此，持有至到期投资的会计处理主要应解决该金融资产实际利率的计算、摊余成本的确定、持有期间的收益确认以及将其处置时损益的处理。

（一）持有至到期投资的取得

企业取得并确认划分为持有至到期投资，应按该投资的面值借记“持有至到期投资——成本”科目，按支付的价款中包含的已到付息期但尚未领取的利息，借记“应收利息”科目，按实际支付的金额，贷记“银行存款”等科目，按其差额，借记或贷记“持有至到期投资——利息调整”科目。

（二）资产负债表日计算利息

企业债券发行价格的高低一般取决于债券票面金额、债券票面利率、发行当时的市场利率以及债券期限的长短等因素。债券的发行一般有面值发行、溢价发行和折价发行3种情况。相应地，债券的购入就有面值购入（即平价购入）、溢价购入和折价购入3种情况。在平价购入债券的情况下，债券按票面面值和票面利率计算的应收利息与债券的实际利息收入（即投资收益）是相一致的。但在溢价或折价购入债券的情况下，则不一致。实际利息收入是按实际利率和持有至到期投资的摊余成本计算确定的。实际利率是指将金融资产在预期存续期间或适用的更短期间内的未来现金流量折现为该金融资产当前账面价值所使用的利率。有关计算如下：

每期应收债券利息 = 债券面值 × 票面利率 × 期限

每期实际利息收入 = 债券期初摊余成本 × 实际利率 × 期限

每期分摊溢价金额 = 各期应收债券利息 - 当期实际利息收入

每期分摊折价金额 = 当期实际利息收入 - 各期应收债券利息

债券到期,溢价或折价的金额应分摊完毕。此时,持有至到期投资的摊余成本与债券的面值相等。

对于持有至到期投资是分期付息、一次还本的债券投资,企业在资产负债表日应按票面利率计算确定的应收未收利息,借记"应收利息"科目;按持有至到期投资摊余成本和实际利率计算确定的利息收入,贷记"投资收益"科目;按其差额,借记或贷记"持有至到期投资——利息调整"科目。

对于持有至到期投资是一次还本付息的债券投资,企业在资产负债表日应按票面利率计算确定的应收未收利息,借记"持有至到期投资——应计利息"科目;按持有至到期投资摊余成本和实际利率计算确定的利息收入,贷记"投资收益"科目;按其差额,借记或贷记"持有至到期投资——利息调整"科目。

(三)持有至到期投资减值损失的核算

在资产负债表日,企业应对持有至到期投资进行减值测试。持有至到期投资以摊余成本进行后续计量,如果持有至到期投资的预计未来现金流量现值小于其账面价值,则表明该项持有至到期投资发生了减值。发生减值时,借记"资产减值损失"科目,贷记"持有至到期投资减值准备"科目。已计提减值准备的持有至到期投资的价值若在以后又得以恢复,应在原已计提的减值准备金额内,按恢复增加的金额借记"持有至到期投资减值准备"科目,贷记"资产减值损失"科目。

(四)将持有至到期投资进行重分类

企业应当于每个资产负债表日对持有至到期投资的意图和能力进行评价。发生变化的,应当将其重分类为可供出售金融资产进行处理。在重分类日,应按该金融资产的公允价值借记"可供出售金融资产"科目;按其账面余额注销"持有至到期投资——成本/利息调整/应计利息"科目;按其差额贷记或借记"资本公积——其他资本公积"科目。如果已计提减值准备的,还应同时结转减值准备。

(五)出售持有至到期投资

出售持有至到期投资时,应按实际收到的金额借记"银行存款"等科目,按其账面余额转销"持有至到期投资——成本/利息调整/应计利息"科目,按其差额贷记或借记"投资收益"科目。如果已计提减值准备的,还应同时结转减值准备。

任务案例

【案例】甲公司于2008年1月1日购入A公司同日发行的3年期公司债券作为持有至到期投资,公允价值为5 275万元,同时支付相关费用5万元,债券面值5 000万元,每年付息一次,到期还本,该债券票面利率6%,实际利率4%。要求作出相关财务处理。

解析

(1)2008年1月1日购入时,

借:持有至到期投资——成本　　50 000 000

　　　　　　　　——利息调整　　2 800 000

　贷:银行存款　　52 800 000

(2)2008年12月31日,确认债券的投资收益及溢价摊销时,

应收利息 = 5 000 × 6% = 300(万元)

实际利息收入 = 5 280 × 4% = 211.2(万元)

债券溢价摊销 = 300 − 211.2 = 88.8(万元)

借:应收利息	3 000 000	
贷:投资收益		2 112 000
持有至到期投资——利息调整		888 000

(3)2009 年 12 月 31 日,确认债券的投资收益及溢价摊销时,

应收利息 = 5 000 × 6% = 300(万元)

实际利息收入 = (5 280 − 88.8) × 4% = 207.648(万元)

债券溢价摊销 = 300 − 207.648 = 92.352(万元)

借:应收利息	3 000 000	
贷:投资收益		2 076 080
持有至到期投资——利息调整		923 520

(4)2010 年 12 月 31 日,确认债券的投资收益及溢价摊销时,

应收利息 = 5 000 × 6% = 300(万元)

债券溢价摊销 = 280 − 88.8 − 92.352 = 98.848(万元)

实际利息收入 = 300 − 98.848 = 201.152(万元)

借:应收利息	3 000 000	
贷:投资收益		2 011 520
持有至到期投资——利息调整		988 848

(5)每年收到利息时,

借:银行存款	3 000 000	
贷:应收利息		3 000 000

(6)到期收回本金时,

借:银行存款	50 000 000	
贷:持有至到期投资——成本		50 000 000

任务实训

(一)单项选择题

1. 某公司从深圳证券交易所购入一批债券,计划持有至到期,购入时所发生的相关税费,正确处理方法是(　　)。

A. 计入财务费用　B. 减少投资收益　C. 计入投资成本　D. 增加管理费用

2. 2009 年初,企业购入一批同期发行的 3 年期分期付息债券,计划持有至到期。持有期内按期确认的应收利息,其核算账户是(　　)。

A. 持有至到期——应计利息　B. 其他应收款

C. 应收利息　D. 长期应收款

3. 2009 年 7 月 2 日,企业购入一批同期发行 3 年期债券,计划持有至到期,该批债券的利息于到期时同本金一起支付。持有期内企业按期确认的应收利息,其核算账户是(　　)。

A. 持有至到期投资——应计利息　B. 其他应收款

C. 应收利息　　D. 长期应收款

4. 2009 年 1 月 1 日，甲公司以 19 800 万元购入一批 3 年期的到期还本、按年付息的公司债券，每年 12 月 31 日支付利息。该公司债券票面年利率为 5%，实际利率为 5.38%，面值总额为 20 000 万元，甲公司将其确认为持有至到期投资，该债券 2009 年 12 月 31 日应确认的投资收益为（　　）万元。

A. 1 000　　B. 937.76　　C. 1 076　　D. 1 065.24

5. 承接上题，该债券 2009 年 12 月 31 日的摊余成本为（　　）万元。

A. 18 800　　B. 19 865.24　　C. 19 000　　D. 19 734.76

6. 甲公司购入面值为 500 万元的债券，准备持有至到期，实际支付价款 575 万元，其中含手续费 2 万元，已经到期但尚未领取的利息 23 万元。该项债券投资应计入“持有至到期投资——成本”科目的金额为（　　）万元。

A. 550　　B. 573　　C. 552　　D. 500

（二）多项选择题

1. 下列各项中，会引起持有至到期投资账面价值发生增减变动的有（　　）。

A. 计提持有至到期投资减值准备　　B. 确认分期付息的利息

C. 确认到期一次付息的利息　　D. 摊销溢价或折价

2. 持有至到期投资，应设置的明细账有（　　）。

A. 成本　　B. 公允价值变动　　C. 利息调整　　D. 应计利息

3. 对持有至到期投资，下列说法正确的有（　　）。

A. 企业从二级市场上购入固定利率的国债、浮动利率的公司债券等，符合持有至到期投资条件的，可以划分为持有至到期投资

B. 企业购入的股权投资也可划分为持有至到期投资

C. 持有至到期投资通常具有长期性质，但期限较短（1 年以内）的债务投资符合持有至到期条件的，也可将其划分为持有至到期投资

D. 持有至到期投资应当按照取得时的公允价值作为初始确认金额，相关交易税费直接计入当期损益

E. 持有至到期投资在持有期内应按照实际利率确认利息收入，计入投资收益

（三）业务分析题

1. 2009 年 1 月 1 日，甲公司支付价款 10 000 元（含交易费用）从活跃市场上购入某公司 5 年期债券，面值为 12 500 元，票面利率为 4.72%，按年支付利息，通过计算，该债券实际利率为 10%。

要求：作出该项持有至到期投资相关会计处理。

2. 2009 年 1 月 1 日，乙公司以 3 060 万元购入一批期限为 3 年的一次到期还本付息的公司债券。该债券票面年利率为 5%，实际利率为 4.28%，面值为 3 000 万元。乙公司将其确认为持有至到期投资。

要求：作出该项持有至到期投资相关会计处理。

任务三　可供出售金融资产的核算

📖 任务认知

一、可供出售金融资产概述

可供出售金融资产是指初始确认时即被指定为可供出售的非衍生金融资产以及下列各类资产以外的金融资产：①贷款和应收款项；②持有至到期投资；③以公允价值计量且其变动计入当期损益的金融资产。例如，企业购入的在活跃市场上有报价的股票、债券和基金等，没有划分为以公允价值计量且其变动计入当期损益的金融资产或持有至到期投资等金融资产的，可归为此类。相对于交易性金融资产而言，可供出售金融资产的持有意图不明确。

二、可供出售金融资产的计量与核算

在计量方面，可供出售金融资产与以公允价值计量且其变动计入当期损益的金融资产相比，既有共同点，又有不同点。二者的共同点在于：无论是可供出售金融资产还是交易性金融资产，其初始投资和资产负债表日按公允价值计量；但是，也有一些不同，例如，可供出售金融资产取得时发生的交易费用应当计入初始入账金额，可供出售金融资产后续计量时公允价值变动计入所有者权益，可供出售外币股权投资因资产负债表日汇率变动形成的汇兑损益计入所有者权益等。

为反映企业可供出售金融资产的购入、持有、出售以及持有期内的公允价值变动情况，会计上设置“可供出售金融资产”账户进行核算。该账户属非流动资产类账户，按照可供出售金融资产类别和品种，分别设置“成本”、“利息调整”、“应计利息”、“公允价值变动”等明细账户进行明细核算。

（一）可供出售金融资产的取得

对于企业取得可供出售金融资产为股票投资的，应按其公允价值与交易费用之和借记“可供出售金融资产——成本”科目，按支付的价款中包含的已宣告但尚未发放的现金股利借记“应收股利”科目，按实际支付的金额贷记“银行存款”等科目。

对于企业取得的可供出售金融资产为债券投资的，应按债券的面值借记“可供出售金融资产——成本”科目，按支付的价款中包含的已到付息期但尚未领取的利息借记“应收利息”科目，按实际支付的金额贷记“银行存款”等科目，按其差额借记或贷记“可供出售金融资产——利息调整”科目。

（二）资产负债表日计算利息

在资产负债表日，可供出售金融资产为分期付息、一次还本的债券投资，应按票面利率计算确定的应收未收利息借记“应收利息”科目，按可供出售债券的摊余成本和实际利率计算确定的利息收入贷记“投资收益”科目，按其差额借记或贷记“可供出售金融资产——利息调整”科目。

对于可供出售金融资产为一次还本付息的债券投资，应于资产负债表日按票面利率计算确定的应收未收利息借记“可供出售金融资产 ——应计利息”科目，按可供出售债券的摊余成本和实际利率计算确定的利息收入贷记“投资收益”科目，按其差额借记或贷记“可供出售金

融资产——利息调整”科目。

可供出售金融资产为股权投资的,对于被投资单位宣告发放的现金股利,应当确认为投资收益,借记“应收股利”科目,贷记“投资收益”科目。

(三)资产负债表日公允价值变动

在资产负债表日,如果可供出售金融资产的公允价值高于其账面余额的差额,借记“可供出售金融资产——公允价值变动”科目,贷记“资本公积——其他资本公积”科目。如果公允价值低于其账面余额的差额,作相反的会计分录。

(四)可供出售金融资产减值损失的核算

如果可供出售金融资产的公允价值发生较大幅度下降或持续下降,可以认定该金融资产发生了减值,应当确认资产减值损失。在确定可供出售金融资产发生减值时,按应减记的金额借记“资产减值损失”科目;按应从所有者权益中转出原计入资本公积的累计损失金额贷记“资本公积——其他资本公积”科目;按其差额贷记“可供出售金融资产——公允价值变动”科目。

对于已确认减值损失的可供出售债务工具,在随后会计期间内公允价值已上升且客观上与确认原减值损失后发生的事项有关的,应在原确认的减值损失范围内按已恢复的金额予以转回,计入当期损益,借记“可供出售金融资产——公允价值变动”科目,贷记“资产减值损失”科目。

对于已确认减值损失的可供出售权益工具投资,在该权益工具价值回升时,应通过权益转回,不得通过损益转回,即借记“可供出售金融资产——公允价值变动”科目,贷记“资本公积——其他资本公积”科目。但是,在活跃市场上没有报价且公允价值不能可靠计量的权益工具投资,或与该权益工具挂钩并须通过交付该权益工具结算的衍生金融资产发生的减值损失,不得转回。

(五)出售可供出售金融资产

对于出售可供出售金融资产,应按出售时实际收到的金额借记“银行存款”等科目,按其账面余额转销“可供出售金融资产——成本/公允价值变动/利息调整/应计利息”科目,按其从所有者权益中转出的公允价值累计变动额借记或贷记“资本公积——其他资本公积”科目,按其差额借记或贷记“投资收益”科目。

任务案例

【案例1】2009年5月20日,甲公司从深圳证券交易所购入乙公司股票1 000 000股,支付价款合计5 080 000元,其中,含证券交易税等交易费用8 000元,已宣告发放现金股利72 000元。甲公司将其划分为可供出售金融资产。2009年6月20日,收到乙公司发放的现金股利72 000元。2009年12月31日,乙公司股票收盘价为每股4.90元。2009年1月15日,以每股5元的价格将股票全部出售,同时支付证券交易税等交易费用7 000元。要求作出相关账务处理。

解析

(1)2009年5月20日购入乙公司股票时,

借:可供出售金融资产——成本　　5 008 000

　　应收股利　　72 000

贷:银行存款　　5 080 000

(2)2009 年 6 月 20 日收到乙公司发放的现金股利时,

借:银行存款　　72 000

贷:应收股利　　72 000

(3)2009 年 12 月 31 日公允价值发生变动时,

借:资本公积——其他资本公积　　108 000

贷:可供出售金融资产——公允价值变动　　108 000

(4)2009 年 1 月 15 日出售股票时,

借:银行存款　　4 993 000

可供出售金融资产——公允价值变动　　108 000

贷:可供出售金融资产——成本　　5 008 000

投资收益　　93 000

借:投资收益　　108 000

贷:资本公积——其他资本公积　　108 000

【案例 2】甲公司于 2009 年 1 月 1 日购入乙公司同日发行的两年期债券,该债券面值为 100 万元,票面利率为 4%,实际利率为 5%,实际支付价款 981 406 元,每年付息一次,划分为可供出售金融资产。要求编制甲公司 2009 年的账务处理。

解析

(1)2009 年 1 月 1 日购入债券时,

借:可供出售金融资产——成本　　1 000 000

贷:银行存款　　981 406

可供出售金融资产——利息调整　　18 594

(2)2009 年 12 月 31 日计算利息时,

实际利息收入 = 期初摊余成本 × 实际利率 = 981 406 × 5% = 49 070(元)

应收利息 = 债券面值 × 票面利率 = 1 000 000 × 4% = 40 000(元)

利息调整 = 49 070 - 40 000 = 9 070(元)

借:应收利息　　40 000

可供出售金融资产——利息调整　　9 070

贷:投资收益　　49 070

实际收到利息时,

借:银行存款　　40 000

贷:应收利息　　40 000

【案例 3】A 公司于 2008 年 1 月 1 日按面值购入 C 公司同日发行的债券 10 000 张,每张债券面值 100 元,票面利率 3%,每年年末付息一次,划分为可供出售金融资产。2008 年 12 月 31 日,由于 C 公司投资决策失误,发生严重财务困难,但仍可支付该债券当年的票面利息。此日该债券的公允价值下降为每张 90 元。2009 年 12 月 31 日,该债券的公允价值下降为每张 82 元。A 公司预计如果 C 公司不采取措施,该债券的公允价值预计会持续下跌。要求编制 2008

年、2009 年 A 公司的账务处理。

解析

(1)2008 年 1 月 1 日购入债券时，

借:可供出售金融资产——成本　　1 000 000

　　贷:银行存款　　1 000 000

(2)2008 年 12 月 31 日计算利息

　　应收利息 =1 000 000 ×3% =30 000(元)时，

借:应收利息　　30 000

　　贷:投资收益　　30 000

实际收到利息时，

借:银行存款　　30 000

　　贷:应收利息　　30 000

(3)2008 年 12 月 31 日该债券的公允价值下降时，

借:资本公积——其他资本公积　　100 000

　　贷:可供出售金融资产——公允价值变动　　100 000

(4)2009 年 12 月 31 日计算利息，与 2008 年 12 月 31 日利息处理一样。

(5)2009 年 12 月 31 日公允价值持续下降，确认减值损失，

借:资产减值损失　　180 000

　　贷:资本公积——其他资本公积　　100 000

　　　　可供出售金融资产——公允价值变动　　80 000

任务实训

(一)单项选择题

1. 下列有关可供出售金融资产后续计量的表述中，正确的是(　　)。

A. 按照公允价值进行后续计量

B. 按照摊余成本进行后续计量

C. 按照公允价值进行后续计量，变动损益计入资本公积

D. 按照公允价值进行后续计量，变动损益计入当期公允价值变动损益

2. 甲公司购入面值为 500 万元的债券，划分为可供出售金融资产，实际支付价款 575 万元，其中含手续费 2 万元，已经到期但尚未领取的利息 23 万元。该项债券投资应计入“可供出售金融资产——成本”科目的金额为(　　)万元。

A. 550　　B. 573　　C. 552　　D. 500

3. 甲公司于 2008 年 4 月 10 日，以每股 12 元的价格购入 A 股票 50 万股，作为可供出售金融资产，购买该股票支付手续费等 10 万元。该项投资应计入“可供出售金融资产——成本”科目的金额为(　　)万元。

A. 550　　B. 585　　C. 610　　D. 575

4. 若将持有至到期投资重分类为可供出售金融资产，在重归类日，对持有至到期投资账面价值于公允价值的差额，正确的处理方法是(　　)。

A. 计入资本公积

B. 调整投资收益

C. 作为公允价值变动损益计入当期利润

D. 调整持有至到期投资减值准备

5. 可供出售金融资产,性质上属于(　　)。

A. 流动资产　　B. 流动负债　　C. 非流动资产　　D. 非流动负债

6. 甲公司于2009年11月5日从证券市场上购入乙公司股票200万股作为可供出售金融资产,每股支付价款5元,另支付相关费用20万元。2009年12月31日,这部分股票的公允价值为1 050万元,甲公司2009年12月31日应确认的公允价值变动损益为(　　)万元。

A. 0　　B. 收益50　　C. 收益30　　D. 损失50

(二)多项选择题

1. 根据《企业会计准则》,以公允价值计量且其变动计入当期损益的金融资产包括(　　)。

A. 交易性金融资产　　B. 持有至到期投资　　C. 可供出售金融资产　D. 货款和应收账款

E. 直接指定为以公允价值计量且其变动计入当期损益的金融资产

2. 在金融资产的初始计量中,关于交易费用处理叙述正确的有(　　)。

A. 交易性金融资产发生的相关交易费用直接计入当期损益

B. 可供出售金融资产发生的相关交易费用应当计入初始确认金额

C. 持有至到期投资发生的相关交易费用应当计入初始确认金额

D. 交易性金融资产发生的相关交易费用应当计入初始确认金额

3. 下列金融资产应当以摊余成本进行后续计量(　　)。

A. 交易性金融资产　　B. 持有至到期投资　　C. 可供出售金融资产　D. 应收账款

4. 下列金融资产应当以公允价值进行后续计量的有(　　)。

A. 交易性金融资产　　B. 持有至到期投资　　C. 可供出售金融资产　D. 应收账款

E. 直接指定为公允价值计量且其变动价值计入当期损益的金融资产

5. 可供出售金融资产为债券投资的,应设置的明细账有(　　)。

A. 成本　　B. 公允价值变动　　C. 利息调整　　D. 应计利息

6. 可供出售金融资产为股票投资的,应设置的明细账有(　　)。

A. 成本　　B. 公允价值变动　　C. 利息调整　　D. 应计利息

7. 对于可供出售金融资产持有期内收到的分期付息债券利息,企业可能贷记的账户包括(　　)。

A. 应收利息　　B. 投资收益　　C. 银行存款　　D. 可供出售金融资产

8. 下列关于金融资产重分类的叙述,正确的有(　　)。

A. 交易性金融资产可以重分类为可供出售金融资产

B. 交易性金融资产可以重分类为持有至到期投资

C. 持有至到期投资可以重分类为可供出售金融资产

D. 可供出售金融资产可以重分为持有至到期投资

E. 可供出售金融资产可以重分类为交易性金融资产

(三)判断题

1. 交易性金融资产、持有至到期投资和可供出售金融资产都应在资产负债表日进行减值

测试。(　　)

2. 对持有至到期投资、应收账款、可供出售金融资产等资产的减值损失一经确认,不得转回。(　　)

3. 可供出售金融资产包括初始确认时即被指定为可供出售金融资产的非衍生金融资产。(　　)

4. 企业为取得交易性金融资产、持有至到期投资和可供出售金融资产所发生的交易费用都应该计入当期损益,不应计入其初始确认金额。(　　)

5. 可供出售金融资产处置时,要将原计入所有者权益的公允价值变动转入投资收益。(　　)

(四)计算分析题

1. 甲公司于2007年12月3日以200万元从证券市场上购入乙公司发行的股票,并划分为可供出售金融资产。该股票当年年末的公允价值为206万元。2008年12月31日,该股票的公允价值为192万元,由于乙公司赢利能力下降,股价持续下跌,根据测算,其价值为160万元。2009年3月26日,甲公司出售该股票,取得净收入190万元。

要求:编制甲公司取得投资时、2007年年末和2008年年末公允价值变动时、计提投资减值损失时、出售时的会计分录。

2. A公司于2007年1月1日从证券市场上购入B公司于2006年1月1日发行的债券作为可供出售金融资产,该债券5年期,票面年利率5%,每年1月5日支付上年度的利息,到期日为2011年1月1日,到期日一次性偿还本金并支付最后一次利息。购入债券时的实际利率为4%,A公司购入债券的面值为1 000万元,实际支付价款为1 076.30万元,另支付相关费用10万元。假设按年计提利息。2007年12月31日,该债券的公允价值为1 020万元。2008年12月31日,该债券的预计未来现金流量现值为1 000万元并将继续下降。2009年1月20日,A公司将债券全部出售,收到款项995万元存入银行。

要求:编制A公司相关账务处理。

项目六

长期股权投资的核算

🕮 项目导入

程强是明悦机械有限公司新聘来的会计,主要负责公司长期投资业务的核算与管理。本公司有一项长期投资是对明新公司持有50%表决权的股份。程强发现前任会计对于明新公司上年度财务报表所反映的实现净利润200万元这一事项未作账务处理。程强在想:这样是否正确呢?难道不应该将对方实现的净利润按我公司所占的50%份额计算投资收益,并作相应的账务处理吗?你能为程强解答吗?

🕮 项目目标

(1)掌握长期股权投资核算的内容。

(2)掌握投资企业与被投资单位的关系。

(3)掌握长期股权投资的取得方式及其核算。

(4)理解成本法和权益法的含义、适用范围及其区别。

(5)能够采用成本法对长期股权投资进行相关账务处理。

(6)能够采用权益法对长期股权投资进行相关账务处理。

任务一　长期股权投资核算方法的选择

🕮 任务认知

一、长期股权投资概述

(一)长期股权投资的概念及特点

长期股权投资是指企业的管理当局准备长期持有的股权投资(即权益性投资)。股权投资是指为获取另一企业的所有权而进行的投资,主要是通过购买股票或签订投资合同的形式来完成。

进行股权投资的投资方最终按投资额占对方资本总额的比例享有经营管理权、收益权和亏损分担责任。因此,长期股权投资具有投资时限长、投资风险大、投资目的复杂的特点。

(二)长期股权投资的内容

根据长期股权投资准则规定,长期股权投资包括以下几方面。

(1)投资企业能够对被投资单位实施控制的权益性投资,即对子公司的投资。

(2)投资企业与其他合营方一同对被投资单位实施共同控制的权益性投资，即对合营企业的投资。

(3)投资企业对被投资单位具有重大影响的权益性投资，即对联营企业的投资。

(4)投资企业对被投资单位不具有控制、共同控制或重大影响，在活跃市场上没有报价且公允价值不可能可靠计量的权益性投资。

(三)长期股权投资取得的方式

长期股权投资取得的方式多种多样，具体有以下几种。

(1)通过企业合并中取得的长期股权投资。在企业合并中，合并方以支付现金、转让非现金资产、承担债务或发行权益性证券等方式取得被合并方的控股权而形成的长期股权投资。

(2)以支付现金取得的长期股权投资。这是指以支付货币获得被投资方的股票或股权形成的长期股权投资。

(3)以发行权益性证券取得的长期股权投资。这是指以本公司的股票或股权换取投资者自己的股票或股权形成的长期股权投资。

(4)投资者投入的长期股权投资。这是指投资者将其持有的对第三方的股权投资作为出资投入另一企业形成的长期股权投资。

(5)通过非货币性资产交换取得的长期股权投资。这是指以非货币性资产换取其他公司的股票或股权形成的长期股权投资。

(6)通过债务重组取得的长期股权投资。这是指在债务重组中，将债务转为股权或以股权投资偿债形成的长期股权投资。

(四)投资企业与被投资企业的关系

长期股权投资形成后，根据投资方投资额占被投资方有表决权资本总额的比例以及对被投资方的影响程度，可将投资方与被投资方的关系分为控制、共同控制、重大影响和无控制、无共同控制且无重大影响4种类型。

1.控制

控制是指有权决定一个企业的财务和经营政策，并能据以从该企业的经营活动中获取利益。控制一般存在以下情况。

(1)投资企业直接拥有被投资单位50%以上的表决权资本的。

(2)投资企业虽然直接拥有被投资单位50%或以下的表决权，但具有实质控制权的。

投资企业对被投资单位是否具有实质控制权，可以通过以下一种或几种情形来判定。

(i)通过与其他投资者的协议，投资企业拥有被投资单位50%以上表决权资本的控制权。例如：A公司拥有B公司40%的表决权资本，C公司拥有B公司30%的表决权资本，D公司拥有B公司30%的表决权资本。A公司与C公司达成协议，C公司在B公司的权益由A公司代表。在这种情况下，A公司实质上拥有B公司70%表决权资本的控制权，表明A公司实质上控制B公司。

(ii)根据章程或协议，投资企业有权控制被投资单位的财务和经营政策。例如，A公司拥有B公司45%的表决权资本，同时，根据协议，B公司的生产经营决策由A公司控制，则表明A公司实质上控制B公司。

(iii)有权任免被投资单位董事会或类似权力机构的多数成员。这种情况是指投资企业虽然拥有被投资单位50%或以下表决权资本，但是根据章程、协议等有权任免被投资单位董事

会的董事,以达到实质上控制的目的。

(iv)在被投资单位董事会或类似权力机构会议上拥有半数以上投票权。这种情况是指虽然投资企业拥有被投资单位50%或以下表决权资本,但能够控制被投资单位董事会或类似权力机构的会议,从而能够控制其财务和经营决策,使其达到实质上的控制。

如果投资企业能够对被投资单位实施控制,则被投资单位为其子公司。投资企业应当将子公司纳入合并财务报表的合并范围。投资企业对子公司的长期股权投资,应当采用成本法核算,在编制合并财务报表时应按照权益法进行调整。

2. 共同控制

共同控制是指按照合同约定对某项经济活动所共有的控制,仅在与该项经济活动相关的重要财务和经营决策需要分享控制权的投资方一致同意时存在,任何一方都不能独自控制。投资企业与其他方对被投资企业实施共同控制的,被投资单位为其合营企业。

3. 重大影响

重大影响是指对一个企业的财务和经营政策有参与决策的权利,但并不能够控制或者与其他方一起共同控制这些政策的制定。投资企业能够对被投资单位施加重大影响的,被投资单位为其联营企业。当投资企业直接拥有被投资单位20%至50%的表决权资本时,一般认为对被投资单位具有重大影响,除非有明确的证据表明该种情况下不能参与被投资单位的生产经营决策,不形成重大影响。投资企业拥有被投资单位表决权资本的比例低于20%的,一般认为对被投资单位不具有重大影响,但符合下列情况之一的,也应该认为对被投资单位具有重大影响。

(1)在被投资单位的董事会或类似的权力机构中派有代表。在这种情况下,由于在被投资单位的董事会或类似的权力机构中派有代表,并享有相应的实质性的决策权,投资企业可以通过代表参与被投资单位政策的制定,从而对被投资单位施加重大影响。

(2)参与被投资单位的政策制定过程。在这种情况下,由于可以参于被投资单位的政策制定过程,投资企业在制定政策过程中可以为其自身利益而提出建议或意见,从而可以对被投资单位施加重大影响。

(3)向被投资单位派出管理人员。在这种情况下,由于投资企业向被投资单位派出管理人员,管理人员有权力并负责被投资单位的财务和经营活动,从而能对被投资单位施加重大影响。

(4)向被投资企业提供关键技术或技术资料。在这种情况下,由于被投资单位的生产经营需要依赖投资企业的技术或技术资料,从而表明投资企业对被投资单位具有重大影响。

(5)其他能足以证明投资企业对被投资单位具有重大影响的情形。

4. 无控制、无共同控制且无重大影响

如果投资企业与被投资企业之间的关系均不符合上述控制、共同控制、重大影响条件的,则投资企业对被投资企业就是无控制、无共同控制且无重大影响。一般情况下,当投资企业的投资额占被投资企业有表决权资本总额的比例低于20%时(不含20%),通常视为投资企业对被投资企业无控制、无共同控制且无重大影响。

二、长期股权投资核算方法的选择

长期股权投资的核算方法有成本法和权益法两种。不同的核算方法直接影响长期股权投资的后续计量和各期投资收益的确认。投资企业与被投资企业的关系是确定长期股权投资核

算方法的重要依据。具体如下所述。

(1)投资企业能够对被投资单位实施控制的长期股权投资,采用成本法核算。

(2)投资企业对被投资单位具有共同控制或重大影响的长期股权投资,采用权益法核算。

(3)投资企业对被投资单位不具有控制、共同控制或重大影响,在活跃市场上没有报价且公允价值不可能可靠计量的长期股权投资,采用成本法核算。

长期股权投资在持有期间,因各方面的原因(如追加投资导致持股比例上升、处置部分投资导致持股比例下降等)导致投资企业与被投资单位之间的关系发生变化,从而使其核算需要由一种方法转换为另一种方法,即可能是成本法转换为权益法,或是权益法转换为成本法。

任务案例

【案例1】A公司直接拥有B公司42%的股权,同时受托行使其他股东所持有B公司15%的表决权。B公司董事会由11名董事组成,其中A公司派出6名。B公司章程规定,其财务和经营决策须经董事会三分之二以上成员通过方可实施。问:A公司能否对B公司实施控制?

解析

因为A公司在B公司董事会成员的比例没有达到三分之二,所以A公司不能对B公司实施控制。

【案例2】甲公司投资于乙企业,占乙公司总股份的10%,该投资价值在活跃市场上有报价且公允价值能够可靠计量。甲公司又投资于丙企业,占丙公司股份的12%,该投资价值在活跃市场上无报价、公允价值不能可靠计量且对丙企业不具有控制、共同控制或重大影响。甲公司对乙、丙两企业的投资经决定都将长期持有,故都属于甲公司的长期股权投资。对吗?

解析

不完全正确。按新准则的规定,企业对被投资单位不具有控制、共同控制或重大影响、在活跃市场上有报价且公允价值能够可靠计量的权益性投资应按金融工具准则的有关规定进行会计核算。现在,甲公司对乙企业的投资虽然是准备长期持有的,但仅占乙公司总股份的10%且该投资价值在活跃市场上有报价且公允价值能够可靠计量,应作为可供出售金融资产核算,而不属于长期股权投资。甲公司对丙企业的投资因为其投资价值在活跃市场上无报价、公允价值不能可靠计量且对丙企业不具有控制、共同控制或重大影响,符合长期股权投资的内容,所以应该作为甲公司的一项长期股权投资。

任务实训

(一)单项选择题

1. 下列投资中,不应作为长期股权投资核算的有(　　)。

A. 对子公司的投资

B. 在活跃市场上有报价、公允价值能够可靠计量的没有控制、共同控制或重大影响的权益性投资

C. 在活跃市场上有报价、公允价值能够可靠计量、对被投资单位有重大影响的权益性投资

D. 在活跃市场上没有报价、公允价值无法可靠计量的没有控制、共同控制或重大影响的权益性投资

2. 甲公司与乙公司共同出资设立丙公司,经甲、乙双方协议,丙公司的总经理由甲公司委派,董事长由乙公司委派,各方的出资额比例均为50%,股东按出资比例行使表决权。在这种情况下,对于该长期股权投资(　　)。

A. 甲公司应采用权益法核算,乙公司应采用成本法核算

B. 甲公司应采用成本法核算,乙公司应采用权益法核算

C. 甲乙两公司均采用成本法核算

D. 甲乙两公司均采用权益法核算

(二)多项选择题

1. 下列情况下,投资方应采用权益法核算长期股权投资的有(　　)。

A. 控制　　B. 共同控制　　C. 重大影响　　D. 无重大影响

2. 长期股权投资的核算方法有(　　)。

A. 成本法　　B. 权益法　　C. 市价法　　D. 成本与市价孰低法

3. 下列事项中,投资企业应采用成本法核算的有(　　)。

A. 投资企业对被投资单位不具有控制、共同控制或重大影响,并且在活跃市场上有报价、公允价值能够可靠计量的的权益性投资

B. 投资企业对被投资单位具有重大影响,且在活跃市场上有报价、公允价值能够可靠计量的权益性投资

C. 投资企业对被投资企业不具有控制、共同控制或重大影响,且在活跃市场上没有报价、公允价值无法可靠计量的权益性投资

D. 投资企业能够对被投资单位实施控制的长期股权投资

(三)判断题

1. 投资企业对被投资企业具有控制、共同控制或重大影响的长期股权投资,应采用权益法核算。(　　)

2. 投资企业对被投资企业具有重大影响,若被投资企业是属于上市公司,则该投资不能按长期股权投资准则进行核算。(　　)

3. 准备长期持有的股票即可以作为长期股权投资核算,也可以作为金融资产核算。(　　)

4. 投资企业直接拥有被投资单位50%的表决权资本,投资企业对此项长期股权投资应采用成本法核算。(　　)

5. 投资企业直接拥有被投资单位18%的表决权资本,同时在被投资单位的董事会中派有代表,则投资企业应对此项长期股权投资采用权益法核算。(　　)

任务二　长期股权投资的成本法核算

任务认知

一、成本法的概念及其适用范围

成本法是指投资按成本计价的方法。按照长期股权投资准则核算的权益性投资中,应采用成本法核算的是以下两类。

(1)投资企业能够对被投资单位实施控制的长期股权投资,即企业持有的对子公司的投资。

(2)投资企业对被投资单位不具有控制、共同控制或重大影响,且在活跃市场中没有报价、公允价值不能可靠计量的长期股权投资。

成本法下的长期股权投资的核算通常包括投资取得、持有期内的损益确认、持有期内的期末计价、投资处置等内容。企业应该设置"长期股权投资"、"应收股利"、"长期股权投资减值准备"等科目进行核算,"长期股权投资"和"长期股权投资减值准备"还应按被投资单位具体名称进行明细核算。

二、长期股权投资的初始计量

(一)企业合并形成的长期股权投资

企业合并是指将两个或两个以上的单独企业合并形成一个报告主体的交易或事项。

1. 企业合并的分类

1)以合并方式为基础对企业合并的分类

从本质上看,企业合并是指一个企业取得对另外一个企业的控制权、吸收另一个或多个企业的净资产以及参与合并的企业在将相关资产、负债进行整合后成立新的企业等情况。因此,以合并方式为基础,企业合并包括控股合并、吸收合并及新设合并。

控股合并是指合并方(或购买方,下同)通过企业合并交易或事项取得对被合并方的控制权,且能够主导被合并方的生产经营决策,从而将被合并方纳入其合并财务报表范围形成一个报告主体的情况。控股合并中,被合并方在企业合并后仍保持其独立的法人资格继续经营,合并方在合并中取得的是对被合并方的股权。合并方在其账薄及个别财务报表中应确认对被合并方的长期股权投资,合并中取得的被合并方的资产和负债仅在合并财务报表中确认。

吸收合并是指合并方在企业中取得被合并方的全部净资产,并将有关资产、负债并入合并方的账簿和报表进行核算。企业合并后,注销被合并方的法人资格,由合并方持有合并中取得的被合并方资产、负债,在新的基础上继续经营。

新设合并是指企业合并中注册成立一家新的企业,由其持有原参与合并各方的资产、负债,在新的基础上经营。原参与合并各方在合并后均注销其法人资格。

本书所涉及的企业合并为控股合并。

2)以是否在同一控制下进行企业合并为基础对企业合并的分类

以是否在同一控制下进行企业合并为基础,企业合并可分为以下两类。

(1)同一控制下的企业合并。参与合并的企业在合并前后均受同一方或相同的多方最终控制,且该控制并非暂时性的,为同一控制下的企业合并。

(2)非同一控制下的企业合并。参与合并的各方在合并前后不受同一方或相同的多方最终控制的,为非同一控制下的企业合并。

2. 同一控制下的企业合并形成的长期股权投资

同一控制下的企业合并,合并方以支付现金、转让非现金资产或承担债务方式作为合并对价的,应当在合并日按照取得的被投资方所有者权益账面价值的份额作为长期股权投资的初始投资成本。长期股权投资的初始投资成本与支付的现金、转让的非现金资产及所承担的债务账面价值之间的差额应当调整资本公积;资本公积不足冲减的,调整留存收益。合并方以发

行权益性证券作为合并对价的，应按照发行股份的面值总额作为股本，长期股权投资的初始投资成本与发行股份面值总额之间的差额应当调整资本公积（资本溢价或股本溢价）；资本公积不足冲减的，调整留存收益。

具体账务处理如下：对于同一控制下的企业合并形成的长期股权投资，应在合并日按取得的被合并方所有者权益账面价值的份额借记“长期股权投资”科目，按该享有的被投资单位已宣告但尚未发放的现金股利或利润借记“应收股利”科目，按支付的合并对价的账面价值贷记有关资产或有关负债科目，按其差额贷记“资本公积——资本溢价或股本溢价”科目；如为借方差额，借记“资本公积——资本溢价或股本溢价”科目，“资本公积——资本溢价或股本溢价”不足冲减的借记“盈余公积”、“利润分配——未分配利润”科目。如果合并是以发行权益性证券方式进行的，应按发行权益性证券的面值总额贷记“股本”科目。在成本法下，“长期股权投资”账户投资金额不受被投资单位权益变动的影响。

3. 非同一控制下的企业合并形成的长期股权投资

对于非同一控制下的企业合并形成的长期股权投资，是将合并行为看作是一方购买另一方的交易。购买方应该按照确定的企业合并成本作为长期股权投资的初始投资成本。企业合并成本是购买方为了取得对被购买方的控制权而放弃的资产、发生或承担的债务、发行的权益性证券等在购买日的公允价值以及为进行企业合并而发生的各项直接相关费用。其中，以支付非货币性资产为对价的，所支付的非货币性资产在购买日的公允价值与其账面价值的差额应作为资产处置损益，计入企业合并当期的利润表。

具体账务处理如下：对于非同一控制下的企业合并形成的长期股权投资，应在购买日按企业合并成本（不含应从被投资单位收取的现金股利或利润）借记“长期股权投资”科目，按支付的应享有被投资单位已宣告但尚未发放的现金股利或利润借记“应收股利”科目，按支付的合并对价账面价值贷记有关资产科目或有关负债科目，按发生的直接相关费用贷记“银行存款”等科目，按其差额贷记“营业外收入”或借记“营业外支出”等科目。非同一控制下的企业合并涉及以库存商品等作为合并对价的，应按库存商品的公允价值确认销售收入，贷记“主营业务收入”科目，并按公允价值加上相关税费作为长期股权投资入账，同时结转销售成本。涉及增值税的，还应进行相应的处理。

（二）以企业合并以外的方式取得的长期股权投资

长期股权投资除了以企业合并方式取得外，主要还有以下非企业合并的取得方式。

（1）以支付现金取得的长期股权投资，应当按照实际支付的购买价款作为长期股权投资的初始投资成本。初始投资成本包括与长期股权投资直接相关的费用、税金及其他必要支出。企业取得长期股权投资，实际支付的价款或对价中包含的已宣告但尚未发放的现金股利或利润，应作为应收项目处理。

（2）以发行权益性证券方式取得的长期股权投资，其初始投资成本为所发行的权益性证券的公允价值。为发行权益性证券而支付的手续费、佣金等应从权益性证券的溢价发行收入中扣除，溢价收入不足的，应冲减盈余公积和未分配利润。

（3）投资者投入的长期股权投资，应当按照投资合同或协议约定的价值作为初始投资成本，但合同或协议约定价值不公允的除外。

投资者投入的长期股权投资是指投资者以其持有的对第三方的投资作为出资投入企业，接受投资的企业在确定所取得的长期股权投资的初始投资成本时，原则上应按照投资各方在

投资合同或协议中约定的价值作为其初始投资成本。例外的情况是，如果投资各方在投资合同或协议中约定的价值明显高于或低于该项投资公允价值的，应以公允价值作为长期股权投资的初始投资成本。

在确定长期股权投资的公允价值时，如果存在活跃市场，其价值可以按照活跃市场中的信息直接取得，即参照市价确定其公允价值；在不存在活跃市场的情况下，无法按照市场信息确定其公允价值的，应当按照一定的估价技术等合理方法确定的价值作为其公允价值。

本书不介绍非货币性资产交换、债务重组等方式取得的长期股权投资。

三、长期股权投资收益的确认

对于采用成本法核算的长期股权投资，除取得投资时实际支付的价款中包含已宣告但尚未发放的现金股利或利润外，投资企业应当按照享有被投资单位宣告发放的现金股利或利润确认为投资收益，借记“应收股利”等科目，贷记“投资收益”科目。实际收到时，借记“银行存款”等科目，贷记“应收股利“等科目。不再划分是否属于投资前和投资后被投资单位实现的净利润。在成本法下，投资企业不确认投资损失。此外，投资企业收到股票股利时，不进行账务处理，但应在备查簿中登记。

四、长期股权投资减值损失的核算

投资企业应当在资产负债表日判断对子公司的长期股权投资是否存在可能发生减值的迹象。如果存在减值迹象的，应当估计其可收回金额。若预计可收回金额低于其账面价值时，应将该长期股权投资的账面价值减记至可收回金额，减值的金额确认为减值损失。

投资企业对被投资单位不具有控制、共同控制或重大影响，且在活跃市场中没有报价、公允价值不能可靠计量的长期股权投资，应当将该长期股权投资在资产负债表日的账面价值，与按照类似金融资产当时的市场收益率对未来现金流量折现确定的现值之间的差额，确认为减值损失，计入当期损益。

对于企业计提长期股权投资减值准备，应当设置“长期股权投资减值准备”科目核算。企业按应减记的金额，借记“资产减值损失”科目，贷记“长期股权投资减值准备”科目。减值损失一经确认，在以后期间不得转回。

五、长期股权投资的处置

处置长期股权投资时，应按实际收到的金额借记“银行存款”等科目，按长期股权投资各有关明细账户余额分别冲减“长期股权投资”科目，按尚未领取的现金股利或利润贷记“应收股利”科目，按其差额贷记或借记“投资收益”科目。已计提减值准备的，还应同时结转减值准备。

任务案例

【案例 1】A 公司于 2009 年 5 月 12 日，从公开市场中买入 B 公司 52% 的股份，实际支付价款 5 600 万元(含已宣告发放的现金股利 300 万元)。另外，在购买过程中支付手续费等相关费用 280 万元。要求进行账务处理。

解析

A 公司购入 B 公司股票时，账务处理如下。

借：长期股权投资　　　　55 800 000

应收股利　　　　　　　　　　　　　　　　　　　　　3 000 000
贷:银行存款　　　　　　　　　　　　　　　　　　　　58 800 000

【案例 2】2009 年 8 月,B 公司通过增发 2 000 万股(每股面值 1 元)自身的股份取得 F 公司 18%的股权,按照增发前后的平均股价计算,该 2 000 万股股份的公允价值为 3 000 万元。为增发该部分股份,B 公司向证券承销机构支付了 400 万元的佣金和手续费。要求作出账务处理。

解析

B 公司应当以发行股份的公允价值作为取得长期股权投资的初始投资成本,账务处理如下。

借:长期股权投资　　　　　　　　　　　　　　　　30 000 000
　贷:股本　　　　　　　　　　　　　　　　　　　　20 000 000
　　资本公积——股本溢价　　　　　　　　　　　　　10 000 000
借:资本公积——股本溢价　　　　　　　　　　　　4 000 000
　贷:银行存款　　　　　　　　　　　　　　　　　　4 000 000

【案例 3】A 公司注册资本是 14 000 万元,公司在设立时,其主要出资方之一甲公司以其持有的对 B 公司的长期股权投资作为出资投入 A 公司,占 A 公司注册资本的 20%。投资各方在投资合同中约定该项长期股权投资的价值为 3 000 万元。甲公司所持有的 B 公司的股票公允价值 3 000 万元。要求编制 A 公司的相关账务。

解析

A 公司对于投资者投入的此项长期股权投资应进行的账务处理如下。

借:长期股权投资　　　　　　　　　　　　　　　　30 000 000
　贷:实收资本　　　　　　　　　　　　　　　　　　28 000 000
　　资本公积——资本溢价　　　　　　　　　　　　　2 000 000

【案例 4】A 公司于 2009 年 3 月 31 日取得 B 公司 70% 的股权。合并中,A 公司拟支付相关资产在购买日的账面价值与公允价值如表 5-1 所示。合并中,A 公司为核实 B 公司的资产价值,聘请有关机构对该项合并进行咨询,支付咨询费用 80 万元。本例中假定合并前 A 公司与 B 公司不存在任何关联方关系。要求作出账务处理。(增值税率 17%)

表 5-1　A 公司相关资产在购买日的账面价值与公允价值表　　　单位:元

项目	账面价值	公允价值
土地使用权	10 000 000	16 000 000
专利技术	4 000 000	5 000 000
银行存款	4 000 000	4 000 000
库存商品	4 000 000	5 000 000
合计	22 000 000	30 000 000

解析

本例中因 A 公司与 B 公司在合并前不存在任何关联方关系,应作为非同一控制下的企业合并处理。A 公司应进行的账务处理如下。

借:长期股权投资　　31 650 000
　　贷:无形资产　　14 000 000
　　　　银行存款　　4 800 000
　　　　主营业务收入　　5 000 000
　　　　应交税费——应交增值税(销项税额)　　850 000
　　　　营业外收入　　7 000 000
借:主营业务成本　　4 000 000
　　贷:库存商品　　4 000 000

【案例5】甲企业于2008年1月1日以1 600万元购入乙企业70%的股权,并准备长期持有。投资时,乙企业可辨认净资产账面价值2 000万元,公允价值为2 100万元。假如甲、乙公司存在关联关系,属于同一控制下的企业合并。2008年乙企业实现净利润180万元。2009年3月9日乙企业宣告分配现金股利50万元。2009年4月10日收到现金股利。2009年乙企业发生亏损1 000万元,2009年年末A公司对C公司的投资按当时的市场收益率对未来现金流量折现确定的现值为1 200万元。2010年1月20日,A公司经协商,将持有的C公司的全部股权转让给丁企业,收到股权转让款1 300万元。要求作出甲企业的账务处理。

解析

(1)2008年1月1日购入时,
借:长期股权投资　　14 000 000
　　资本公积——资本溢价　　2 000 000
　　贷:银行存款　　16 000 000

(2)2008年乙企业实现利润,甲公司不需作账务处理。

(3)2009年3月9日乙宣告分配现金股利,甲企业应享有的份额=500 000×70%=350 000元。

借:应收股利　　350 000
　　贷:投资收益　　350 000

(4)2009年4月10日收到现金股利时,
借:银行存款　　350 000
　　贷:应收股利　　350 000

(5)2009年乙企业发生亏损,甲企业不需作账务处理。

(6)2009年12月31日,进行减值测试时,
借:资产减值损失　　2 000 000
　　贷:长期股权投资减值准备　　2 000 000

(7)2010年1月20日将持有的乙企业全部股权进行转让时,
借:银行存款　　13 000 000
　　长期股权投资减值准备　　2 000 000
　　贷:长期股权投资　　14 000 000
　　　　投资收益　　1 000 000

📖 任务实训

(一)单项选择题

1. 对子公司投资应该采取的核算方法是(　　)。

A. 成本法　　B. 权益法　　C. 追溯调整法　　D. 追溯重述法

2. 2009年7月1日,甲企业投资乙企业100万元,投资比例10%,按成本法核算;2009年乙企业实现净利润120万元。2010年2月22日乙企业分派2009年现金股利80万元。甲企业应确认的投资收益为(　　)万元。

A. 10　　B. 8　　C. 14　　D. 11

3. 同一控制下的企业合并所取得的长期股权投资以(　　)为初始投资成本。

A. 投出资产的账面价值

B. 投出资产的公允价值

C. 取得被合并方所有者权益账面价值的份额

D. 取得被合并方所有者权益公允价值的份额

4. 企业取得长期股权投资,实际支付的价款或对价中包含已宣告但未发放的现金股权或利润,应计入(　　)。

A. 投资收益　　B. 财务费用　　C. 应收股利　　D. 长期股权投资

5. H公司以一成套设备对A公司投资,取得A公司有表决权股份的15%,准备长期持有。设备公允价值30万元、账面价值26万元,未计提减值准备,发生清理费用2 000元。投资前,H公司与A公司不存在关联关系。则H公司对该项长期股权投资确认的初始成本应为(　　)元。

A. 302 000　　B. 300 000　　C. 262 000　　D. 260 000

(二)多项选择题

1. 下列各项中,影响长期股权投资取得时初始成本入账金额的有(　　)。

A. 投资时支付的不含应收股利的价款

B. 付出的非现金资产的公允价值

C. 投资时支付的税金、手续费

D. 投资时,被投资单位所有者权益的公允价值

E. 以发行权益性证券方式取得的长期股权投资发生的评估、审计、咨询费

2. 长期股权投资采用成本法,被投资企业发生的下列业务中,投资企业不需要进行会计处理的有(　　)。

A. 宣告发放上一年度的现金股利　　B. 提取法定盈余公积

C. 其他资本公积增加　　D. 宣告发放股票股利

E. 发生严重亏损

3. 在非企业合并情况下,下列各项中,不应作为长期股权投资取得时的初始成本入账的有(　　)。

A. 为发行权益性证券支付的手续费

B. 投资时支付的不含应收股利的价款

C. 投资时支付的税金

D. 投资时支付价款中所含有的已宣告但尚未发放的利润

4. 企业按成本法核算时，下列事项中会引起长期股权投资账面价值变动的有(　　)。

A. 被投资单位以资本公积转增资本　　B. 被投资单位宣告分派投资前的现金股利

C. 期末计提长期股权投资减值准备　　D. 被投资单位接受资产捐赠

E. 被投资单位实现净利润

(三)计算分析题

1. 2009 年 1 月 1 日，A 公司支付现金 100 万元给 B 公司，受让 B 公司持有的 C 公司 55% 的股权，受让股权时 C 公司的所有者权益账面价值为 200 万元，公允价值是 205 万元。

要求：(1)如果 A、B 公司同受甲公司的控制，作出 A 公司取得长期股权投资时的会计处理；(2)如果 A、B 公司之间不存在关联关系，作出 A 公司取得长期股权投资时的会计处理。

2. A 公司投资于 C 公司，有关投资情况为：(1)2008 年 1 月 1 日 A 公司支付现金 800 万元给乙公司，受让乙公司持有的 C 公司 15% 的股权(不具有重大影响)，采用成本法核算，假设未发生直接相关费用和税金；(2)2008 年 2 月 1 日，C 公司宣告分配 2007 年实现的净利润，其中分配现金股利 100 万元。A 公司于 3 月 3 日收到现金股利 15 万元；(3)2008 年，C 公司实现净利润 300 万元；(4)2009 年 2 月 10 日，C 公司宣告分配 2008 年净利润，分配的现金股利为 80 万元；(5)2009 年 C 公司发生巨额亏损，2009 年年末 A 公司对 C 公司的投资按当时的市场收益率对未来现金流量折现确定的现值为 750 万元，长期投资的账面价值为 800 万元；(6)2010 年 1 月 20 日，A 公司经协商，将持有的 C 公司的全部股权转让给丁企业，收到股权转让款 900 万元。

要求：对 A 公司作出账务处理。

任务三　长期股权投资的权益法核算

任务认知

一、权益法的概念及适用范围

权益法是指投资以初始投资成本计量后，在投资持有期间根据投资企业享有的被投资单位所有者权益份额的变动对投资的账面价值进行调整的方法。投资企业对被投资单位具有共同控制或重大影响的长期股权投资(即对合营企业或联营企业的投资)，应当采用权益法核算。

权益法下的长期股权投资的核算通常包括投资取得、持有期内的损益确认、持有期内的其他业务、持有期内的期末计价、投资处置等内容。企业应设置“长期股权投资”、“应收股利”、“长期股权投资减值准备”等科目进行核算，“长期股权投资”应按被投资单位的具体名称，分别设置“成本”、“损益调整”、“其他权益变动”明细科目进行明细核算。

二、长期股权投资的初始计量

企业合并形成的长期股权投资属于控制型投资，不属于权益法核算范围。以现金、发行权益性证券、非货币性资产交换等其他方式取得的长期股权投资，其取得的核算结果应在成本法核算的基础上，还需进行下列处理。

（1）长期股权投资的初始投资成本大于投资时应享有的被投资单位可辨认净资产公允价值份额的，该部分差额是投资企业在购入该项投资过程中通过购买作价体现出的与所取得股权份额相对应的商誉，在这种情况下不必对长期股权投资的成本进行调整。

（2）长期股权投资的初始投资成本小于投资时应享有的被投资单位可辨认净资产公允价值份额的，该部分差额可以看作是被投资单位的股东给予投资企业的让步，或是出于其他方面的考虑，被投资单位的原有股东无偿赠予投资企业的价值，因而应确认为当期收益，计入取得投资当期的营业外收入，同时调整增加长期股权投资的账面价值。即按其差额，借记"长期股权投资——成本"科目，贷记"营业外收入"科目。

三、持有期内投资损益的确认

在权益法下，投资企业取得长期股权投资后，应当在投资损益实现的时点，即在被投资单位实现赢利或发生亏损时，投资企业按应享有或应分担的部分确认为投资损益，并相应减少或增加长期股权投资的账面价值。当被投资单位实现赢利时，按应享有的部分确认投资收益的金额，借记"长期股权投资——损益调整"科目，贷记"投资收益"科目。实际收到时，借记"银行存款"等科目，贷记"长期股权投资——损益调整"科目。

采用权益法核算长期股权投资，在确认应享有或应分担被投资企业的净利润或净亏损的份额时，应具备3个条件：①投资企业与被投资企业采取相同的会计政策；②投资企业与被投资企业具有相同的会计期间；③投资企业应当以取得投资时被投资单位各项可辨认资产的公允价值为基础。

如果上述3个条件不具备的情况下，应进行如下调整后方可确认投资损益。

（1）对于被投资单位采用的会计政策以及会计期间与投资企业不一致的，应当按照投资企业的会计政策以及会计期间对被投资单位的财务报表进行调整，并据以确认投资损益。

（2）投资企业的投资收益应当以取得投资时被投资单位各项可辨认资产的公允价值为基础，对被投资单位净损益进行调整后加以确定。比如，以取得投资时被投资单位固定资产、无形资产的公允价值为基础计提的折旧或摊销额，相对于被投资单位已计提的折旧额或摊销额之间存在差额的，应按其差额对被投资单位的净损益进行调整，并按调整后的净损益和持股比例计算确认投资收益。在进行有关调整时，应当考虑重要性项目。如果无法可靠确定投资时被投资单位各项可辨认资产等的公允价值，或者投资时被投资单位可辨认资产等的公允价值与其账面价值之间的差额较小，以及其他原因导致无法对被投资单位的净损益进行调整，可以按照被投资单位的账面净损益与持股比例计算确认投资收益，但应在附注中说明这一事实及其原因。

在权益法下，投资企业确认被投资单位发生的净亏损，应当以长期股权投资的账面价值以及其他实质上构成对被投资单位净投资的长期权益减记至零为限，投资企业负有承担额外损失义务的除外。其他实质上构成对被投资单位净投资的长期权益，通常是指长期性的应收项目，如企业对被投资单位的长期债权，该债权没有明确的清收计划且在可预见的未来期间不准备收回的，实质上构成对被投资单位的净投资。对于被投资企业亏损问题的处理，应注意以下问题。

（1）在投资企业不存在其他实质上构成对被投资单位净投资的长期权益以及负有承担额外损失义务的情况下，当被投资单位发生亏损时，投资企业确认投资损失的金额，应当以长期股权投资的账面价值减记至零为限。被投资单位亏损后实现净利润的，投资企业在其收益分

享额弥补未确认的亏损分担额后，回复确认收益分享额。有关公式如下。

当“应承担亏损额＞投资账面价值”，即存在超额亏损时，确认投资损失的金额＝投资账面价值。按投资账面价值，借记“投资收益”科目，贷记“长期股权投资——损益调整”科目；未确认投资损失金额＝应承担亏损额－投资账面价值，未确认的投资损失金额应在账外备查登记；以后赢利时，确认投资收益的金额＝应分享收益额－未确认投资损失金额。

当“应承担亏损额＜投资账面价值”时，确认投资损失的金额＝应承担亏损额，按应承担亏损金额，借记“投资收益”科目，贷记“长期股权投资——损益调整”科目。

(2)在投资企业存在其他实质上构成对被投资单位净投资的长期权益以及负有承担额外损失义务的情况下。当“应承担亏损额＞投资账面价值”，即存在超额亏损时，确认投资损失的金额＝应承担亏损额。在长期股权投资的账面价值减记至零以后，应当以其他实质上构成对被投资单位净投资的长期权益账面价值为限继续确认投资损失，冲减长期权益的账面价值。即按应承担亏损金额借记“投资收益”科目，按长期股权投资的账面价值转销“长期股权投资”科目，按其差额贷记“长期应收款”科目。该差额应以其他实质上构成对被投资单位净投资的长期权益账面价值为限。因投资合同或协议导致投资企业需要承担额外义务的，按照或有事项准则的规定，对符合确认条件的义务，应确认为预计负债，同时计入当期投资损失，即借记“投资收益”科目，贷记“预计负债”科目。除上述情况仍未确认的应分担被投资单位的损失，应在账外备查登记。被投资单位以后期间实现赢利的，扣除未确认的亏损分担额后，应按与上述顺序相反的顺序进行处理，减记已确认预计负债的账面余额，恢复其他长期权益及长期股权投资的账面价值，同时确认投资收益。即应当按顺序分别借记“预计负债”、“长期应收款”、“长期股权投资”科目，贷记“投资收益”科目。

四、持有期内，现金股利或利润的取得

按照权益法核算的长期股权投资，投资企业从被投资单位取得的现金股利或利润，应抵减长期股权投资的账面价值。在被投资单位宣告分派现金股利或利润时，借记“应收股利”等科目，贷记“长期股权投资——损益调整”科目。

五、被投资单位除净损益以外所有者权益的其他变动

采用权益法核算时，投资企业对于被投资单位除净损益以外所有者权益的其他变动，在持股比例不变的情况下，投资企业按照持股比例计算应享有或承担的部分，调整长期股权投资的账面价值，同时增加或减少资本公积(其他资本公积)。

六、长期股权投资减值损失的核算

投资企业应当在资产负债表日判断对合营企业或联营企业的长期股权投资是否存在可能发生减值的迹象。如果存在减值迹象，应当估计其可收回金额。若预计可收回金额低于其账面价值时，应将该长期股权投资的账面价值减记至可收回金额，减值的金额确认为减值损失，借记“资产减值损失”科目，贷记“长期股权投资减值准备”科目。减值损失一经确认，在以后期间不得转回。

七、长期股权投资的处置

处置长期股权投资时，应按实际收到的金额，借记“银行存款”等科目；按长期股权投资各有关明细账户余额，分别冲减“长期股权投资”科目；按尚未领取的现金股利或利润，贷记“应收股利”科目；按原已计提的减值准备，借记“长期股权投资减值准备”科目；按其差额，贷记或借记“投资收益”科目。同时，还应结转原记入资本公积的相关金额，借记或贷记“资本公

积——其他资本公积”科目,贷记或借记“投资收益”科目。

任务案例

【案例1】A公司于2009年7月1日支付价款400万元购入B公司20%的有表决权股份,并对B公司具有重大影响。另支付相关税费5万元。同日,B公司可辨认净资产的公允价值为2 200万元。要求作出账务处理。

解析

A公司2009年7月1日购入时的账务处理,

借:长期股权投资——成本　　4 400 000

　贷:银行存款　　4 050 000

　　营业外收入　　350 000

【案例2】承接案例1,B公司2009年实现净利润500万元,宣告发放现金股利200万元。要求作出账务处理。

解析

(1)B公司2009年实现净利润,A公司应享有的份额=5 000 000×20%=1 000 000(元)

借:长期股权投资——损益调整　　1 000 000

　贷:投资收益　　1 000 000

(2)B公司宣告发放现金股利,A公司应享有的份额=2 000 000×20%=400 000(元)

借:应收股利　　400 000

　贷:长期股权投资——损益调整　　400 000

【案例3】承【案例1】和【案例2】,2009年B公司因持有的可供出售金融资本公允价值高于其账面价值,变动金额400万元已计入资本公积。假定A企业和B企业使用的会计政策、会计期间相同,投资时有关资产的公允价值与其账面价值也相同。不考虑相关的所得税影响。要求作出账务处理。

解析

在权益法下,被投资单位除损益以外的所有者权益发生变动,投资企业也应按其享有或承担的部分,相应调整长期股权投资的账面价值。所以A公司应享有的份额=4 000 000×20%=800 000元,具体账务处理如下。

借:长期股权投资——损益调整　　800 000

　贷:资本公积——其他资本公积　　800 000

【案例4】2007年1月5日,甲公司出资800万元购入乙公司40%的股份,款项用存款支付。甲公司享有乙公司可辨认净资产公允价值数额为620万元。甲公司能够对乙公司施加重大影响。乙公司2007年赢利30万元(未进行利润分配)。2008年亏损1 200万元。为了解决乙公司生产经营资金的不足,甲公司于2009年初以长期应收款的方式向乙公司提供资金76万元,且该笔应收款无明确的偿还计划。2009年乙公司亏损950万元。要求作出账务处理。

解析

(1)2007年1月5日,甲公司购入乙公司的40%股份时,

借:长期股权投资——成本　　8 000 000

　贷:银行存款　　8 000 000

(2)乙公司2007年实现赢利时,

甲公司应享有的份额 = 300 000 × 40% = 120 000(元)

借:长期股权投资——损益调整　　120 000

　　贷:投资收益　　120 000

(3)乙公司2008年发生亏损时,

确认投资损失前,甲企业"长期股权投资"账面价值 = 8 000 000 + 120 000 = 8 120 000(元)

甲公司应分担的损失份额 = 12 000 000 × 40% = 4 800 000(元)

借:投资收益　　4 800 000

　　贷:长期股权投资——损益调整　　4 800 000

(4)乙公司2009年发生亏损时,

确认投资损失前,甲企业"长期股权投资"账面价值 = 8 120 000 − 4 800 000 = 3 320 000(元)

甲公司应分担的损失份额 = 9 500 000 × 40% = 3 800 000(元)

因为甲企业应分担的损失份额大于"长期股权投资"账面价值,所以将"长期股权投资"账户冲减至零后,还应冲减"长期应收款"账户。

借:投资收益　　3 800 000

　　长期股权投资——损益调整　　4 680 000

　　贷:长期股权投资——成本　　8 000 000

　　　　长期应收款　　480 000

【案例5】A公司于2009年1月1日购入B公司30%的股份,购买价款为2 000万元,并自取得股份之日起派人参与B公司的生产经营决策。取得投资日,B公司净资产公允价值为6 000万元,除表5-2中所列项目外,其账面其他资产、负债的公允价值与账面价值相同(单位:万元)。

表5-2　B公司2009年1月1日部分负债公允价值、账面价值一览　　单位:万元

	账面原价	已提折旧	公允价值	预计使用年限
存货	500		700	
固定资产	1 000	200	1 200	20
无形资产	600		800	10
小计	2 100	200	2 700	

假定B企业于2009年实现净利润600万元,其中在A公司取得投资时的账面存货有80%对外出售。A公司与B公司的会计年度及采用的会计政策相同。请确认A公司应享有的投资收益并编制相关账务处理(不考虑相关所得税影响)。

解析

A公司在确定其应享有的投资收益时,应在B公司实现净利润的基础上,根据取得投资时有关资产的账面价值与其公允价值差额的影响进行调整。

调整后的净利润 = 600 − (700 − 500) × 80% − (1 200 − 1 000) ÷ 20 − (800 − 600) ÷ 10

= 600 − 160 − 10 − 20 = 410(万元)

A公司应享有份额 = 410 × 30% = 123(万元)

借:长期股权投资——损益调整　　1 230 000

　　贷:投资收益　　1 230 000

任务实训

(一)单项选择题

1. 采用权益法核算长期股权投资,长期股权投资的初始投资成本大于投资成本时应享有的被投资单位可辨认净资产公允价值份额时,正确的做法是(　　)。

A. 将差额计入营业收入　　B. 将差额计入投资收益

C. 将差额计入管理费用　　D. 不调整长期股权投资的初始投资成本

2. 2009年初,A公司取得B公司40%的表决权资本,计划长期持有,且采用权益法核算。投资日,B公司行政部门使用的一项设备公允价值为20万元、账面价值为24万元,设备尚可使用4年,直线法折旧。则当年末,A公司确认该项设备对投资收益影响金额是(　　)。

A. 调增投资收益4 000元　　B. 调减投资收益4 000元

C. 调增投资收益16 000元　　D. 0

3. 2008年初,H公司购入A公司30%的股票计划长期持有。初始投资成本为165万元,采用权益法核算;投资时A公司可辨认净资产的公允价值为600万元。2008年A公司实现净利润150万元,宣告分配现金股利100万元;2009年A公司发生亏损200万元。据此计算,2009年末H公司该项长期股权投资的账面价值余额应为(　　)万元。

A. 115　　B. 120　　C. 135　　D. 210

4. 长期股权投资减值是指期末估计的可收回金额低于该项投资的期末账面价值。其中"可收回金额"是指(　　)。

A. 期末估计的该项投资的出售净价　　B. 该项投资未来预计现金流量的现值

C. A与B中较高的金额　　D. A与B中较低的金额

5. 2009年末,A公司取得B公司有表决权的股份21%,B公司因此成为A公司的(　　)。

A. 子公司　　B. 合营公司　　C. 联营公司　　D. 投资公司

(二)多项选择题

1. 企业采用权益法核算时,下列事项中将引起长期股权投资账面价值发生减变动的有(　　)。

A. 长期股权投资的初始投资成本小于投资应享有的投资单位可辨认净资产公允价值份额

B. 计提长期股权投资减值准备

C. 被投资单位资本公积发生变化

D. 获得股份有限公司股票股利

2. 在权益法下确认收益,在调整净利润时主要应考虑的事项有(　　)。

A. 固定资产折旧额　　B. 应收账款可收回额

C. 无形资产摊销额　　D. 预计负债的确认

3. 处置长期股权投资收益时,下列项目中,会影响投资收益的有(　　)。

A. 长期股权投资账面余额　　B. 长期股权投资减值准备

C. 取得的转让价款　　D. 权益法下计入所有者权益的金额

4. 企业按权益法核算时,下列事项中会引起长期股权投资账面价值变动的有(　　)。

A. 被投资单位以资本公积转增资本　　B. 被投资单位宣告分派投资前的现金股利
C. 期末计提长期股权投资减值准备　　D. 被投资单位接受资产捐赠
E. 被投资单位实现净利润

5. 权益法下,下列业务发生时不影响投资企业投资收益的有(　　)。
A. 长期股权投资在持有期间收到现金股利　B. 被投资单位发放股票股利
C. 被投资单位宣告分配现金股利　　D. 被投资单位发生净亏损
E. 转让长期股权投资时取得的实际价款与其账面价值的差额

(三)计算分析题

1. A 公司投资于 D 公司,有关投资情况如下。

(1)2008 年 1 月 1 日,A 公司支付现金 1 200 万元给 B 公司,受让 B 公司持有的 D 公司 20% 的股权(具有重大影响),采用权益法核算。假设未发生直接相关费用和税金。受让股权时 D 公司的可辨认资产公允价值为 5 000 万元。

(2)2008 年 12 月 31 日,D 公司 2008 年实现的净利润为 600 万元;本年度因某经济事项使资本公积增加 150 万元。假设不考虑其对净利润的调整。

(3)2009 年 2 月 5 日,D 公司宣告分派现金股利 200 万元;A 公司于 4 月 15 日收到。

(4)2009 年 D 公司发生亏损 2 000 万元,2009 年年末 A 公司对 D 公司的投资可收回金额为 700 万元。

(5)2010 年 1 月 28 日,A 公司经协商,将持有的 D 公司的全部股权转让给丁企业,收到股利转让款 800 万元。

要求:作出 A 公司的账务处理。

2. 甲公司发生下列与长期股权投资相关的业务。

(1)2008 年 1 月 7 日,购入乙公司有表决权的股票 100 万股,占乙公司股份的 25%,从而对乙公司具有重大影响。该股票每股买入价为 8 元,其中每股含已宣告分派但尚未领取的现金 0. 20 元;另支付购买时的相关税费 10 000 元,款项均由银行存款支付(假定乙公司 2008 年初可辨认净资产的公允价值为 3 000 万元)。

(2)2008 年 2 月 15 日,收到乙公司宣告分派的现金股利。

(3)2008 年度,乙公司实现净利润 200 万元。

(4)2009 年 1 月 6 日,乙公司宣告分派 2008 年现金股利,每股分派 0. 10 元。

(5)2009 年 2 月 15 日,收到上述现金股利。

(6)2009 年度,乙公司发生亏损 20 万元。

(7)2009 年 12 月 31 日,乙公司资本公积增加 10 万元。

(8)2010 年 1 月 5 日,甲公司出售所持有的乙公司股票 10 万股,每股售价为 10 元(假定不考虑相关税费;甲公司售出部分股票后,仍能对乙公司施加重大影响)。

假定不考虑长期投资减值因素。

要求:根据上述业务,编制甲公司相关会计分录。

项目七

固定资产的核算

项目导入

明悦机械有限公司拥有或控制的固定资产不仅种类繁多、规格复杂,而且金额巨大。2010年1月,注册会计师李翔在审计该公司2009年12月资产负债表的固定资产项目时,经进一步审计,发现该公司在固定资产核算时存在以下问题。

(1)对一精密生产设备的折旧采用年限平均法。

(2)对已过报废期仍在正常使用的运输设备继续计提折旧。

(3)对自营工程过程中领用的原材料进行了相应的进项税额转出。

(4) 2009年6月,公司以H设备遭受自然毁损为由对其进行清理,该设备原价280万元,已计提折旧104万元。但事实上,该设备至2009年末仍在继续使用,所谓的自然毁损并不影响其正常使用。

你认为明悦机械有限公司出于何种目的而作出上述处理?如果你是注册会计师,就上述问题,该公司应如何进行调整?

项目目标

(1)掌握固定资产的初始计量。

(2)掌握固定资产折旧的计提范围、计提方法及账务处理。

(3)掌握固定资产的处置和清查的核算。

(4)熟悉固定资产减值的核算。

(5)能够熟练运用固定资产折旧的计提方法和账务处理。

(6)能够对固定资产进行初始计量和后续计量。

任务一　固定资产的初始计量

任务认知

根据《企业会计准则第4号——固定资产》的规定,固定资产是指同时具有下列特征的有形资产:①为生产商品、提供劳务、出租或经营管理而持有的;②使用寿命超过一个会计年度,其中使用寿命是指企业使用固定资产的预计期间,或者该固定资产所能生产产品或提供劳务的数量,使用寿命一般可以用使用年限和使用期内所能生产的产品或提供劳务的数量表示;③

固定资产为有形资产。

固定资产的初始计量是指固定资产初始成本的确定。固定资产应当按照成本进行初始计量,具体对成本计量时又要求按照以不同方式取得固定资产时所发生的实际成本计量。企业固定资产的取得方式主要有外购固定资产、自行建造、投资者投入、融资租入以及其他方式取得的固定资产。

一、外购的固定资产

外购的固定资产成本包括购买价款、相关税费(除增值税外)、使固定资产达到预定可使用状态前所发生的可归属该项资产的运输费、装卸费、安装费和专业人员服务费等。

(一)外购不需要安装的固定资产

外购不需要安装的固定资产,其相关的支出直接计入固定资产成本。借记“固定资产”等账户,贷记“银行存款”等账户。

(二)外购需要安装的固定资产

外购需要安装的固定资产,不可以直接投入生产经营,要经过安装才可以交付使用。企业外购的固定资产的成本和以后发生的安装费先通过“在建工程”账户归集,安装完工后再转入“固定资产”账户。

(三)外购多项没有单独标价的固定资产

一笔款项购入多项没有单独标价的固定资产,应当按照各项固定资产公允价值比例对总成本进行分配,分别确定各项固定资产的成本。

二、自行建造的固定资产

自行建造的固定资产成本由建造该项固定资产达到预定可使用状态前所发生的必要支出构成,包括工程用物资成本、人工成本、交纳的相关税费、应予资本化的借款费用以及应分摊的间接费用。企业自行建造固定资产可采用两种方式,即自营在建工程和出包在建工程。

(一)自营在建工程

企业自营在建工程主要通过“工程物资”和“在建工程”账户进行核算。“工程物资”账户主要核算企业为在建工程准备的各种物资的成本,包括工程用材料、尚未安装的设备以及为生产准备的工器具等,本账户可按“专用材料”、“专用设备”、“工器具”等进行明细核算。“在建工程”账户主要核算企业基建、更新改造等在建工程发生的支出,本账户可按“建筑工程”、“安装工程”、“在安装设备”等进行明细核算。

(二)出包在建工程

企业采用出包方式进行自建固定资产工程,其工程的具体支出在承包单位核算。企业“在建工程”科目主要核算企业与建造承包商办理工程价款的结算,企业应按合理估计的出包工程进度和合同规定结算进度款,借记“在建工程”,贷记“银行存款”、“预付账款”等科目。

三、投资者投入的固定资产

投资者投入固定资产的成本应当按照投资合同或协议约定的价值确定,但投资合同或协议约定的价值不公允的除外。

四、存在弃置义务的固定资产

弃置费用通常是根据国家法律和行政法规、国际公约等规定,企业承担的环境保护和生态恢复等义务所确定的支出,如核电站设施等的弃置和恢复义务等。

在取得存在弃置义务的固定资产时，其成本的确定还应当包括弃置费用，即固定资产的成本加上预计弃置费用的现值。

通过非货币资产交换、债务重组等方式取得固定资产，参照《新编财务会计 II》中"非货币资产交换"和"债务重组"等相关章节。

任务案例

【案例 1】甲公司购入不需安装的生产设备一台，买价 30 000 元，增值税 5 100 元，并支付运输费、包装费和专业人员服务费等 2 000 元，全部款项以银行存款支付。要求编制会计分录。

解析

借：固定资产	30 000
应交税费——应交增值税（进项税额）	5 100
贷：银行存款	35 100

【案例 2】三明公司购入需要安装的生产设备一台，买价 50 000 元，增值税 8 500 元，包装费、运输费 1 000 元，安装费 6 000 元，所有款项以银行存款支付。要求作出账务处理。

解析

（1）以银行存款支付时，

借：在建工程	57 000
应交税费——应交增值税（进项税额）	8 500
贷：银行存款	65 500

（2）设备安装完毕交付使用时，

借：固定资产	57 000
贷：在建工程	57 000

【案例 3】三明公司于 2010 年 1 月 1 日一次购入三套不同型号且具有不同生产能力的设备 A、B、C，三明公司为该批设备共支付货款 800 万元，增值税额 136 万元，包装费 5 万元，全部以银行存款支付。假定设备 A、B、C 分别符合固定资产的定义及确认条件，其公允价值分别为 350 万元、400 万元、250 万元。三明公司应编制如下会计分录。

解析

（1）确定固定资产的总成本时，

固定资产的总成本 $=800+5=805$（万元）

（2）确定 A、B、C 设备各自的入账价值，

设备 A 入账价值 $=805\times350\div(350+400+250)=281.75$（万元）

设备 B 入账价值 $=805\times400\div(350+400+250)=322$（万元）

设备 C 入账价值 $=805\times250\div(350+400+250)=201.25$（万元）

（3）编制会计分录，

借：固定资产——A	2 817 500
——B	3 220 000
——C	2 102 500
应交税费——应交增值税（进项税额）	1 360 000
贷：银行存款	9 410 000

【案例4】2010年2月,PMF公司准备自行建造一条生产线,为此购入工程物资一批,增值税专用发票上注明的价款为200 000元,增值税额为34 000元,款项以银行存款支付,物资全部投入工程建设。工程领用生产用原材料一批,成本为30 000元。领用本企业生产的水泥一批,实际成本80 000元,税务部门确定的计税价格为100 000元,增值税率为17%。另外,在建造过程中,应付工程人员工资50 000元,辅助生产车间为工程提供劳务20 000元;3月末,工程达到预定可使用状态。PMF公司应编制如下会计分录。

解析

(1)购入工程物资时,

借:工程物资 200 000

　　应交税费——应交增值税(进项税额) 34 000

　　贷:银行存款 234 000

(2)领用工程物资时,

借:在建工程 200 000

　　贷:工程物资 200 000

(3)领用生产用材料时,

借:在建工程 30 000

　　贷:原材料 30 000

(4)领用本企业生产的水泥时,

借:在建工程 97 000

　　贷:库存商品 80 000

　　　　应交税费——应交增值税(销项税额) 17 000

(5)计提应付工程人员工资时,

借:在建工程 50 000

　　贷:应付职工薪酬 50 000

(6)辅助生产车间为工程提供劳务时,

借:在建工程 20 000

　　贷:生产成本——辅助生产成本 20 000

(7)工程达到预定可使用状态时,

借:固定资产 397 000

　　贷:在建工程 397 000

【案例5】甲公司建造一栋楼房,出包给某建筑企业,工程总造价1 600 000元。要求进行账务处理。

(1)根据出包合同,预付工程总造价的60%,其余价款工程完工验收合格后付清,

解析

借:预付账款 960 000

　　贷:银行存款 960 000

(2)工程完工,办理工程价款结算,

解析

借:在建工程　　　　1 600 000

　贷:银行存款　　　　640 000

　　预付账款　　　　960 000

(3)工程验收合格交付使用,结转在建工程成本,

解析

借:固定资产　　　　1 600 000

　贷:在建工程　　　　1 600 000

【案例6】甲公司购入某项含有放射性元素的仪器,支付价款8 000 000元,预计使用寿命为10年,根据生产情况,预计仪器使用期满报废时发生的特殊处置费为100 000元,假设折现率(即为实际利率)为10%。要求作出账务处理。

解析

弃置费用的现值=100 000×(P/F,10%,10)=100 000×0.3855=38 550(元)

固定资产入账价值=8 000 000+38 550=8 038 550(元)

借:固定资产　　　　8 038 550

　贷:银行存款　　　　8 000 000

　　预计负债　　　　38 550

任务实训

(一)单项选择题

1.企业购入的生产设备达到预定可使用状态前,其发生的专业人员服务费用应计入(　　)。

A.固定资产　　B.制造费用　　C.在建工程　　D.工程物资

2.公司购入设备一台,实际支付价款5 000元,支付运杂费500元,安装费1 000元,则该设备入账价值为(　　)元。

A.5 000　　B.5 500　　C.6 500　　D.6 000

3.企业购入需要安装的固定资产,不论采用何种安装方式,固定资产的全部安装工程成本(包括固定资产买价以及包装运杂费和包装费)的核算账户为(　　)。

A.固定资产　　B.在建工程　　C.工程物资　　D.长期投资

4.企业管理部门购入小汽车一辆,专用发票中注明货款300 000元,增值税51 000元,款项已付。此项业务正确的会计分录为(　　)。

A.借:库存商品　　　　300 000

　　应交税费——应交增值税(进项税额)　　51 000

　　贷:银行存款　　　　351 000

B.借:固定资产　　　　300 000

　　应交税费——应交增值税(进项税额)　　51 000

　　贷:银行存款　　　　351 000

C.借:在建工程　　　　300 000

　　应交税费——应交增值税(进项税额)　　51 000

贷:银行存款 351 000

D. 借:固定资产 351 000

贷:银行存款 351 000

(二)多项选择题

1. 外购固定资产,其入账价值包括(　　)。

A. 支付的安装费　　B. 支付的专业人员服务费

C. 领用本企业产品交纳的资源税　　D. 支付购买设备的价款

2. 自行建造的固定资产入账价值包括(　　)。

A. 工程人员的工资

B. 工程项目耗用的工程物资

C. 生产车间为工程提供的水、电等费用

D. 行政管理部门为组织和管理生产经营活动而发生的费用

3. 企业固定资产增加的来源渠道有(　　)。

A. 外购的固定资产　　B. 自行建造的固定资产

C. 投资转入的固定资产　　D. 接受捐赠的固定资产

E. 经营性租入的固定资产以及盘盈的固定资产

(三)判断题

1. 企业"固定资产"账户核算的固定资产均属于本企业的固定资产。(　　)

2. 购买固定资产所产生的增值税不能抵扣。(　　)

3. 企业接受其他单位的固定资产投资时,固定资产按投资合同或协议约定的价值入账。(　　)

(四)计算分析题

2010年2月,HL公司准备自行建造厂房一幢。为此,购入工程物资一批,增值税专用发票上注明的价款为500 000元,增值税额为85 000元。款项以银行存款支付,物资全部投入工程建设。工程领用生产用原材料一批,成本为30 000元。领用本企业生产的钢材一批,实际成本240 000元。税务部门确定的计税价格为300 000元,增值税率为17%。另外,在建造过程中,应付工程人员工资150 000元。3月末,工程达到预定可使用状态。

要求:HL公司编制会计分录。

任务二　固定资产的后续计量

任务认知

一、固定资产折旧

(一)固定资产折旧及相关概念

固定资产折旧是指在固定资产使用寿命内,按照确定的方法对应计折旧额进行系统分摊。

应计折旧额是指应当计提折旧的固定资产的原价扣除其预计净残值后的金额。对于已计提减值准备的固定资产,还应当扣除已计提的固定资产减值准备累计金额。

预计净残值是指假定固定资产预计使用寿命已满并处于使用寿命终了时的预期状态,企

业目前从该项固定资产处置中获得的扣除预计处置费用后的金额。

企业应当根据固定资产的性质和使用情况，合理确定固定资产的使用寿命和预计净残值。固定资产的使用寿命、预计净残值一经确定，不得随意变更，但符合规定的除外。

企业确定固定资产使用寿命，应当考虑的因素：①预计生产能力或实物产量；②预计有形损耗和无形损耗；③法律或者类似规定对资产使用的限制。

（二）固定资产折旧的范围和核算要求

根据《企业会计准则——固定资产》中的规定，除以下情况外，企业应对固定资产计提折旧：①已提足折旧仍继续使用的固定资产；②按规定单独作价作为固定资产入账的土地。

企业应当按月计提折旧，当月增加的固定资产，当月不计提折旧，从下月起计提折旧；当月减少的固定资产，当月仍计提折旧，从下月起不计提折旧。

固定资产提足折旧后，不论能否继续使用，均不再计提折旧；提前报废的固定资产，也不再补提折旧。提足折旧是指已经提足该项固定资产的应计折旧额。

已达到预定可使用状态的固定资产但尚未办理竣工结算的，应当按照估计价值确定其成本，并计提折旧；待办理竣工结算后，再按照实际成本调整原来的暂估价值，但不需要调整已计提的折旧额。

（三）固定资产折旧的计算方法

企业应当根据与固定资产有关的经济利益的预期实现方式，合理选择固定资产折旧方法。可选用的折旧方法包括年限平均法、工作量法、年数总和法和双倍余额递减法等。固定资产折旧方法一经确定，不得随意变更，但符合规定的除外。

1. 年限平均法

年限平均法又称直线法或平均法，是指将固定资产的折旧按照预计使用寿命平均分摊到各期的一种方法。其计算公式如下：

年折旧额 =（固定资产原值 - 预计净残值）÷ 预计使用年限

月折旧额 = 年折旧额 ÷ 12

在实际核算中，通常以折旧率计算固定资产的折旧额，其计算公式如下：

年折旧率 =（1 - 预计净残值率）÷ 预计使用年限 × 100%

月折旧率 = 年折旧率 ÷ 12

月折旧额 = 固定资产原值 × 月折旧率

上述公式中，预计净残值率是指预计净残值与原值的比率。

2. 工作量法

工作量法是指按照固定资产在整个使用期间预计可完成的总工作量计提折旧额的方法。其计算公式如下：

每一工作量折旧额 = 固定资产原值 ×（1 - 预计净残值率）÷ 预计总工作量

月折旧额 = 该固定资产当月工作量 × 每一工作量折旧额

3. 年数总和法

年数总和法是一种加速折旧法，是将固定资产的原值减去预计净残值后的净额乘以一个逐年递减的分数计算每年折旧额，该分数的分子代表固定资产尚可使用的年数，分母代表使用年数的逐年数字总和。其计算公式如下：

年折旧率 = 尚可使用年限 ÷ 预计使用年限的年数总和 × 100%

月折旧率 = 年折旧率 ÷ 12

月折旧额 = 固定资产原值 ×（1 − 预计净残值率）× 月折旧率

4. 双倍余额递减法

双倍余额递减法是一种加速折旧法，是在不考虑固定资产预计净残值的情况下，根据每期固定资产账面净值和双倍的平均法折旧率计算固定资产折旧的一种方法。其计算公式如下：

年折旧率 =（2 ÷ 预计使用年限）× 100%

月折旧率 = 年折旧率 ÷ 12

月折旧额 = 固定资产账面净值 × 月折旧率

双倍余额递减法不考虑固定资产的预计净残值。使用这种方法计算时，注意要使固定资产的账面折余价值等于固定资产的预计净残值，即在固定资产折旧年限到期的前两年内，将固定资产净值扣除预计净残值后的余额平均计算。

采用加速折旧法，在固定资产使用的早期多提折旧，后期少提折旧。加快折旧速度，目的是使固定资产成本在预计使用年限内加快得到补偿。

（四）固定资产折旧的账务处理

企业按月计提的固定资产折旧，应根据用途计入相关资产的成本或者当期损益，即借记“制造费用”、“在建工程”、“管理费用”、“销售费用”、“其他业务成本”等账户，同时计入“累计折旧”账户贷方。

（五）固定资产折旧的复核

企业至少应当于每年年度终了时，对固定资产的使用寿命、预计净残值和折旧方法进行复核。

当使用寿命预计数与原先估计数有差异时，应当调整固定资产使用寿命。

当预计净残值预计数与原先估计数有差异时，应当调整预计净残值。

当与固定资产有关的经济利益预期实现方式有重大改变时，应当改变固定资产的折旧方法。

固定资产使用寿命、预计净残值和折旧方法的改变应当作为会计估计变更，本书不作介绍。

二、固定资产的后续支出

固定资产后续支出是指固定资产在使用过程中发生的更新改造支出及修理费用等。

对于固定资产的更新改造等后续支出，满足固定资产确认条件的应当计入固定资产成本，如有被替换的部分，应扣除其账面价值；不满足固定资产确认条件的固定资产修理费用应当在发生时计入当期损益。

三、经营租入固定资产改良

对于企业经营租赁方式租入的固定资产发生的改良支出，应予以资本化，作为长期待摊费用，合理进行摊销。

任务案例

【案例1】甲公司一楼房，原值120 000元，预计净残值率为2%，预计使用年限为4年。要求进行账务处理。

解析

年折旧额 = 120 000 ×（1 - 2%）÷ 4 = 29 400（元）

月折旧额 = 29 400 ÷ 12 = 2 450（元）

【案例2】甲公司一辆运输卡车，原值40 000元，预计净残值率5%，预计总工作量50万公里，当月完成工作量4 000公里。要求作出账务处理。

解析

每一工作量折旧额 = 40 000 ×（1 - 5%）÷ 500 000 = 0.076（元/公里）

本月折旧额 = 4 000 × 0.076 = 304（元）

【案例3】承【案例1】，采用年数总和法计算该楼房各年折旧额。

解析

第一年折旧率 = 4 ÷（1 + 2 + 3 + 4）× 100% = 40%

折旧额 = 120 000 ×（1 - 2%）× 40% = 47 040（元）

第二年折旧率 = 3 ÷（1 + 2 + 3 + 4）× 100% = 30%

折旧额 = 120 000 ×（1 - 2%）× 30% = 35 280（元）

第三年折旧率 = 2 ÷（1 + 2 + 3 + 4）× 100% = 20%

折旧额 = 120 000 ×（1 - 2%）× 20% = 23 520（元）

第四年折旧率 = 1 ÷（1 + 2 + 3 + 4）× 100% = 10%

折旧额 = 120 000 ×（1 - 2%）× 10% = 11 760（元）

【案例4】承【案例1】，采用双倍余额递减法计算该楼房各年折旧额。

解析

年折旧率 = 2 ÷ 4 × 100% = 50%

预计净残值 = 120 000 × 2% = 2 400（元）

第一年折旧额 = 120 000 × 50% = 60 000（元）

第二年折旧额 =（120 000 - 60 000）× 50% = 30 000（元）

最后两年采用直线法计算折旧：

第三、四年折旧额 =（120 000 - 60 000 - 30 000 - 2 400）÷ 2 = 13800（元）

【案例5】甲公司按规定计提本月固定资产折旧，生产部门固定资产折旧20 000元，管理部门固定资产折旧3 000元，专设销售部门固定资产折旧700元，经营性出租固定资产折旧5 000元。要求编制会计分录。

解析

借：制造费用	20 000
管理费用	3 000
销售费用	700
其他业务成本	5 000
贷：累计折旧	28 700

【案例6】甲公司现有一辆运输车，2009年4月花费日常修理费用600元，2009年12月，为增加运载能力，使其载重能力由4吨增加到5吨，支出20 000元改造费用。要求作出账务处理。

解析

4 月的支出属于日常维修费用，是为了维护车辆正常运输能力，应计入当期损益。

借：管理费用　　600

　贷：库存现金　　600

12 月的支出增强了车辆的载重能力，提高了该资产获取经济利益的能力，应当资本化，计入固定资产的价值。

借：固定资产　　20 000

　贷：银行存款　　20 000

【案例 7】企业 2009 年 3 月对某生产线进行改造，该生产线原价 1 800 万元，已提折旧 500 万元，2008 年 12 月 31 日已提减值准备 100 万元。在改造过程中，领用工程物资 155 万元，发生人工费用 50 万元，耗用其他费用 60 万元(以银行存款支付)。在试运行中取得净收入 15 万元。2010 年 3 月改造完工投入使用，改造后的生产线可使其产品产量得到实质性提高，该改造支出应予以资本化。要求作出账务处理。

解析

(1)2009 年 3 月转入改造，将资本化的固定资产后续支出应当终止确认，被替换部分的账面价值，视同处置将账面价值结转。

借：在建工程　　12 000 000

　　累计折旧　　5 000 000

　　固定资产减值准备　　1 000 000

　贷：固定资产　　18 000 000

(2)发生的改造支出，在实际发生时，

借：在建工程　　2 650 000

　贷：工程物资　　1 550 000

　　　应付职工薪酬　　500 000

　　　银行存款　　600 000

(3)取得试运行净收入，应冲减工程成本。

借：银行存款　　150 000

　贷：在建工程　　150 000

(4)完工结转，将更新改造后的固定资产重新入账。

借：固定资产　　14 500 000

　贷：在建工程　　14 500 000

任务实训

(一)单项选择题

1. 企业采用经营租赁方式租出一台设备，该设备计提的折旧费应计入(　　)。

A. 生产成本　　B. 制造费用　　C. 管理费用　　D. 其他业务成本

2. 企业 2009 年 6 月 22 日一生产线投入使用，该生产线成本 740 万元，预计使用 5 年，预计净残值 20 万元，在采用年数总和法计提折旧的情况下，2009 年该设备应计提的折旧为(　　)万元。

A. 240　　B. 140　　C. 120　　D. 148

3. 下列固定资产应当月计提折旧的有(　　)。

A. 以经营租赁方式租出的汽车　　B. 当月购入并投入使用的机器

C. 已提足折旧的厂房　　D. 单独计价入账的土地

4. 企业经营租入固定资产改良过程中发生的支出应计入(　　)。

A. 固定资产清理　　B. 在建工程　　C. 营业外收入　　D. 长期待摊费用

5. 某项固定资产的原值为 10 000 元,预计净残值 1 000 元,预计使用年限为 5 年,在年数总和法下第二年的折旧额为(　　)元。

A. 2 000　　B. 2 400　　C. 1 800　　D. 1 600

6. 计提固定资产折旧时,可以先不考虑固定资产残值的方法是(　　)。

A. 平均年限法　　B. 工作量法　　C. 双倍余额递减法　　D. 年数总和法

7. 采用平均年限法计算固定资产折旧的四个因素中,可直接使用实际发生数而不需采用预计数的是(　　)。

A. 固定资产原值　　B. 固定资产使用年限　　C. 固定资产残值收入　　D. 固定资产清理费用

8. 下列固定资产中不应计提折旧的是(　　)。

A. 非生产经营用固定资产　　B. 单独计价入账的土地

C. 不需用固定资产　　D. 融资租入固定资产

9. 固定资产原价减去累计折旧和减值准备后的金额称为(　　)。

A. 固定资产净值　　B. 固定资产净额(账面价值)

C. 固定资产账面余额　　D. 固定资产现值

(二)多项选择题

1. 下列各类机器设备,应计提折旧的有(　　)。

A. 正在运转的机器设备　　B. 经营租赁租出的机器设备

C. 季节性停用的机器设备　　D. 已提足折旧继续使用的机器设备

2. 下列方法中属于加速折旧的有(　　)。

A. 工作量法　　B. 平均法

C. 年数总和法　　D. 双倍余额递减法

3. 企业分期计算提取折旧时,应考虑的因素有(　　)。

A. 固定资产原值　　B. 固定资产应计提折旧总额

C. 固定资产预计使用年限　　D. 固定资产预计工作总量

E. 固定资产折余价值

4. 下列固定资产中应计提折旧的有(　　)。

A. 房屋及建筑物　　B. 未提足折旧提前报废的固定资产

C. 专用的机器设备　　D. 接受投资转入的固定资产

E. 以经营方式租入的固定资产

5. 下列固定资产中不计提折旧的有(　　)。

A. 未使用和不需要用的房屋及建筑物　　B. 季节性停用的机器设备

C. 大修理停用的机器设备　　D. 单独计价入账的土地

E. 已提足折旧仍继续使用的机器设备

(三)判断题

1. 当月增加的固定资产,从当月开始计提折旧;当月减少的固定资产,当月不再计提折旧。( )

2. 固定资产账面价值是固定资产成本扣减累计折旧后的金额。( )

3. 固定资产计提折旧的方法可根据其给企业间接带来经济利益的多少而随意变更。( )

(四)计算分析题

1. 三水公司2010年3月12日购入一台需要安装的生产设备。

(1)增值税专用发票上注明价款80 000元,增值税款13 600元,发生运杂费2 860元,全部款项以银行存款支付。

(2)在安装过程中,领用原材料2 000元,材料购进时的增值税进项税额340元。

(3)结算安装工人工资3 200元。

(4)该设备当月安装完毕,交付使用。该设备预计净残值2 000元,预计使用6年。

要求:计算该设备的入账价值,并编制相关会计分录;分别采用平均年限法、年数总和法、双倍余额递减法计算该设备各年折旧额。

任务三　处置固定资产的核算

任务认知

固定资产处置的确认和计量实质上是指对固定资产终止的确认和计量。

一、固定资产终止确认的条件

固定资产满足下列条件之一的,应当予以终止确认。

(1)该固定资产处于处置状态。固定资产处置包括固定资产的出售、转让、报废或毁损、对外投资、非货币性交换、债务重组等。处于处置状态的固定资产不再用于生产商品、提供劳务、出租或经营管理,因此不再符合固定资产的定义,应予终止确认。

(2)该固定资产预期通过使用或处置不能产生经济利益。固定资产的确认条件之一是"与该固定资产有关的经济利益很可能流入企业",如果一项固定资产预期通过使用或处置不能产生经济利益,就不再符合固定资产的定义和确认条件,应予终止确认。

二、固定资产处置的计量

企业出售、转让、报废固定资产和发生固定资产毁损,应当将处置收入扣除账面价值和相关税费后的金额计入当期损益。固定资产账面价值是固定资产成本扣减累计折旧和累计减值准备后的金额。

固定资产的处置,一般通过"固定资产清理"账户核算。在"固定资产清理"账户中,借方登记转入处置固定资产账面价值、处置过程中发生的费用和相关税金;贷方登记收回处置固定资产的价款、残料、变价收入和应由保险公司赔偿的损失。本账户期末借方余额反映尚未清理完毕的固定资产清理净损失;贷方余额,反映尚未清理完毕的固定资产清理净收益。清理完毕后,该账产无余额。

固定资产的盘亏造成的损失,应当计入当期损益。

固定资产的盘盈,应作为前期差错计入“以前年度损益调整”账户。

三、固定资产减值的迹象

固定资产减值是指固定资产的可收回金额低于其账面价值。

企业在资产负债表日,应当判断固定资产是否存在可能发生减值的迹象。如果固定资产存在减值迹象,应当进行减值测试,估计固定资产的可收回金额。可收回金额低于账面价值的,应当按照可收回金额低于账面价值的金额计提减值准备。

固定资产减值迹象是固定资产是否需要进行减值测试的必要前提。固定资产可能发生减值的迹象主要从外部信息来源和内部信息来源两方面加以判断。

从企业外部信息来源看,以下情况均属于固定资产可能发生减值的迹象,企业应该据此估计固定资产的可收回金额,决定是否需要确认减值损失。

(1)如果出现了固定资产的市价在当期大幅度下降,其跌价幅度高于因时间的推移或者正常使用而预计的下跌。

(2)如果企业经营所处的经济、技术或者法律等环境以及固定资产所处的市场在当期或者将在近期发生重大变化,从而对企业产生不利影响。

(3)如果市场利率或者其他市场投资报酬率在当期已经提高,从而影响企业计算固定资产预计未来现金流量现值的折现率,导致固定资产可收回金额大幅度降低等。

从企业内部信息来源看,以下情况均属于固定资产可能发生减值的迹象,企业应该据此估计固定资产可收回金额,决定是否需要确认减值损失。

(1)如果企业有证据表明固定资产已经陈旧过时或者计划实体已经损坏。

(2)如果固定资产已经或者将被闲置、终止使用或者计划提前处置。

(3)如果企业内部报告的证据表明固定资产的经济绩效已经低于或者将低于预期,比如固定资产所创造的净现金流量或者实现的营业利润远远低于原来的预算或者预计金额等。

四、固定资产减值的核算

固定资产可收回金额低于账面价值时,应当将固定资产的账面价值减记至可收回金额,减记的金额确认为固定资产减值损失,计入当期损益,同时计提相应的资产减值准备。因此,固定资产减值损失的确定应当在取得固定资产可收回金额后,根据可收回金额和账面价值相比较后获得。

固定资产减值损失一经确认,在以后期间不得转回。但是,遇到固定资产处置、出售、对外投资等情况,又同时符合固定资产终止确认条件的,企业应当将固定资产减值准备予以转销。

企业当期确认的固定资产减值损失反映在利润表中,减少当期利润;计提的固定资产减值准备作为资产的备抵项目反映在资产负债表中,减少期末资产,从而可以夯实企业资产价值。

企业设置“资产减值损失”账户,以核算计提固定资产减值准备所形成的损失。

固定资产计提减值准备后,固定资产账面价值将根据计提的减值准备相应抵减。在未来期间计提折旧时,应当以新的固定资产账面价值为基础计提每期折旧。

🕮 任务案例

【案例1】甲公司出售的一台生产设备,取得价款25.74万元(含税),已收存银行。开出的

增值税专用发票注明的价款为 22 万元，增值税税额为 3.74 万元。该设备原价 100 万元，已提折旧 80 万元。出售中发生相关费用 1 万元，已用银行存款支付。要求作出账务处理。

解析

(1)固定资产转入清理，

借:固定资产清理　　200 000

　累计折旧　　800 000

　贷:固定资产　　1 000 000

(2)反映清理费用，

借:固定资产清理　　10 000

　贷:银行存款　　10 000

(3)反映清理收入，

借:银行存款　　257 400

　贷:固定资产清理　　220 000

　　应交税费——应交增值税(销项税额)　　37 400

(4)结转清理的净损益，

借:固定资产清理　　10 000

　贷:营业外收入——处置固定资产净收益　　10 000

【案例 2】甲公司出售一设备，原值 300 000 元，已提折旧 20 000 元，支付清理费用 1 000 元，出售价款 290 000 元，所有款项均以银行存款支付。要求作出账务处理。

解析

(1)固定资产转入清理，

借:固定资产清理　　280 000

　累计折旧　　20 000

　贷:固定资产　　300 000

(2)支付清理费用，

借:固定资产清理　　1 000

　贷:银行存款　　1 000

(3)出售收入，

借:银行存款　　290 000

　贷:固定资产清理　　290 000

(4)结转清理收益，

借:固定资产清理　　9 000

　贷:营业外收入——处置固定资产净收益　　9 000

【案例 3】甲公司出售一栋厂房，原值 450 000 元，已提折旧 100 000 元，收到价款 280 000 元存入银行。以银行存款支付清理费用 10 000 元，残料列作原材料 6 000 元。已知营业税率为 5%。要求作出账务处理。

解析

(1)固定资产转入清理，

借:固定资产清理　　50 000

累计折旧　400 000
　　贷:固定资产　450 000
(2)出售收入,
借:银行存款　280 000
　　贷:固定资产清理　280 000
(3)已交营业税,
借:固定资产清理　14 000
　　贷:应交税费——应交营业税　14 000
(4)支付清理费用,
借:固定资产清理　10 000
　　贷:银行存款　10 000
(5)残料列作原材料入库,
借:原材料　6 000
　　贷:固定资产清理　6 000
(6)结转清理损失,
借:营业外支出——处置固定资产净损失　54 000
　　贷:固定资产清理　54 000

【案例4】甲公司因自然灾害毁损一设备,原值400 000元,已提折旧380 000元,经批准报废。在清理过程中,以银行存款支付清理费用10 000元,拆除的残料20 000元列作原材料,另一部分变卖收入2 000元。要求作出账务处理。

解析

(1)固定资产转入清理,
借:固定资产清理　20 000
　　累计折旧　380 000
　　贷:固定资产　400 000
(2)支付清理费用,
借:固定资产清理　10 000
　　贷:银行存款　10 000
(3)出售收入和材料入库,
借:银行存款　2 000
　　原材料　20 000
　　贷:固定资产清理　22 000
(4)结转清理损失,
借:营业外支出——非常损失　8 000
　　贷:固定资产清理　8 000

【案例5】甲公司对固定资产清查,发现盘亏设备一台,原值9 800元,已提折旧400元。经批准,该盘亏设备作营业外支出处理。要求编制会计分录。

解析

借:待处理财产损益——待处理固定资产损益　9 400

累计折旧　　　　400

　　贷:固定资产　　　　9 800

借:营业外支出——固定资产盘亏　　　　9 400

　　贷:待处理财产损益——待处理固定资产损益　　　　9 400

【案例6】在年末甲公司根据减值测试结果,确定本年初取得的一项固定资产可收回金额为1 000万元,其账面价值为1 600万元。要求编制会计分录。

解析

该固定资产可收回金额低于其账面价值600万元。账务处理如下。

借:资产减值损失——固定资产减值损失　　　　6 000 000

　　贷:固定资产减值准备　　　　6 000 000

任务实训

(一)单项选择题

1. 企业对账面原值为15万元的固定资产进行清理,累计折旧为10万元,已计提减值准备1万元,清理时发生清理费用0.5万元,清理收入6万元,营业税税率为5%,该固定资产的清理净收入为(　　)万元。

A. 5.5　　B. 6　　C. 1.2　　D. 1.5

2. 固定资产报废清理后发生的净损失,应计入(　　)。

A. 投资收益　　B. 管理费用　　C. 营业外支出　　D. 其他业务成本

3. 固定资产原价减去累计折旧和减值准备后的金额称为(　　)。

A. 固定资产净值　　B. 固定资产净额(账面价值)

C. 固定资产账面余额　　D. 固定资产现值

4. 企业的固定资产应当在期末时按照(　　)计量。

A. 固定资产账面价值与净值孰低　　B. 固定资产账面价值与账面余额孰低

C. 固定资产账面价值与可收回金额孰低　　D. 固定资产账面价值与公允价值孰低

(二)多项选择题

1. 下列各项中,会引起固定资产账面价值发生变化的有(　　)。

A. 计提固定资产减值准备　　B. 计提固定资产折旧

C. 固定资产费用化的后续支出　　D. 固定资产资本化的后续支出

2. 确定固定资产处置损益时,应考虑的因素有(　　)。

A. 累计折旧　　B. 营业税　　C. 增值税　　D. 固定资产减值准备

3. 通过"固定资产清理"科目核算的固定资产业务有(　　)。

A. 固定资产报废　　B. 固定资产出售　　C. 固定资产毁损　　D. 固定资产盘亏

4. 处理固定资产盘盈、盘亏的正确做法是(　　)。

A. 企业在财产清查中发现的盘亏的固定资产,通过"待处理财产损益——待处理固定资产损益"科目核算

B. 盘亏造成的损失通过"营业外支出——盘亏损失"科目核算

C. 企业在财产清查中盘亏的固定资产通过"营业外收入——盘盈收益"科目核算

D. 企业在财产清查中盘盈和盘亏的固定资产均通过"待处理财产损益——待处理固定资

产损益”科目核算

E. 企业在财产清查中发现的盘盈的固定资产通过“以前年度损益调整”科目核算

(三)判断题

1. 盘盈固定资产的净收益应计入营业外收入,而盘亏固定资产的净损失应计入营业外支出。( )

2. 企业发生固定资产盘亏、盘盈时,应通过“固定资产清理”账户核算。( )

3. 固定资产账面价值是固定资产成本扣减累计折旧再扣除减值准备后的金额( )。

(四)计算分析题

1. 明远公司2010年3月出售一生产设备,该设备原值580 000元,已提折旧120 000元,已提减值准备30 000元。出售时,以银行存款支付清理费用3 000元。出售该设备收入450 000元,已存银行。营业税税率为5%。

要求:根据以上业务编制会计分录。

2. 明一公司2010年1月因发生火灾,毁损一栋房产,该房产原值300 000元,已提折旧80 000元。火灾后,应由保险公司赔款90 000元。房产毁损残料变卖收入3 200元已存银行。

要求:根据以上业务编制会计分录。

项目八

投资性房地产的核算

项目导入

明悦机械有限公司从其他单位购入一块土地的使用权,并在该地上自行建造了两栋厂房和一栋宿舍楼。今天,三栋建筑物已完工并交付使用。其中,两栋厂房,一栋自己公司使用,一栋出租给兴华公司(已签好租赁合同,合同中约定厂房于完工时起租)。所建的宿舍楼是出租给员工住,收取相应的租金。负责长期投资的会计员程强认为这自用的厂房应作为公司的固定资产核算,从下月起计提折旧;而出租给员工住的宿舍楼和出租给兴华公司的厂房应作为公司的投资性房地产核算,从出租之日起计提折旧。而负责固定资产管理的会计员李一认为公司自用的厂房和宿舍楼应作为固定资产核算,从下月起计提折旧;出租给兴华公司的厂房应作为公司的投资性房地产核算,也是从下月起计提折旧。两人争论不休,究竟谁的说法是正确的呢?

项目目标

(1)掌握投资性房地产的含义、特征及范围。
(2)掌握投资性房地产的初始计量。
(3)掌握成本模式计量的核算程序。
(4)掌握公允价值模式计量的条件及核算程序。
(5)能够采用成本模式对投资性房地产进行计量与核算。
(6)能够采用公允价值模式对投资性房地产进行计量与核算。

任务一　投资性房地产的范围及计量模式

任务认知

一、投资性房地产概念及特征

随着我国社会主义市场经济的发展和完善,房地产市场日益活跃。企业持有的房地产除了用作自身管理、生产经营活动场所和对外销售之外,出现了将房地产用于赚取租金或增值收益的活动,甚至是个别企业的主营业务。所谓房地产,是土地和房屋及其权属的总称。在我国,土地归国家或集体所有,企业只能取得土地使用权。因此,房地产中的土地是指土地使用权。房屋是指土地上的房屋等建筑物及构筑物。

(一)投资性房地产的概念与确认

投资性房地产是指为赚取租金或资本增值,或者两者兼有而持有的房地产。投资性房地产应当能够单独计量和出售。

如一项资产符合投资性房地产的概念并同时满足两个条件,才可确认为投资性房地产:①与该投资性房地产相关的经济利益很可能流入企业;②该投资性房地产的成本能够可靠计量。

(二)投资性房地产的特征

1)投资性房地产业务是一种经营性活动

投资性房地产的主要形式是出租建筑物、出租土地使用权,这实质上属于一种让渡资产使用权行为。房地产租金就是让渡资产使用权取得的使用费收入,是企业为完成其经营目标所从事的经营性活动以及与之相关的其他活动形成的经济利益总流入。

投资性房地产的另一种主要形式是持有并准备增值后转让的土地使用权。尽管增值收益通常与市场供求、经济发展等因素有关,但目的是为了增值后转让以赚取增值收益,也是企业为完成其经营目标所从事的经营性活动以及与之相关的其他活动形成的经济利益总流入。

对于大部分企业而言,投资性房地产业务是与经营性活动相关的,形成的租金收入或转让增值收益构成企业的其他业务收入。

2)投资性房地产区别于自用生产经营和开发销售的房地产

用于出租或增值的房地产就是投资性房地产,它在用途、状态、目的等方面与企业自用的厂房、办公楼等作为生产经营场所的房地产和房地产开发企业用于销售的房地产是不同的。这就需要将投资性房地产单独作为一项资产核算和反映,从而更加清晰地反映企业所持有房地产的构成情况和赢利能力。

二、投资性房地产的范围

投资性房地产的范围包括已出租的土地使用权、持有并准备增值后转让的土地使用权以及已出租的建筑物。

1. 已出租的土地使用权

已出租的土地使用权是指企业通过出让或转让方式取得的、以经营租赁方式出租的土地使用权。企业取得的土地使用权通常包括在一级市场上以交纳土地出让金的方式取得的土地使用权,以及在二级市场上接受其他单位转让的土地使用权。对于以经营租赁方式租赁入土地使用权再转租给其他单位的,不能确认为投资性房地产。

2. 持有并准备增值后转让的土地使用权

持有并准备增值后转让的土地使用权是指企业通过出让或转让方式取得的并准备增值后转让的土地使用权。这类土地使用权很可能给企业带来资本增值收益,符合投资性房地产的定义。例如,企业发生转产或厂址搬迁,部分土地使用权停止自用,管理层决定继续持有这部分土地使用权,待其增值后转让以赚取增值收益。按照国家有关规定认定的闲置土地,不属于持有并准备增值后转让的土地使用权,也就不属于投资性房地产。

3. 已出租的建筑物

已出租的建筑物是指企业拥有产权并以经营租赁方式出租的建筑物,包括自行建造或开发活动完成后用于出租的建筑物。例如,甲公司将其拥有的某栋厂房整体出租给乙公司,租赁期2年。对于甲公司而言,自租赁期开始日起,该栋厂房属于投资性房地产。

企业在判断和确认已出租的建筑物时,应当把握以下要点。

(1)用于出租的建筑物是企业拥有产权的建筑物。企业以经营租赁方式租入再转租的建筑物不属于投资性房地产。例如,甲企业与乙企业签订了一项经营租赁合同,乙企业将其持有产权的一栋办公楼出租给甲企业,为期5年。甲企业一开始将该办公楼改装后用于自行经营餐馆。两年后,由于连续亏损,甲企业将餐馆转租给丙公司,以赚取租金差价。在这种情况下,对于甲企业而言,该栋楼不属于其投资性房地产。对于乙企业而言,则属于其投资性房地产。

(2)用于出租的建筑物是企业已与其他方签订租赁协议的建筑物。已出租的建筑物是企业已与其他方签订了租赁协议,约定以经营租赁方式出租的建筑物。自租赁协议规定的租赁期开始日起,经营租出的建筑物才属于已出租的建筑物。企业计划用于出租但尚未出租的建筑物,不属于已出租的建筑物。例如,甲企业在房地产交易中心通过竞拍取得一块土地的使用权。甲企业按照合同规定对这块地进行开发,并在这块土地上建造了一栋商场,拟用于整体出租,但尚未找到合适的承租人。本例中,这栋商场不属于投资性房地产。直到甲企业与承租人签订经营租赁合同,自租赁期开始日起,这栋商场才能转换为投资性房地产;同时,相对的土地使用权(无形资产)也应当转换为投资性房地产。

(3)用于出租的建筑物是企业按租赁协议所提供的辅助服务不重大的建筑物。企业将建筑物出租,按租赁协议向承租人提供的相关辅助服务在整个协议中不重大的,应当将该建筑物确认为投资性房地产。例如,企业将其办公楼出租,同时向承租人提供维护、保安等日常辅助服务,企业应当将其确认为投资性房地产。又如,甲企业在市中心购买了一栋写字楼,共12层。其中1层经营出租给某大型超市,2~5层经营出租给乙公司,6~12层经营出租给丙公司。甲企业同时为该写字楼提供保安、维修等日常辅助服务。本例中,甲企业将写字楼出租,同时提供的辅助服务不重大。对于甲企业而言,这栋写字楼属于甲企业的投资性房地产。

此外,下列项目不属于投资性房地产。

(1)自用房地产。自用房地产是指为生产商品、提供劳务或者经营管理而持有的房地产。如企业生产经营用的厂房和办公楼属于固定资产,企业生产经营用的土地使用权属于无形资产。自用房地产的特征在于服务于企业自身的生产经营,其价值会随着房地产的使用而逐渐转移到企业的产品或服务中去。通过销售商品或提供服务为企业带来经济利益,在产生现金流量的过程中与企业持有的其他资产密切相关。

例如,企业拥有并自行经营的旅馆饭店。旅馆饭店的经营者在向顾客提供住宿服务的同时,还提供餐饮、娱乐等其他服务,其经营目的主要是通过向客户提供服务取得服务收入,因此,企业自行经营的旅馆饭店是企业的经营场所,应当属于自用房地产。

(2)作为存货的房地产。作为存货的房地产通常是指房地产开发企业在正常经营过程中销售的或为销售而正在开发的商品房和土地。这部分房地产属于房地产开发企业的存货,其生产、销售构成企业的主营业务活动,产生的现金流量与企业的其他资产密切相关。因此,具有存货性质的房地产不属于投资性房地产。从事房地产经营开发的企业依法取得的、用于开发后出售的土地使用权,属于房地产开发企业的存货,即使房地产开发企业决定待增值后再转让其开发的土地,也不得将其确认为投资性房地产。

在实务中,存在某项房地产部分自用或作为存货出售、部分用于赚取租金或资本增值的情况。对于某项投资性房地产不同用途的部分都能够单独计量和出售的,应当分别确认为固定资产(或无形资产、存货)和投资性房地产。对于不能单独计量和出售的、不能用于赚取租金或资本增值的部分,不确认为投资性房地产;对于房地产自用的部分(或作为存货出售的部

分),以及不能够单独计量和出售的、不能用于赚取租金或资本增值的部分,都应当确认为固定资产或无形资产。

三、投资性房地产的计量模式

根据投资性房地产准则的规定,投资性房地产应当按照成本进行初始确认和计量。其中,建筑物成本的构成与固定资产一致,土地使用权成本的构成与无形资产一致。

在后续计量中,通常应当采用成本模式。企业存在确凿证据表明投资性房地产的公允价值能够持续可靠取得的,也可以采用公允价值模式。采用公允价值计量模式,必须同时满足以下两个条件:①投资性房地产所在地有活跃的房地产交易市场;②企业能够从房地产交易市场上取得同类或类似房地产的市场价格及其他相关信息,从而对投资性房地产的公允价值作出科学合理的估计。

但是,同一企业只能采用一种模式对所有投资性房地产进行后续计量,不得同时采用两种计量模式进行后续计量。企业对投资性房地产的计量模式一经确定,不得随意变更。满足公允价值计量模式条件下,成本模式可以转换为公允价值模式。但对于已采用公允价值模式计量的投资性房地产,不得从公允价值模式转换为成本模式。

任务案例

【案例1】2009年6月30日,甲公司与乙公司签署了土地使用权的经营租赁协议,约定自2009年7月1日开始,甲公司以年租金720万元租赁使用乙公司拥有的40万平方米土地使用权,租赁期为10年。2009年10月1日,甲公司以年租金780万元将此土地使用权转租给丙公司,租赁期为8年。假设以上交易均不违反国家有关规定。现在,甲、乙两公司的会计都将此土地使用权作为投资性房地产进行核算。对吗?

解析

本例中,乙公司以年租金720万元将自己拥有的40万平方米土地使用权出租给甲公司,乙公司应自租赁协议约定的租赁期开始日即2009年7月1日起,该项土地使用权属于乙公司的投资性房地产,并应将其按投资性房地产准则进行核算。

但对于甲公司而言,所出租的土地使用权是通过经营租赁方式租入的,而不是通过出让或转让的方式取得的,所以这项土地使用权不能予以确认,也不属于甲公司的投资性房地产。

【案例2】甲房地产开发商建造一栋商住两用的楼盘,第一层出租给一家大型超市并已签订经营租赁合同;其余楼层均为普通住宅,正在公开销售中。请问应该将整栋楼全部作为投资性房地产核算,还是第一层作为投资性房地产核算,其余楼层作为存货核算呢?

解析

本例中,对于甲房地产开发商而言,如果第一层的商铺能够单独计量和出售,就可以作为甲企业的投资性房地产进行核算;如果不能单独计量和出售,则不能作为投资性房地产进行核算。其余楼层因正在公开销售,应作为甲企业的存货即开发产品进行核算。

任务实训

(一)单项选择题

1. 企业为赚取租金或资本增值,或者两者兼有而持有的房地产称为(　　)。

A. 作为存货的房地产 B. 经营性房地产　　C. 投资性房地产　　D. 自用房地产

2. 企业生产经营用的土地使用权属于(　　)。

A. 作为存货的房地产 B. 经营性房地产　C. 投资性房地产　D. 自用房地产

3. 房地产开发企业在正常经营过程中销售的或为销售而正在开发的商品房和土地属于(　　)。

A. 作为存货的房地产　B. 经营性房地产　C. 投资性房地产　D. 自用房地产

4. 关于企业出租给本企业职工居住的宿舍是否属于投资性房地产的说法正确的是(　　)。

A. 属于投资性房地产　B. 按照市场价格收取租金属于投资性房地产

C. 属于自用房地产　D. 按照内部价格收取租金属于投资性房地产

5. 企业通常应当采用(　　)对投资性房地产进行后续计量。

A. 成本模式　B. 公允价值模式

C. 成本模式或公允价值模式　D. 重置成本模式

(二)多项选择题

1. 投资性房地产的形式包括(　　)。

A. 出租建筑物

B. 出租土地使用权

C. 持有且拟用于房地产开发的土地使用权

D. 持有且拟用于建造生产车间的土地使用权

E. 持有且拟增值后转让的土地使用权

2. 关于出租的建筑物和土地使用权是否属于投资性房地产,下列说法正确的是(　　)。

A. 已出租的建筑物是以经营租赁(含融资租赁)方式的建筑物

B. 已出租的建筑物是指企业拥有产权的建筑物

C. 用于出租的土地使用权包括企业通过出让方式取得的土地使用权

D. 用于出租的土地使用权包括企业通过无偿划拨方式取得的土地使用权

E. 已出租的建筑物是以经营租赁(不融资租赁)方式出租的建筑物

3. 根据《企业会计准则——投资性房地产》,关于投资性房地产的后续计量模式的叙述正确的是(　　)。

A. 通常应当采用成本模式进行计量

B. 只有符合规定条件的,可以采用公允价值模式进行计量

C. 同一企业只能采用一种模式对所有投资性房地产进行后续计量,不得同时采用两种计量模式

D. 成本模式可转为公允价值模式

E. 已采用价值模式的可以转为成本模式

4. 下列交易或事项的会计处理中,符合《企业会计准则——投资性房地产》规定的有(　　)。

A. 已出租的投资性房地产租赁期届满,因暂时空置而连续用于出租的,仍作为投资性房地产

B. 投资性房地产主要为出租用

C. 持有待增值"炒楼"不作为投资性房地产

D. 闲置土地属于投资性房地产

E. 母公司以经营租赁方式出租给子公司的房地产应当作为母公司的投资性房地产，但在编制合并报表时，应作为企业集团的自用房地产

(三)判断题

1. 持有并准备增值后转让的房屋建筑物属于投资性房地产。(　　)

2. 企业通过经营租赁方式租入的建筑物再出租的也属于投资性房地产。(　　)

3. 企业拥有并自行经营的旅馆、饭店，属于投资性房地产。(　　)

4. 投资性房地产的计量模式可以根据情况，在成本模式与公允价值模式之间互换。(　　)

5. 如有一项房地产，部分用于赚取租金或资本增值，部分用于生产商品、提供劳务或经营管理。其中，用于赚取租金或资本增值的部分，如果能够分别计量和出售的，也就是说自用部分或投资部分的成本能够单独计量，投资部分能单独出售并可随时交割产权的，可以确认为投资性房地产。(　　)

任务二　采用成本模式计量的投资性房地产的核算

任务认知

一、成本模式的概述

根据投资性房地产准则的规定，投资性房地产应当按照成本进行初始确认和计量。成本模式的会计处理比较简单，主要涉及“投资性房地产”、“投资性房地产累计折旧”、“投资性房地产累计摊销”、“投资性房地产减值准备”等科目，可比照“固定资产”、“无形资产”、“累计折旧”、“累计摊销”、“固定资产减值准备”、“无形资产减值准备”等相关科目进行处理。

“投资性房地产”科目，核算企业采用成本模式计量的投资性房地产的成本。借方登记外购、自行建造等方式取得的投资性房地产的成本，贷方登记转换为自用房地产和处置的投资性房地产的账面余额。本科目借方余额反映企业采用成本模式计量的投资性房地产的成本。

“投资性房地产累计折旧(或摊销)”科目，核算企业投资性房地产的累计折旧(或摊销)。贷方登记计提的投资性房地产的累计折旧(或摊销)额，借方登记转换或处置的投资性房地产的累计折旧(或摊销)额。期末贷方余额反映投资性房地产的累计折旧(或摊销)额。

“投资性房地产减值准备”科目，核算投资性房地产的减值准备。贷方登记计提的减值准备，借方登记转换或处置的投资性房地产已提的减值准备。本科目贷方余额反映企业已计提但尚未转销的投资性房地产减值准备。

二、投资性房地产取得时的核算

取得投资性房地产的方式主要有以下几种。

(一)外购的投资性房地产

对于外购的房地产，只有在购入房地产的同时开始对外出租或用于资本增值，才能称为外购的投资性房地产。

外购采用成本模式计量的土地使用权和建筑物，应当按照取得时的实际成本进行初始计

量，其成本包括购买价款、相关税款和可直接归属于该资产的其他支出。对于企业购入的房地产，如部分用于出租(或资本增值)、部分自用，则用于出租(或资本增值)的部分予以单独确认的，应按照不同部分的公允价值占公允价值总额的比例将成本在不同部分之间进行合理分配。

(二)自行建造的投资性房地产

对于企业自行建造(或开发，下同)的房地产，只有在自行建造或开发活动完成(即达到预定可使用状态)的同时开始对外出租或用于资本增值，才能将自行建造的房地产确认为投资性房地产。如果企业自行建造房地产达到预定可使用状态后一段时间才对外出租或用于资本增值的，应当先将自行建造的房地产确认为固定资产、无形资产或存货，自租赁期开始日或用于资本增值之日开始，从固定资产、无形资产或存货转换为投资性房地产。

自行建造的采用成本模式计量的投资性房地产，其成本由建造该项资产达到预定可使用状态前发生的必要支出构成，包括土地开发费、建筑成本、应予以资本化的借款费用、支付的其他费用和分摊的间接费用等。建造过程中发生的非正常性损失直接计入当期损益，不计入建造成本。

(三)非投资性房地产转换为投资性房地产

所谓房地产的转换，实质上是因房地产用途发生改变而对房地产进行的重新分类。企业必须有确凿证据表明房地产用途发生改变，才能将投资性房地产转换为非投资性房地产或者将非投资性房地产转换为投资性房地产。这里的确凿证据包括两个方面：一是企业管理当局应当就改变房地产用途形成正式的书面决议；二是房地产因用途改变而发生实际状态上的改变，如从自用状态改为出租状态。

1. 房地产转换的主要形式

(1)投资性房地产开始自用。企业将原本用于赚取租金或资本增值的房地产改用于生产商品、提供劳务或者经营管理，投资性房地产相应地转换为固定资产或无形资产。

(2)作为存货的房地产转为出租。通常指房地产开发企业将其持有的开发产品以经营租赁的方式出租，相应地由存货转换为投资性房地产。

(3)自用土地使用权转为出租或用于资本增值。企业将原用于生产商品、提供劳务或者经营管理的土地使用权改用于出租或资本增值，相应地由无形资产转换为投资性房地产。

(4)自用建筑物改为出租。企业将原用于生产商品、提供劳务或者经营管理的建筑物改用于出租，相应地由固定资产转换为投资性房地产。

2. 房地产的转换日

房地产的转换首先要确定转换日。转换日是指房地产的用途发生改变、状态发生相应改变的日期。

(1)投资性房地产开始自用的转换日是指房地产达到自用状态，企业开始将房地产用于生产商品、提供劳务或者经营管理的日期。

(2)作为存货的房地产转为出租、自用建筑物改为出租或自用土地使用权转为出租的转换日应为租赁开始日，即承租人有权行使其使用租赁资产权利的日期。

(3)自用土地使用权用于资本增值的转换日为企业停止将该土地使用权用于生产商品、提供劳务或者经营管理且管理当局作出房地产转换书面决议的日期。

3. 非投资性房地产转换为投资性房地产

对于非投资性房地产转换为投资性房地产的，主要有以下两种情形。

1)作为存货的房地产转换为投资性房地产

通常指房地产开发企业将其持有的开发产品以经营租赁的方式出租,即存货相应地转换为投资性房地产。企业将作为存货的房地产转换为采用成本模式计量的投资性房地产,应当按该项存货在转换日的账面价值,借记"投资性房地产"科目;原已计提跌价准备的,借记"存货跌价准备"科目;按其账面余额,贷记"开发产品"等科目。

2)自用房地产转换为投资性房地产

企业将原本用于生产商品、提供劳务或者经营管理的房地产改用于出租,应于租赁期开始日,将相应的固定资产或无形资产转换为投资性房地产。

企业将自用土地使用权或建筑物转换为以成本模式计量的投资性房地产时,应当按该项建筑物或土地使用权在转换日的原价、累计折旧、减值准备等,分别转入"投资性房地产"、"投资性房地产累计折旧(或摊销)"、"投资性房地产减值准备"科目。按其账面余额,借记"投资性房地产"科目,贷记"固定资产"或"无形资产"科目。按已计提的折旧或摊销,借记"累计折旧"或"累计摊销"科目,贷记"投资性房地产累计折旧(或摊销)"科目。原已计提减值准备的,借记"固定资产减值准备"或"无形资产减值准备"科目,贷记"投资性房地产减值准备"科目。

三、投资性房地产的后续计量

采用成本模式进行后续计量的投资性房地产,应当按照固定资产或无形资产的有关规定,按期(月)计提折旧或摊销时,借记"其他业务成本"等科目,贷记"投资性房地产累计折旧(或摊销)"。取得租金收入时,借记"银行存款"或"其他应收款"等科目,贷记"其他业务收入"等科目。经减值测试确定发生减值时,按应计提的减值准备,借记"资产减值损失",贷记"投资性房地产减值准备"。如果已经计提减值准备的投资性房地产的价值又得以恢复,不得转回。

四、投资性房地产的后续支出

与投资性房地产有关的后续支出分为两部分:一是满足投资性房地产确认条件的支出应予以资本化,计入投资性房地产的成本;二是不符合投资性房地产确认条件的支出,应当在发生时直接计入当期损益。

(一)资本化的后续支出

对于与投资性房地产有关的后续支出,满足投资性房地产确认条件的应当计入投资性房地产成本。例如,企业为了提高投资性房地产的使用效果,往往需要对投资性房地产进行改建、扩建而使其更加坚固耐用,或者通过装修而改善其室内装潢,改扩建或装修支出满足确认条件的应当将其资本化。对于某项投资性房地产进行改扩建等再开发且将来仍作为投资性房地产的,再开发期间应继续将其作为投资性房地产,再开发期间不计提折旧或摊销。

(二)费用化的后续支出

对于与投资性房地产有关的后续支出,不满足投资性房地产确认条件的应当在发生时计入当期损益。会计处理为:借记"其他业务成本"科目,贷记"银行存款"等科目。

五、投资性房地产转换为非投资性房地产

(一)投资性房地产转换为自用房地产

当企业将原来用于赚取租金或资本增值的房地产改为用于生产商品、提供劳务或者经营管理时,投资性房地产相应地转换为固定资产或无形资产。例如,企业将出租的厂房收回,并

用于生产本企业的产品。在此种情况下，转换日为房地产达到自用状态，企业开始将房地产用于生产商品、提供劳务或者经营管理的日期。

当企业将投资性房地产转换为自用房地产时，应当按该项投资性房地产在转换日的账面余额、投资性房地产累计折旧(或摊销)、减值准备等，分别转入“固定资产”、“累计折旧”、“固定资产减值准备”等科目。按投资性房地产的账面余额，借记“固定资产”或“无形资产”科目，贷记“投资性房地产”科目。按已计提的折旧或摊销，借记“投资性房地产累计折旧(或摊销)”科目，贷记“累计折旧”或“累计摊销”科目。对原已计提减值准备的，借记“投资性房地产减值准备”科目，贷记“固定资产减值准备”或“无形资产减值准备”科目。

(二)投资性房地产转换为存货

对于房地产开发企业将用于经营出租的房地产重新开发用于对外销售的，即从投资性房地产转换为存货。在这种情况下，转换日为租赁期届满、企业董事会或类似机构作出书面决议明确表明将其重新开发用于对外销售的日期。

当企业将投资性房地产转换为存货时，应当按照该项房地产在转换日的账面价值，借记“开发产品”科目。按照已计提的折旧或摊销，借记“投资性房地产累计折旧(或摊销)”科目。对原已计提减值准备的，借记“投资性房地产减值准备”科目。按其账面余额，贷记“投资性房地产”科目。

六、成本计量模式下投资性房地产的处置

当投资性房地产被处置，或者永久退出使用且预计不能从其处置中取得经济利益时，应当终止确认该项投资性房地产。

企业可以通过对外出售或转让的方式处置投资性房地产，以取得投资收益。对于那些由于使用而不断磨损直到最终报废，或者由于遭受自然灾害等非正常损失发生毁损的投资性房地产，应当及时进行清理。此外，企业因其他原因，如非货币性交易等而减少投资性房地产也属于投资性房地产的处置。企业出售、转让、报废投资性房地产或者发生投资性房地产毁损，应当将处置收入扣除其账面价值和相关税费后的金额计入当期损益。

处置采用成本模式计量的投资性房地产时，应当按实际收到的金额，借记“银行存款”等科目，贷记“其他业务收入”科目。按该项投资性房地产的账面价值，借记“其他业务成本”科目。按其账面余额，贷记“投资性房地产”科目。按照已计提的折旧或摊销，借记“投资性房地产累计折旧(或摊销)”科目。对原已计提减值准备的，借记“投资性房地产减值准备”科目。

任务案例

【案例1】2009年12月，甲企业计划购入一栋写字楼，并已签订租赁协议自购买日起将这栋写字楼出租给乙企业，为期5年。12月5日，甲企业实际购入写字楼，支付价款共计1 200万元(假设不考虑其他因素，甲企业采用成本模式进行计量)。要求作出账务处理。

解析

甲企业的账务处理如下。

借：投资性房地产——写字楼　　12 000 000

　贷：银行存款　　12 000 000

【案例2】2009年3月，甲企业从其他单位购入一块土地的使用权，并在该块土地上开始自行建造三栋厂房。2009年11月，甲企业预计厂房即将完工，与乙公司签订了经营租赁合

同,将其中的一栋厂房租赁给乙公司使用,按月支付租金,每月租金10万元,租期10年。按照租赁合同约定,该厂房于完工(达到预定可使用状态)时开始起租。2009年12月1日,三栋厂房同时完工(达到预定可使用状态)。该块土地使用权的成本为600万元,三栋厂房的造价均为1 000万元,并能单独出售。(假设不考虑其他因素,甲企业采用成本模式进行计量)。要求作出账务处理。

解析

甲企业的账务处理如下。

土地使用权中的对应部分同时转换为投资性房地产200[200 = 600 ×(1 000 ÷ 3 000)]万元。

借:投资性房地产——厂房　　10 000 000

　贷:在建工程　　10 000 000

借:投资性房地产——土地使用权　　2 000 000

　贷:无形资产——土地使用权　　2 000 000

【案例3】A公司拥有一栋本公司总部使用的办公楼,公司董事会将该办公楼用于出租并已形成了书面决议。2009年12月28日,A公司与B公司签订了经营租赁合同,将该办公楼整体出租给B公司使用,租赁期开始日为2010年1月1日,租期为8年,按月支付租金35万元。这栋办公楼在2007年12月1日建造完工并投入使用,原价是6 000万元,使用年限20年,按直线法计提折旧,预计净残值为零,未计提减值准备。假设A公司所在城市不存在活跃的房地产交易市场。要求作出账务处理。

解析

本例中,A公司所出租的办公楼在出租前已提折旧600(600 = 6 000 ÷ 20 × 2)万元。

A公司在2010年1月份的账务处理如下。

(1)2010年1月1日,出租办公楼,会计分录如下。

借:投资性房地产——办公楼　　60 000 000

　累计折旧　　6 000 000

　贷:固定资产——办公楼　　60 000 000

　　投资性房地产累计折旧　　6 000 000

(2)计提折旧,月折旧额为25(25 = 6 000 ÷ 20 ÷ 12)万元,会计分录如下。

借:其他业务成本　　250 000

　贷:投资性房地产累计折旧　　250 000

(3)确认租金,会计分录如下。

借:银行存款(或其他应收款)　　350 000

　贷:其他业务收入　　350 000

【案例4】甲企业是从事房地产开发业务的企业,2009年6月25日,甲企业与乙企业签订了租赁协议,将其开发的一栋写字楼出租给乙企业使用,租赁期开始日为2009年7月1日,该写字楼的账面余额40 000 000元,未计提存货跌价准备。(假设不考虑其他因素,甲企业采用成本模式进行计量)。要求作出账务处理。

解析

甲企业2009年7月1日的账务处理如下。

借:投资性房地产　　40 000 000
　贷:开发产品　　40 000 000

【案例5】2009年3月,A企业与B企业的一项厂房经营租赁合同即将到期,该厂房按照成本模式进行后续计量,原价为4 000万元,已计提折旧1 000万元。为了提高厂房的租金收入,A企业决定在租赁期满后对厂房进行改扩建,并与F企业签定了经营租赁合同,约定自改扩建完工时将厂房租给F企业。3月15日,与乙企业的租赁合同到期,厂房随即进入改扩建工程。12月15日,厂房改扩建工程完工,共发生支出500万元,即日按照租赁合同出租给F企业。(假设不考虑其他因素,甲企业采用成本采用成本模式进行初始计量)。要求作出账务处理。

解析

对于改扩建支出属于资本化的后续支出,应当计入投资性房地产的成本。甲企业的账务处理如下。

2009年3月15日,投资性房地产转入改扩建工程,

借:投资性房地产——厂房——在建　　30 000 000
　投资性房地产累计折旧　　10 000 000
　贷:投资性房地产——厂房　　40 000 000

2009年3月15日至2009年12月15日,发生改扩建支出,

借:投资性房地产——厂房——在建　　5 000 000
　贷:银行存款　　5 000 000

2009年12月15日,改扩建工程完工,

借:投资性房地产——厂房　　35 000 000
　贷:投资性房地产——厂房——在建　　35 000 000

【案例6】承【案例1】,甲企业现对出租的写字楼进行日常维修,支付修理费3万元。

解析

本例中,日常维修支出属于费用化的后续支出,应当计入当期损益。

借:其他业务成本　　30 000
　贷:银行存款　　30 000

【案例7】2009年12月1日,S企业将出租在外的厂房收回,开始用于本企业生产商品。该项房地产在转换前采用成本模式计量,其账面价值为2 800万元。其中,原价8 000万元,累计已提折旧3 200万元。要求作出账务处理。

解析

S企业的账务处理如下。

借:固定资产——厂房　　80 000 000
　投资性房地产累计折旧　　32 000 000
　贷:投资性房地产——厂房　　80 000 000
　　累计折旧　　32 000 000

【案例8】A公司将其出租的一栋写字楼确认为投资性房地产,采用成本模式计量,租赁期届满后,A公司将该写字楼出售给B公司,合同价款为10 000万元,乙公司已用银行存款付清。出售时,该写字楼的成本为9 800万元,已计提折旧3 000万元。要求作出账务处理。

解析

A公司的账务处理如下。

借:银行存款	100 000 000
贷:其他业务收入	100 000 000
借:其他业务成本	68 000 000
投资性房地产累计折旧	30 000 000
贷:投资性房地产——写字楼	98 000 000

任务实训

(一)单项选择题

1. 企业对以成本模式进行后续计量的投资性房地产摊销时,应该借记(　　)科目。

A. 投资收益　　B. 其他业务成本　　C. 营业外收入　　D. 管理费用

2. 某企业采用成本模式对投资性房地产进行后续计量,2009 年 9 月 1 日将达到预定使用状态的自行建造的办公楼对外出租,该办公楼建造成本为 5 200 万元,预计使用年限为 25 年,预计净残值为 200 万元。在采用年限平均法计提折旧的情况下,2009 年该办公楼应计提的折旧额为(　　)万元。

A. 0　　B. 50　　C. 200　　D. 100

3. 甲公司 2009 年 12 月将采用成本模式计量的投资性房地产转为自用固定资产,转换日该固定资产的公允价值为 2 000 万元,转换日之前"投资性房地产"科目余额为 2 300 万元,"投资性房地产累计折旧"科目为 200 万元。则转换日该固定资产的入账价值为(　　)万元。

A. 2 300　　B. 2 000　　C. 3 000　　D. 2 100

(二)多项选择题

1. 将投资性房地产转换为其他资产或者将其他资产转换为投资性房地产时,关于转换日确定的叙述正确的有(　　)。

A. 对于投资性房地产开始自用,转换日是指房地产达到自用状态,企业开始将房地产用于生产商品,提供劳务或者经营管理的日期

B. 对于作为存货的房地产改为出租,或者自用建筑物或土地使用权停止自用改为出租,转换日应当为租赁期开始日

C. 对于自用土地使用权停止自用,改为用于资本增值,转换日是指停止将该项土地使用权用于生产商品、提供劳务或经营管理,且该土地使用权能单独计量和转让的日期

D. 对于自用土地使用权停止自用,改为出租,转换日是指承租人支付的第一笔租金的日期

2. 有关采用成本模式对投资性房地产进行后续计量的叙述,正确的是(　　)。

A. 应对投资性房地产计提折旧或摊销

B. 计提折旧或摊销适用《企业会计准则——固定资产》、《企业会计准则——无形资产》

C. 当存在减值迹象时,应按《企业会计准则——资产减值》进行减值测试,并计提相应减值准备

D. 与一般固定资产、无形资产的后续计量基本相同,区别仅仅是会计科目名称不同

(三)判断题

1. 处置投资性房地产时,与处置固定资产和无形资产的核算方法相同,其处置损益均计入

营业外收入或营业外支出。(　　)

2. 投资性房地产采用成本模式计量,不需计提减值准备。(　　)

3. 自行建造投资性房地产的成本由建造该项资产达到预定使用状态前所发生的必要支出构成。(　　)

4. 在成本模式下,应当将房地产转换前的账面价值作为转换后的账面价值。(　　)

5. 当投资性房地产被处置,或永久退出使用且预计不能从其处置中取得经济收益时,应当终止确认投资性房地产。(　　)

(四)计算分析题

1. A公司2009年1月2日,购入一栋建筑物并出租给B公司,取得时实际支付的价款为1 500万元,款项已支付。假定该建筑物的预计净残值为4%,预计使用年限为50年,采用平均年限法计提折旧。于B公司的经营租赁合同中注明,年租金120万元,于每年的1月2日支付,租期为10年。2009年12月31日,该建筑物的可收回金额为1 350万元。

要求:编制A公司2009年相关的会计分录。

2. 甲公司2009年1月1日将2006年12月31日开始使用的一栋办公楼用于对外出租。该资产的买价为3 000万元,相关税费20万元,预计使用寿命为40年,预计残值为21万元,预计清理费用1万元,甲公司采用直线法提取折旧,且未发生减值问题。该办公楼的年租金为400万元,于年末一次结清,租赁开始日为2009年1月1日。2010年1月1日甲公司以3 200万元的价格对外转让该房产,营业税税率为5%,假设公允价值不能可靠估计,且不考虑其他相关税费。

要求:对该办公楼转换为投资性房地产以及处置投资性房地产的账务进行处理。

任务三　采用公允价值计量的投资性房地产的核算

任务认知

一、公允价值模式的概述

企业存在确凿证据表明投资性房地产的公允价值能够持续可靠取得的,也可以采用公允价值计量模式。若企业选择公允价值模式,就应当对其所有的投资性房地产采用公允价值模式进行后续计量。不得对一部分投资性房地产采用成本模式进行后续计量,而对另一部分投资性房地产采用公允价值模式进行后续计量。但是,对于采用成本模式对投资性房地产进行后续计量的企业,即使有证据表明,企业首次取得某项投资性房地产时,该投资性房地产公允价值能够持续可靠取得,该企业仍应对该项投资性房地产采用成本模式进行后续计量。

采用公允价值模式计量,必须同时满足两个条件:①投资性房地产所在地有活跃的房地产交易市场;②企业能够从房地产交易市场上取得同类或类似房地产的市场价格及其他相关信息,从而对投资性房地产的公允价值作出科学合理的估计。这两个条件必须同时具备,缺一不可。

采用公允价值模式计量时,企业应将投资性房地产在“投资性房地产”科目进行核算,并按照投资性房地产类别和项目分别设置“成本”和“公允价值变动”两个明细科目进行明细核算。

二、投资性房地产取得时的核算

(一)外购或自行建造的投资性房地产

对于外购或自行建造的采用公允价值模式计量的投资性房地产,应当按照取得时的实际成本进行初始计量,其实际成本的确定与外购或自行建造的采用成本模式计量的投资性房地产一致。

(二)非投资性房地产转换为投资性房地产

1. 自用房地产转换为投资性房地产

企业将原本用于生产商品、提供劳务或者经营管理的房地产改用于出租时,应于租赁期开始日,将相应的固定资产或无形资产转换为投资性房地产。

企业将自用土地使用权或建筑物转换为采用公允价值模式计量的投资性房地产时,应按该项建筑物或土地使用权在转换日的公允价值,借记"投资性房地产——成本"科目;按已计提的累计折旧或累计摊销,借记"累计折旧"或"累计摊销"科目;对原已计提减值准备的,借记"固定资产减值准备"或"无形资产减值准备"科目。按其账面余额贷记"固定资产"或"无形资产"科目。同时,若转换日的公允价值小于账面价值,按其差额借记"公允价值变动损益"科目;若转换日的公允价值大于账面价值,按其差额贷记"资本公积——其他资本公积"科目。

2. 作为存货的房地产转换为投资性房地产

作为存货的房地产转换为投资性房地产,通常指房地产开发企业将其持有的开发产品以经营租赁的方式出租,存货相应地转换为投资性房地产。企业将作为存货的房地产转换为采用公允价值模式计量的投资性房地产时,应按该项存货在转换日的公允价值借记"投资性房地产——成本"科目;对原已计提跌价准备的,借记"存货跌价准备"科目。按其账面余额贷记"开发产品"等科目。同时,若转换日的公允价值小于账面价值,按其差额借记"公允价值变动损益"科目;若转换日的公允价值大于账面价值,按其差额贷记"资本公积——其他资本公积"科目。

三、投资性房地产的后续计量

对于采用公允价值模式进行后续计量的投资性房地产,不计提折旧或摊销,应以资产负债表日的公允价值计量。在资产负债表日,对于投资性房地产的公允价值高于其账面余额的差额,借记"投资性房地产——公允价值变动"科目,贷记"公允价值变动损益"科目;对于公允价值低于其账面余额的差额,作相反的会计分录。取得的租金收入,借记"银行存款"等科目,贷记"其他业务收入"等科目。

四、投资性房地产的后续支出

对于采用公允价值模式计量的投资性房地产,其后续支出的处理与采用成本模式计量的投资性房地产一致。满足投资性房地产确认条件的支出应予以资本化,计入投资性房地产的成本;不符合投资性房地产确认条件的支出,应当在发生时直接计入当期损益。

五、投资性房地产转换为非投资性房地产

(一)投资性房地产转换为自用房地产

企业将采用公允价值模式计量的投资性房地产转换为自用房地产时,应当以其转换日的公允价值作为自用房地产的账面价值,公允价值与原账面价值的差额计入当期损益,即在转换日,按该项投资性房地产的公允价值,借记"固定资产"或"无形资产"科目。按该项投资性房

地产的成本,贷记“投资性房地产——成本”科目。按该投资性房地产的累计公允价值变动,贷记或借记“公允价值变动损益”科目。按其差额,贷记或借记“公允价值变动损益”科目。

(二)投资性房地产转换为存货

企业将采用公允价值模式计量的投资性房地产转换为存货时,应当以其转换日的公允价值作为存货的账面价值,公允价值与原账面价值的差额计入当期损益。即在转换日,按该项投资性房地产的公允价值,借记“开发产品”科目。按该项投资性房地产的成本,贷记“投资性房地产——成本”科目。按该投资性房地产的累计公允价值变动,贷记或借记“公允价值变动损益”科目。按其差额,贷记或借记“公允价值变动损益”科目。

六、投资性房地产的处置

处置采用公允价值模式计量的投资性房地产时,应按实际收到的金额,借记“银行存款”等科目,贷记“其他业务收入”科目。按该项投资性房地产的账面余额,借记“其他业务成本”科目;按其成本,贷记“投资性房地产——成本”科目;按其累计公允价值变动,贷记或借记“投资性房地产——公允价值变动”科目。同时,将投资性房地产累计公允价值变动转入其他业务成本,借记或贷记“公允价值变动损益”科目,贷记或借记“其他业务成本”科目。若存在原转换日计入资本公积的金额,也一并转入其他业务成本,借记“资本公积——其他资本公积”科目,贷记“其他业务成本”科目。

七、投资性房地产后续计量模式的变更

为保证会计信息的可比性,企业对投资性房地产的计量模式一经确定,不得随意变更。只有在房地产市场比较成熟、能够满足采用公允价值模式条件的情况下,才允许企业对投资性房地产从成本模式计量变更为公允价值模式计量。当成本模式转为公允价值模式时,应作为会计政策变更处理,并按计量模式变更时公允价值与账面价值的差额调整期初留存收益。

对于已采用公允价值模式计量的投资性房地产,不得从公允价值模式转换为成本模式。

任务案例

【案例1】2007年12月25日,甲企业与乙企业签订了租赁协议,将其持有的土地使用权出租给乙企业使用,租赁期开始日为2008年1月1日,租期两年,年租金为120万元,于每年年初支付。甲企业的土地使用权的账面原价247万元,累计摊销42万元。2008年1月1日,该土地使用权的公允价值为330万元。2008年1月2日收到乙企业交来的租金120万元。甲企业采用公允价值模式进行计量,假设不考虑相关税费。要求编制会计分录。

解析

(1)2008年1月1日为租赁开始日,会计分录如下。

借:投资性房地产——土地使用权(成本)	3 300 000	
累计摊销	420 000	
贷:无形资产——土地使用权		2 470 000
资本公积——其他资本公积		1 250 000

(2)2008年1月2日收取租金,会计分录如下。

借:银行存款	1 200 000	
贷:其他业务收入		1 200 000

【案例2】承【案例1】，假设2008年12月31日，该土地使用权的公允价值为335万元。2009年12月31日，该土地使用权的公允价值为342万元。要求作出账务处理。

解析

(1)2008年12月31日，该土地使用权的公允价值为335万元，高于其账面价值5万元，具体账务处理如下。

借：投资性房地产——土地使用权（公允价值变动）　　50 000
　贷：公允价值变动损益　　50 000

(2)2009年12月31日，该土地使用权的公允价值为342万元，高于其账面价值7万元，具体账务处理如下。

借：投资性房地产——土地使用权（公允价值变动）　　70 000
　贷：公允价值变动损益　　70 000

【案例3】承【案例1】、【案例2】，2010年1月1日，租赁期满，甲企业收回出租的土地使用权转为自用。当天的公允价值是342万元。要求编制会计分录。

解析

借：无形资产——土地使用权　　3 420 000
　贷：投资性房地产——土地使用权（成本）　　3 300 000
　　　　　　　　——土地使用权（公允价值变动）　　120 000

【案例4】承【案例1】、【案例2】，2010年1月1日，租赁期满，甲企业将该土地使用权以450万元的价格出售给乙企业，款项已收讫。要求作出账务处理。

解析

2010年1月1日将土地使用权出售，账务处理如下。

借：银行存款　　4 500 000
　　其他业务成本　　3 420 000
　贷：投资性房地产——土地使用权（成本）　　3 300 000
　　　　　　　　——土地使用权（公允价值变动）　　120 000
　　　其他业务收入　　4 500 000

借：公允价值变动损益　　120 000
　贷：其他业务成本　　120 000

借：资本公积——其他资本公积　　1 250 000
　贷：其他业务成本　　1 250 000

上述三笔会计分录可以合为以下一笔分录。

借：银行存款　　4 500 000
　　公允价值变动损益　　120 000
　　资本公积——其他资本公积　　1 250 000
　　其他业务成本　　2 050 000
　贷：投资性房地产——土地使用权（成本）　　3 300 000
　　　　　　　　——土地使用权（公允价值变动）　　120 000
　　　其他业务收入　　4 500 000

📖 任务实训

(一)单项选择题

1. 投资性房地产不论是以成本模式计量还是以公允价值模式计量，取得的租金收入均通过(　　)科目核算。

A. 营业外收入　　B. 投资收益　　C. 其他业务成本　　D. 其他业务收入

2. 对于自用房地产或存货转换为采用公允价值模式计量的投资性房地产，投资性房地产应当按照转换日的公允价值计量。若转换日的公允价值大于原账面价值，其差额计入所有者权益。处置该项房地产时，原计入所有者权益的部分应当转入(　　)科目核算。

A. 营业外收入　　B. 投资收益　　C. 其他业务成本　　D. 其他业务收入

3. S 公司于 2009 年 1 月 1 日将一栋厂房对外出租并采用公允价值模式计量，租期 5 年。每年 12 月 31 日收取租金 100 万元。出租时，该栋厂房的成本为 2 400 万元，公允价值 2 200 万元。2009 年 12 月 31 日，该栋厂房的公允价值为 2 250 万元。S 公司 2009 年应确认的公允价值变动收益是(　　)万元。

A. -150　　B.150　　C. 200　　D. -200

4. 若企业采用公允价值模式对投资性房地产进行后续计量，下列说法错误的是(　　)。

A. 企业不应对已出租的建筑物计提折旧

B. 企业不应对已出租的土地使用权进行摊销

C. 如果投资性房地产出现减值迹象，应进行减值测试，计提减值准备

D. 企业应当以资产负债表日投资性房地产的公允价值调整其账面价值，公允价值与原账面价值的差额计入当期损益

(二)多项选择题

1. 投资性房地产采用公允价值模式进行计量需要设置的账户有(　　)。

A. 投资性房地产累计折旧　　B. 投资性房地产累计摊销

C. 投资性房地产减值准备　　D. 投资性房地产

E. 公允价值变动损益

2. 关于投资性房地产转换的叙述，正确的有(　　)。

A. 对于将自用的建筑物等转换为采用成本模式计量的投资性房地产，应按其在转换日的原价、累计折旧、减值准备等，分别转入“投资性房地产”、“投资性房地产累计折旧(摊销)”、“投资性房地产减值准备”科目

B. 当采用成本模式计量的投资性房地产转为自用时，应按其在转换日的账面余额、累计折旧、减值准备等，分别转入“固定资金”、“累计折旧”、“固定资产减值准备”科目

C. 将采用公允价值模式计量的投资性房地产转为自用时，应按其在转换日的公允价值，借记“固定资产”等科目，按其账面余额，贷记“投资性房地产——成本或公允价值变动”，按其差额，贷记或借记“公允价值变动损益”科目

D. 将自用的建筑物等转换为采用公允价值模式计量的投资性房地产时，按其在转换日的公允价值，借记“投资性房地产——成本”。按已计提的累计折旧等，借记“累计折旧”等科目。按其账面余额，贷记“固定资产”等科目。按其差额，贷记“资本公积——其他资本公积”科目或借记“公允价值变动损益”科目。对已计提减值准备的，还应同时结

转减值准备

E. 将自用的建筑物等转换为采用公允价值模式计量的投资性房地产时，按其在转换日的公允价值，借记“投资性房地产——成本”。按已计提的累计折旧等，借记“累计折旧”等科目。按其账面余额，贷记“固定资产”等科目，按借方差额，借记“营业外支出”科目。对已计提减值准备的，还应同时结转减值准备

3. 下列各项中，不影响当期损益的有(　　)。

A. 采用成本模式计量，期末投资性房地产的可收回金额高于账面价值

B. 采用成本模式计量，期末投资性房地产的可收回金额高于账面余额

C. 采用公允价值模式计量，期末投资性房地产的公允价值高于账面余额

D. 自用的房地产转换为采用公允价值模式计量的投资性房地产时，转换日房地产的公允价值大于账面价值

4. 下列事项中，不影响企业资本公积金额的有(　　)。

A. 公允价值模式下，投资性房地产公允价值大于其账面价值的差额

B. 公允价值模式下，自用房地产转为投资性房地产时，公允价值大于其账面价值的差额

C. 公允价值模式下，自用房地产转为投资性房地产时，公允价值小于其账面价值的差额

B. 公允价值模式下，投资性房地产转为自用房地产时，公允价值大于其账面价值的差额

(三) 判断题

1. 采用公允价值模式对投资性房地产进行后续计量时，对取得的租金收入，借记“银行存款”等科目，贷记“投资收益”科目。(　　)

2. 由于已经采用公允价值计量并将公允价值变动损益计入损益，不必进行减值测试，不计提减值准备。(　　)

3. 房地产的转换是指已被确认为投资性房地产的后续计量模式的改变。(　　)

4. 对于有确凿证据表明可以采用公允价值模式计量的投资性房地产，在首次执行日可以按照公允价值进行计量，而且账面价值与公允价值的差额不必调整留存收益。(　　)

5. 投资性房地产不管是采用成本模式计量还是公允价值模式计量，都应在资产负债表日计提折旧或摊销。(　　)

(四) 计算分析题

1. 甲公司2008年10月1日建成一栋楼房，建造成本3 000万元，当日与丙公司签订了租赁协议，租期为10年，年租金为120万元，租金于每年年末结清。按照当地的房地产交易市场的价格体系，该房产2008年年末的公允价值为3 200万元，2009年年末的公允价值为3 120万元。2010年1月1日甲公司以3 000万元的价格对外转让该房产，营业税税率为5%，假设不考虑其他相关税费。

要求：进行甲公司相关的账务处理。

2. A公司于2000年12月31日购置并投入使用的一栋办公楼，建筑面积1 000平方米，价格1 000万元。折旧年限50年，到2007年12月31日已累计折旧200万元。A公司于2008年1月1日将该办公楼对外出租，同地段的房地产在房地产交易所的交易价格为每平方米40 000元。2008年12月31日同地段的房地产在房地产交易所的交易价格为每平方米82 000元。2009年4月1日A公司将该办公楼在房地产交易所出售，成交价为每平方米80 000元，营业税按5%计算，并且已由房地产交易所代扣，实际收到金额7 600万元。假设不考虑其他

相关税费。

要求:进行 A 公司相关的账务处理(单位:万元)。

3. S 公司于 2006 年 12 月 31 日将一建筑物对外出租并采用公允价值模式计量,租期为 3 年,每年 12 月 31 日收取租金 150 万元。出租时,该建筑物的成本为 2 800 万元,已提折旧 500 万元,已提减值准备 300 万元,尚可使用年限 20 年,采用平均年限法计提折旧,公允价值为 1 800万元。2007 年 12 月 31 日,该建筑物的公允价值为 1 850 万元。2008 年 12 月 31 日,该建筑物的公允价值是 1 820 万元。2009 年 12 月 31 日,该建筑物的公允价值为 1 780 万元。2010 年 1 月 5 日将该建筑物对外出售,收到 1 800 万元存入银行。

要求:编制 S 公司 2006、2007、2008、2009、2010 年的相关会计分录。

项目九

无形资产及其他资产的核算

项目导入

苏菲是明悦机械有限公司财务部的一名实习生，她在看会计凭证和账簿时发现，公司上月1日从其他单位购入一项土地使用权，打算建造新的办公大楼。购入当天，会计将此土地使用权纳入无形资产中进行核算。上月末就对这项土地使用权采用平均年限法进行摊销。苏菲心里纳闷了：这块土地是看得到它的存在，且要在上面建办公大楼，为什么要将它纳入无形资产进行管理，而不是固定资产？当月增加的固定资产，当月不计提折旧而从下个月开始计提，但为什么这块土地在上月就进行摊销呢？是不是做错了？你能帮助苏菲解决这些疑问吗？

项目目标

(1)掌握无形资产的计量及核算方法。

(2)掌握无形资产的处置方法。

(3)理解无形资产的概念。

(4)了解无形资产的内容及其特征。

(5)了解其他资产的核算方法。

(6)能够熟练地对无形资产进行初始计量、后续计量及处置时的核算。

任务一　无形资产概述

任务认知

一、无形资产的概念

会计准则规定，无形资产是指企业拥有或控制的没有实物形态的可辨认非货币性资产。正确理解无形资产的概念，对于正确核算无形资产及其信息披露都是非常重要的。相对于其他资产，无形资产具有以下特征。

(一)无形资产必须是由企业拥有或控制的

这里强调了无形资产的实际控制权，包括以下两个方面。

(1)无形资产的所有权必须是企业所有的，它的取得方式可以是自行开发、外购、投资者投入或者其他交易换入等，比如专利权、著作权、商标权等。

(2)对于所有权不归企业所有但企业能实际控制的，企业在获得其使用权时可以确认为

无形资产，比如土地使用权。

(二)无形资产没有实物形态但可辨认

无形资产与其他资产的显著区别就是没有实物形态，它通常表现为某种权利或者某项技术，比如专利权、非专利技术、商标权等。但并非所有无形的都属于无形资产，还必须具有可辨认性。可辨认性是指无形资产可以从企业中分离或者划分出来，可以用于出售、转移或者交换的，比如专利权、著作权；或者是根据合同规定可以授权使用的，比如特许权。在新会计准则里明确规定商誉不属于无形资产，因为它无法与企业分开，不具有可辨认性。

(三)无形资产属于非货币性资产

非货币性资产是指企业持有的货币资金和将以固定或可确定的金额收取的资产以外的其他资产。也就是说无形资产由于没有发达的交易市场，一般不容易转化为现金，在持有过程中为企业带来的经济利益的情况不确定，不属于以固定或可确定的金额收取的资产，属于非货币性资产。

二、无形资产的内容

(一)专利权

专利权是发明创造人或其权利受让人对特定的发明创造在一定期限内依法享有的独占实施权。

(二)商标权

商标权是指商标主管机关依法授予商标所有人对其注册商标受国家法律保护的专有权。商标是用以区别商品或服务不同来源的商业性标志，由文字、图形、字母、数字、标志等组成。商标注册人依法拥有商标的排他使用权、收益权、处分权等。

(三)土地使用权

土地使用权是指单位或者个人依法或依约定，对国有土地或集体土地所享有的占有、使用、收益和有限处分的权利。按照《土地管理法》的规定，土地实行公有制，凡具备法定条件者，依照法定程序都可以取得土地使用权，成为土地使用权的主体。土地使用权可以出让、转让、买卖、出租、抵押。

(四)著作权

著作权又称为版权，是指著作权人对文学、艺术或科学作品依法享有的财产权利和人身权利的总称。其中，著作人身权包括公开发表权、姓名表示权等；著作财产权包括重制权、公开播送权、公开传输权、改作权、散布权、出租权等。

(五)特许权

特许权是指特许人授予受许人的某种权利。在该权利下，受许人可以在约定的条件下使用特许人的某种工业产权或知识产权，如商标特许经营、产品特许经营、生产特许经营、品牌特许经营、专利及商业秘密特许经营和经营模式特许经营等。

(六)专有技术

专有技术也称非专利技术，指先进、实用但未申请专利的技术秘密，包括设计图纸、配方、数据公式以及技术人员的经验和知识等。

三、无形资产的确认

(一)无形资产的确认条件

根据会计准则规定，除了满足无形资产的定义外，还必须同时满足以下两个条件才能确认

为无形资产。

(1)与该无形资产有关的经济利益很可能流入企业。

(2)该无形资产的成本能够可靠地计量。

会计准则规定,企业在判断无形资产产生的经济利益是否可能流入时,应当对无形资产在预计使用寿命内可能存在的各种经济因素作出合理估计,并且应当有明确证据支持。比如,必须考虑是否存在相关的新技术、新产品的冲击,考虑与无形资产相关的技术或赖以生产的产品市场等。总之,在实施判断时,企业的管理部门应对无形资产在预计使用年限内存在的各种因素做出稳健的估计。

成本能够可靠计量是无形资产确认的一项重要条件,无形资产的成本计量方法根据其取得方式的不同而不同。对于外购的无形资产,根据实际支付的价款作为实际成本。对于企业自创的商誉,由于其产生过程的成本无法可靠地计量,因此不能确认为无形资产。

(二)研究阶段支出与开发阶段支出的确认

企业内部研究开发项目的支出,应当区分研究阶段支出与开发阶段支出。

1. 研究阶段支出

研究阶段是指为获取并理解新的科学或技术知识而进行的独创性的有计划调查。其特点在于研究阶段是探索性的,为进一步的开发活动进行资料及相关方面的准备。从已经进行的研究活动看,将来是否转入开发、开发后是否会形成无形资产等具有很大的不确定性。

根据会计准则规定,企业内部研究开发项目的研究阶段支出,应当于发生时计入当期损益,不确认无形资产。

2. 开发阶段支出

开发是指在进行商业性生产或使用前,将研究成果或其他知识应用于某项计划或设计,以生产出新的或具有实质性改进的材料、装置、产品等。开发阶段相对于研究阶段而言,应当是已完成研究阶段的工作,在很大程度上具备了形成一项新产品或新技术的基本条件。

企业内部研究开发项目的开发阶段支出,同时满足下列条件的,才能确认为无形资产,否则计入当期损益。

(1)完成该无形资产以使其能够使用或出售且在技术上具有可行性。

(2)具有完成该无形资产并使用或出售的意图。

(3)无形资产产生经济利益的方式,包括能够证明运用该无形资产生产的产品存在市场或无形资产自身存在市场,无形资产将在内部使用的,应当证明其有用性。

(4)有足够的技术、财务资源和其他资源支持,以完成该无形资产的开发,并有能力使用或出售该无形资产。

(5)归属于该无形资产开发阶段的支出能够可靠地计量。

3. 无法区分研究阶段支出和开发阶段支出

如无法区分,应当将其所发生的研究开发支出全部费用化,计入当期损益(管理费用)。

任务案例

【案例】粤山有限公司在成立初期发生以下业务,支付开办费5万元,为获得土地使用权支付土地出让金5 000万元,支付开发新技术过程中发生的研究开发费100万元,请判断该企业应作为无形资产入账的是哪些?

解析

(1)开办费5万元应先在长期待摊费用中归集,待企业开始生产经营当月一次计入当月的管理费用。

(2)为获得土地使用权支付的土地出让金5 000万元应作为无形资产入账。

(3)企业研究阶段的支出100万元应全部费用化,计入当期损益(管理费用)。根据有关规定,开发阶段的支出符合资本化条件的才能确认为无形资产;不符合资本化条件的计入当期损益(管理费用);无法区分研究阶段支出和开发阶段支出的应将其所发生的研究开发支出全部费用化,计入当期损益(管理费用)。本题中的研究开发费100万元无法区分研究阶段支出和开发阶段支出,故应计入当期损益。

任务实训

(一)单项选择题

1. 下列可以确认为无形资产的有(　　)。

A. 高级专业技术人才

B. 计算机公司购入的为客户开发的软件

C. 有偿取得一项为期15年的高速公路收费权

D. 购买的商标权

2. 下列属于无形资产的有(　　)。

A. 著作权　　B. 市场份额　　C. 土地使用权　　D. 非专利技术

3. 无形资产,是指企业拥有或者控制额没有实物形态的(　　)。

A. 可辨认的货币性资产　　B. 可辨认的非货币性资产

C. 不可辨认的货币性资产　　D. 不可辨认的非货币性资产

(二)多项选择题

1. 无形资产通常包括(　　)。

A. 专利权　　B. 非专利技术　　C. 商标权　　D. 著作权

E. 土地使用权

2. 对于企业内部研究开发项目的开发阶段支出,同时满足下列(　　)条件的才能确认为无形资产。

A. 完成该无形资产以使其能够使用或出售在技术上具有可行性

B. 具有完成该无形资产并使用或出售的意图

C. 无形资产产生经济利益的方式,包括能够证明运用该无形资产生产的产品存在市场或无形资产自身存在市场,无形资产将在内部使用的,应当证明其有用性

D. 有足够的技术、财务资源和其他资源支持,以完成该无形资产的开发,并有能力使用或出售该无形资产

E. 归属于该无形资产的开发阶段,支出能够可靠地计量

(三)判断题

1. 按企业会计准则规定,企业内部研究开发项目的支出均应于发生时计入当期损益。(　　)

2. 用于出租或增值的土地使用权属于投资性房地产,不属于无形资产。(　　)

3. 商誉没有实物形态,符合无形资产的确认条件,因此商誉属于无形资产。(　　)

4. 企业开发阶段发生的支出应全部资本化,计入无形资产成本。(　　)

任务二　无形资产的初始计量

📖 任务认知

一、无形资产的初始计量方法

无形资产的初始计量指的是对取得的无形资产入账价值的计算,通常是按实际成本计量,包括取得无形资产并使之达到预定用途而发生的全部支出。根据取得方式的不同,其计量方法也有所区别。

(一)外购的无形资产成本

外购无形资产的成本包括购买价款、相关税费以及直接归属于使该项资产达到预定用途所发生的其他支出。其中,其他支出指的是使无形资产达到预定用途之前所发生的专业服务费用、测试费等,不包括为引入新产品进行宣传发生的广告费、管理费用及其他间接费用,也不包括在无形资产已经达到预定用途以后发生的费用。

如购买无形资产的价款超过正常信用条件而延期支付,实质上具有融资性质时,其无形资产的成本以购买价款的现值为基础确定。对于实际支付的价款与购买价款的现值之间的差额,除按照《企业会计准则第 17 号——借款费用》应予资本化的以外,应当在信用期间计入当期损益。

(二)投资者投入的无形资产成本

对于投资者投入的无形资产的成本,应当按照投资合同或协议约定的价值确定。在投资合同或协议约定价值不公允的情况下,应按无形资产的公允价值入账,所确认的初始成本与实收资本或股本之间的差额调整资本公积。

(三)自行开发的无形资产成本

会计准则规定,自行开发的无形资产的成本包括自满足无形资产的确认条件后至达到预定用途前所发生的支出总额,即开发过程中发生的材料费用、直接参与开发人员的工资及福利费、开发过程中发生的租金、借款费用、注册费、聘请律师费。

不符合资本化条件的开发支出计入当期损益(管理费用);企业研究阶段的支出全部费用化后计入当期损益(管理费用);无法区分研究阶段支出和开发阶段支出时,应当将其所发生的研发支出全部费用化后计入当期损益(管理费用)。

在确认前已经计入各期费用的研究与开发费用,在无形资产研究开发获得成功并依法申请专利时,不得再将原已计入损益的研究与开发费用转作无形资产。

无形资产在确认后发生的后续支出,如宣传活动费用支出,应在发生当期确认为费用。

(四)土地使用权的成本处理

企业取得的土地使用权通常应确认为无形资产。

如果企业外购的土地与建筑物一同支付的,价款应当在地上建筑物与土地使用权之间进行分配,分别确认为无形资产和固定资产。如果地上建筑物与土地使用权之间确实难以合理区分的,其土地使用权价值仍应确认为固定资产原价。如果改变土地使用权用途,用于赚取租金或资本增值的,应当将其转为投资性房地产。

对于房地产开发企业取得土地用于建造对外出售的房屋建筑物,相关的土地使用权账面价值应当计入所建造的房屋建筑物成本。

二、无形资产的初始计量

根据会计准则,企业应设置"无形资产"科目核算无形资产的增减情况。"无形资产"属于资产类账户,借方登记无形资产的取得成本,贷方登记转让、核销的成本,余额在借方,反映企业期末的无形资产成本。

1. 外购的无形资产初始计量

对于外购的无形资产,按应计入无形资产成本的金额,借记"无形资产",贷记"银行存款"等科目。

购入无形资产超过正常信用条件延期支付价款,实质上具有融资性质,应按所购无形资产购买价款的现值,借记"无形资产",按应支付的金额,贷记"长期应付款"科目,按其差额,借记"未确认融资费用"科目。

2. 自行开发的无形资产初始计量

对于自行开发的无形资产,借记"无形资产",贷记"研发支出"科目。

3. 投资者投入的无形资产初始计量

对于投资者投入的无形资产,借记"无形资产",贷记"实收资本"或"股本",如果无形资产的协商价格与公允价格有差额,按公允价格记入"无形资产",差额记入"资本公积"。

4: 其他方式取得的无形资产初始计量

对于其他方式取得的无形资产,按不同方式确定应计入无形资产成本的金额,借记本科目,贷记有关科目。

任务案例

【案例1】广贸公司购入一项200万元的专利权,另外还支付相关费用3万元,款项已通过银行支付。要求编制会计分录。

解析

外购无形资产的成本包括购买价款、相关税费以及直接归属于使该项资产达到预定用途所发生的其他支出。会计分录如下。

借:无形资产　　　　2 030 000

　贷:银行存款　　　　2 030 000

【案例2】A公司于2009年3月1日开始自行开发成本管理软件,在研究阶段发生费用10万元,开发阶段发生开发费用100万元,开发阶段的支出满足资本化条件。2009年4月16日,A公司自行开发成功该成本管理软件,并依法申请了专利,支付注册费1万元,律师费2.5万元,A公司于2009年5月20日为向社会展示其成本管理软件,特举办了大型宣传活动,支付费用15万元。要求确定无形资产的入账价值并作相关账务处理。

解析

(1)企业研究阶段发生的支出。

借:研发支出　　　　100 000

　贷:银行存款　　　　100 000

(2)开发阶段发生的支出。

借:研发支出 1 000 000

　贷:银行存款 1 000 000

(3)依法取得权利时发生的注册费、律师费等费用作为无形资产的实际成本。

借:无形资产 35 000

　贷:银行存款 35 000

(4)在无形资产获得成功并依法申请取得权利。

借:无形资产 1 000 000

　贷:研发支出 1 000 000

借:管理费用 100 000

　贷:研发支出 100 000

(5)无形资产在确认后发生的后续支出,如宣传活动支出应在发生当期确认为费用。

借:管理费用 150 000

　贷:银行存款 150 000

【案例3】某企业自行研究开发一项新产品专利技术,在研究开发过程中发生材料费用3 000 000元(增值税税率17%),人工费用2 000 000元以及其他费用1 500 000元(其他费用已通过银行存款支付)。其中,符合资本化条件的支出为5 000 000元。期末,该专利技术已经达到预定用途。要求编制相关会计分录。

解析

(1)发生相关费用时,

借:研发支出 7 010 000

　贷:原材料 3 000 000

　　应交税费——应交增值税(进项税额转出) 510 000

　　应付职工薪酬 2 000 000

　　银行存款 1 500 000

(2)期末,该专利技术已经达到预定用途时,

借:管理费用 2 010 000

　无形资产 5 000 000

　贷:研发支出 7 010 000

【案例4】粤蓝股份公司接受甲公司所拥有的专利权投资,双方协议价格为5 000万元,市场公允价值为4 000万元。要求编制会计分录。

解析

对于投资者投入的无形资产,无形资产的协商价格与公允价格有差额的,按公允价格记入"无形资产",差额记入"资本公积"。

借:无形资产 40 000 000

　资本公积——股本溢价 10 000 000

　贷:股本 50 000 000

【案例5】甲企业申请取得土地使用权一项,以银行存款支付土地出让金3 000 000元。要求编制会计分录。

🗁 **解析**

借:无形资产——土地使用权　　3 000 000

　贷:银行存款　　3 000 000

任务实训

(一)单项选择题

1. 无形资产的计量通常采用(　　)。

A. 实际成本　　B. 公允价值　　C. 现值　　D. 可收回金额

2. 对于购买无形资产的价款超过正常信用条件延期支付(如付款期在3年以上),实质上具有融资性质的,无形资产的成本为(　　)。

A. 购买价款与应计利息之和　　B. 购买价款的现值

C. 购买价款与相关税费之和　　D. 该项资产的公允价值

3. 自行开发的无形资产,借记“无形资产”,贷记(　　)科目。

A. 管理费用　　B. 研发支出　　C. 研发费用　　D. 生产成本

(二)多项选择题

1. 对于外购的无形资产,其成本包括(　　)。

A. 购买价款

B. 相关税费

C. 为引入新产品进行宣传发生的广告费、管理费用

D. 直接归属于该项资产达到预定用途所发生的其他支出

E. 在无形资产达到预定用途以后发生的费用

2. 投资者投入的无形资产成本,可以按照(　　)确定。

A. 投资合同的价值　　B. 协议约定的价值

C. 无形资产的公允价值入账　　D. 无形资产的现值

3. 对于自行开发的无形资产,其成本包括开发过程中发生的(　　)。

A. 材料费用

B. 直接及间接参与开发人员的工资及福利费

C. 借款费用

D. 聘请律师费

(三)判断题

1. 投资者投入的无形资产的成本,都应当按照投资合同或协议约定的价值确定入账价值。(　　)

2. 购入无形资产超过正常信用条件延期支付价款,实质上具有融资性质的,应按所购无形资产购买价款的现值为基础入账。(　　)

3. 一般情况下,当土地使用权用于自行开发建造厂房等地上建筑物时,相关的土地使用权账面价值应由“无形资产”转入“在建工程”。(　　)

(四)计算分析题

1. 甲公司购入一项特许权1 000万元,支付相关费用3万元,要求作出其会计分录。

2. 甲公司研制一项新技术,该企业在此项研究过程中发生的研究费用为60 000元,在开

发过程中发生的开发费用为40 000元。研究成功后，申请获得该项专利权。在申请过程中发生的专利登记费为20 000元，律师费为6 000元。要求确定无形资产的入账价值并作相关账务处理。

任务三　无形资产的后续计量

任务认知

一、无形资产的摊销

无形资产的后续计量主要包括无形资产的摊销以及无形资产的减值计量。

无形资产的摊销是指根据无形资产的有效受益年限等，按照无形资产的成本扣除残值或已计提的无形资产减值准备累计金额后，计算出每个会计期间应分摊的数额。

（一）无形资产摊销的计量

1. 无形资产摊销年限的确定

企业持有的无形资产，通常来源于合同性权利或是其他法定权利，且合同规定或法律规定有明确的使用年限。

来源于合同性权利或是其他法定权利的无形资产，其使用寿命不应超过合同性权利或是其他法定权利的期限。例如，企业以支付土地出让金方式取得一块土地50年的使用权，如果企业准备持续持有，在50年期间内没有计划出售，该项土地使用权预期为企业带来未来经济利益的期间为50年。如果合同性权利或是其他法定权利能够在到期时因续约等延续，且有证据表明企业续约不需要付出大额成本，续约期应当计入使用寿命。合同或法律没有规定使用寿命的，企业应当综合各方面情况判断，以确定无形资产能为企业带来未来经济利益的期限。比如，与同行业的情况进行比较、参考历史经验或聘请相关专家进行论证等。

企业确定无形资产的使用寿命，应当考虑以下因素。

（1）该资产通常的产品寿命周期、可获得的类似资产的使用寿命信息。

（2）技术、工艺等方面的现实情况及对未来发展的估计。

（3）以该资产生产的产品或服务的市场需求情况。

（4）现在或潜在的竞争者预期采取的行动。

（5）为维持该资产产生未来经济利益的能力预期的维护支出，以及企业预计支付有关支出的能力。

（6）对该资产的控制期限，使用的法律或类似现值，如特许使用期间、租赁期间等。

（7）与企业持有的其他资产使用寿命的关联性等。

按照上述方法仍无法合理确定无形资产为企业带来经济利益期限的，该项无形资产应作为使用寿命不确定的无形资产。

使用寿命有限的无形资产，其应摊销金额应当在使用寿命内系统合理摊销。

2. 无形资产残值的确定

无形资产的残值一般为零，下列两种情况除外。

（1）有第三方承诺在无形资产使用寿命结束时购买该项无形资产。

（2）可以根据活跃市场得到无形资产预计残值信息，并且该市场在该项无形资产使用寿

命结束时可能存在。

残值确定以后，在持有无形资产期间，至少应于每年年末进行复核。预计其残值与原估计金额不同的，应按照会计估计变更进行处理。

3. 无形资产的摊销方法

根据会计制度规定，无形资产的摊销期自其可供使用时（即达到能够按管理层预定的方式运作所必须的状态）开始至不再作为无形资产确认时为止。无形资产的摊销方法应该反映与该项无形资产有关的经济利益的预期实现方式，具体有工作量法、直线法等。无法可靠确定预期实现方式的应当采用直线法摊销。即从取得无形资产的当月起，将无形资产的成本扣除残值或已计提的无形资产减值准备累计金额后，按确定的摊销期限平均摊入各期费用中。使用寿命不确定的无形资产不应摊销。

企业至少应当于每年年度终了，对使用寿命有限的无形资产的使用寿命及摊销方法进行复核。对于有证据表明无形资产的使用寿命及摊销方法与以前估计不同的，应当改变摊销期限和摊销方法。企业还应当在每个会计期间对使用寿命不确定的无形资产进行复核，如果有证据表明其寿命是有限的，则应估计其使用寿命并按照估计使用寿命进行摊销。

（二）无形资产摊销的会计核算

会计准则规定，无形资产的摊销金额一般应当计入当期损益，如果某项无形资产包含的经济利益通过所生产的产品或其他资产实现的，其摊销金额应当计入相关资产的成本。

为了核算企业对使用寿命有限的无形资产计提的累计摊销。设置了“累计摊销”账户，企业按期（月）计提无形资产的摊销，借记“管理费用”、“其他业务成本”等科目，贷记“累计摊销”。处置无形资产还应同时结转累计摊销。期末为贷方余额，反映企业无形资产的累计摊销额。

二、无形资产的减值准备

无形资产减值是指资产的可收回金额低于其账面价值。

（一）无形资产的减值准备的计量

1. 可能发生减值资产的认定

当无形资产发现以下情况时，表明资产可能发生了减值。

（1）该无形资产已被其他新技术等所替代，使其为企业创造经济利益的能力受到重大不利影响。

（2）该无形资产的市价在当期大幅下跌，并在剩余摊销年限内可能不会回升。

（3）其他足以表明该无形资产的可收回金额小于账面价值的情形。

2. 无形资产可收回金额的计量

对于资产存在减值迹象的，应当估计其可收回金额。会计制度规定，无形资产的可收回金额指以下两项金额中的较大者。

（1）无形资产的公允价值减去处置费用后的净额，即根据公平交易中销售协议价格减去可直接归属于该资产处置费用的金额。对于不存在销售协议但存在资产活跃市场的，应当根据资产的市场价格减去处置费用后的金额确定。如果在销售协议和资产活跃市场均不存在的情况下，应当以可获取的最佳信息为标准，估计资产的公允价值减去处置费用后的净额，该净额可以参考同行业类似资产的最近交易价格或结果进行估计。

（2）无形资产预计未来现金流量的现值，即按照无形资产在持续使用过程中和最终处置

时所产生的预计未来现金流量，选择恰当的折现率对其进行折现后的金额加以确定。

3. 无形资产减值准备的确定

当可收回金额的计量结果表明无形资产的可收回金额低于其账面价值时，应当将无形资产的账面价值减记至可收回金额，减记的金额确认为无形资产减值损失，计入当期损益，同时计提相应的无形资产减值准备。

无形资产减值损失确认后，减值无形资产的摊销费用应当在未来期间作相应调整，以使该无形资产在剩余使用寿命内，系统地分摊调整后的资产账面价值（扣除预计净残值）。

无形资产减值损失一经确认，在以后会计期间不得转回。

（二）无形资产的减值准备的账务处理

为了核算企业无形资产的减值准备，设置了“无形资产减值准备”科目，对于无形资产发生减值的，按应减记的金额，借记“资产减值损失”科目，贷记本科目。处置无形资产还应同时结转减值准备。本科目期末贷方余额，反映企业已计提但尚未转销的无形资产减值准备。

任务案例

【案例1】蓝新有限公司于2007年1月1日以银行存款600万元购入一项专利权。该项无形资产的预计使用年限为10年，该公司按直线法摊销无形资产，计算其摊销金额，并编制会计分录。

解析

每年摊销金额 = 600 ÷ 10 = 60（万元）

借：管理费用——无形资产摊销　　600 000

　贷：累计摊销　　600 000

【案例2】承【案例1】，2008年末预计该项无形资产的可收回金额为380万元，尚可使用年限为2年。计算2008年计提无形资产减值准备和2009年的摊销金额，并编制会计分录。

解析

（1）2008年末该专利权的账面价值 = 600 − 60 × 2 = 480（万元）

可收回金额为380万元，计提减值准备 = 480 − 380 = 100（万元）

借：资产减值损失——计提的无形资产减值准备　　1000 000

　贷：无形资产减值准备　　1000 000

（2）无形资产减值损失确认后，减值无形资产的摊销费用应当在未来期间作相应调整。

2009年摊销金额 = 380 ÷ 8 = 47.5（万元）

借：管理费用——无形资产摊销　　475 000

　贷：累计摊销　　475 000

【案例3】粤新公司于2008年1月内部研发成功并可供使用非专利技术的无形资产账面价值200万元，无法预见这一非专利技术为企业带来未来经济利益期限，2009年末预计其可收回金额为150万元，预计该非专利技术可以继续使用5年，该企业按直线法摊销无形资产，计算2009年计提无形资产减值准备和2010年的摊销金额，并编制会计分录。

解析

（1）对于使用寿命不确定的无形资产不应摊销，该非专利技术应自2010年确定可使用年限时开始摊销。

2008 年末该非专利技术的无形资产账面价值依旧为 200 万元，2009 年末可收回金额为 150 万元，应计提减值准备 50 万元。

借：资产减值损失——计提的无形资产减值准备　　500 000

　　贷：无形资产减值准备　　500 000

(2)2010 年的摊销金额 = 150 ÷ 5 = 30(万元)

借：管理费用——无形资产摊销　　300 000

　　贷：累计摊销　　300 000

任务实训

(一)单项选择题

1. 企业摊销自用的、使用寿命确定的无形资产时，借记"管理费用"科目，贷记(　　)科目。

A. 无形资产减值准备　B. 累计摊销　C. 累计折旧　D. 无形资产

2. 在会计期末，当股份有限公司所持有的无形资产的账面价值高于其可收回金额的差额时，应当计入(　　)科目。

A. 管理费用　B. 营业外支出　C. 其他业务成本　D. 资产减值损失

3. 对出租的无形资产进行摊销时，其摊销的价值应当计入(　　)。

A. 管理费用　B. 其他业务支出　C. 营业外支出　D. 待摊费用

4. 红日公司于 2007 年 1 月 1 日购入一项无形资产。该无形资产的实际成本为 500 万元，摊销年限为 10 年。2008 年 12 月 31 日，该无形资产发生减值，预计可收回金额为 200 万元。计提减值准备后，该无形资产的原摊销年限不变。2009 年 12 月 31 日该无形资产的账面余额为(　　)万元。

A. 150　B. 220　C. 175　D. 200

5. 无形资产的残值一般按(　　)预计。

A. 3%　B. 5%　C. 10%　D. 0

(二)多项选择题

1. 下列有关无形资产的表述中，正确的有(　　)。

A. 无形资产后续支出应该在发生时计入当期损益

B. 企业自用的、使用寿命确定的无形资产的摊销金额应该全部计入当期管理费用

C. 无形资产减值损失确认后，减值无形资产的摊销费用应当在未来期间作相应调整

D. 使用寿命有限的无形资产应当在取得当月起开始摊销

2. 无形资产的可收回金额是以下(　　)两者中的较大者。

A. 无形资产的公允价值(不考虑处置费用)　B. 无形资产的净值

C. 无形资产的原值　D. 无形资产的预计未来现金流量的现值

3. 下列有关无形资产的后续计量中，说法不正确的是(　　)。

A. 对于使用寿命不确定的无形资产不应进行摊销

B. 无形资产的摊销方法必须采用直线法进行摊销 .

C. 对于使用寿命不确定的无形资产，应该按照系统合理的方法摊销

D. 企业无形资产的摊销方法应当反映与该项无形资产有关的经济利益的预期实现方式

（三）判断题

1. 使用寿命有限的无形资产一定无残值。(　　)

2. 企业摊销无形资产，应自无形资产可供使用时起，至不再作为无形资产确认时止。(　　)

3. 使用寿命有限的无形资产进行摊销时的账务处理都是借记“管理费用”账户，贷记“累计摊销”账户。(　　)

4. 企业对于无法合理确定使用寿命的无形资产，应将其成本在10年的期限内摊销。(　　)

（四）计算分析题

天丽公司于2008年1月1日购入一项专利权，支付价款500万元。该无形资产预计使用年限为8年。2009年12月31日，由于与该无形资产相关的经济因素发生不利变化，致使其发生减值，A公司估计可收回金额为210万元。假定无形资产按照直线法进行摊销。

要求：(1)编制购入该无形资产的会计分录；(2)计算2008年12月31日无形资产的摊销金额并作相应会计分录；(3)计算该无形资产2009年年底计提的减值准备金额并编制会计分录；(4)计算2010年12月31日的摊销金额并作相应会计分录。

任务四　无形资产的处置

任务认知

一、无形资产的出售

无形资产的处置是指无形资产对外出租、出售、对外捐赠，或者是无法为企业带来经济利益时，应予转销并终止确认。

企业出售无形资产，表明企业放弃该无形资产的所有权，应当将取得的价款与该无形资产账面价值的差额作为资产处置的利得或损失，计入当期损益。

企业出售无形资产时，应将所取得的价款借记“银行存款”，按无形资产已经累计摊销的金额，借记“累计摊销”；按已计提的减值准备，借记“无形资产减值准备”；按无形资产的账面价值，贷记“无形资产”；按应支付的相关费用，贷记“银行存款”、“应交税费”等，按其差额计入“营业外收入——处置非流动资产利得”或借记“营业外支出——处置非流动资产损失”科目。

二、无形资产的出租

无形资产出租是指企业将所拥有的无形资产的使用权让渡给他人，并收取租金。租金收入应按合同或协议规定计算确定。同时应确认无形资产出租的相关费用，以符合收入与费用相配比的原则。

出租无形资产时，按照实际取得的租金收入，借记“银行存款”科目，贷记“其他业务收入”科目。摊销出租无形资产的成本并发生与转让有关的各种费用支出时，借记“其他业务成本”科目，贷记“累计摊销”、“银行存款”科目。

三、无形资产的报废

如果无形资产预期不能为企业带来未来经济利益，应将其报废并予以转销，其账面价值转作当期损益。企业在判断无形资产是否预期不能为企业带来经济利益时，应根据以下迹象加以判断。

(1)该无形资产是否已被其他新技术等所替代，且已不能为企业带来经济利益。

(2)该无形资产是否不再受法律的保护，且不能给企业带来经济利益。

转销时，应按已计提的累计摊销，借记“累计摊销”科目；按其账面余额，贷记“无形资产”科目；按其差额，借记“营业外支出”科目。对已计提减值准备的，还应同时结转减值准备，借记“无形资产减值准备”科目。

任务案例

【案例1】天丽公司将其所拥有的一项专利权的所有权出售，取得收入100万元，应交营业税5万元，该专利权的账面余额为60万元，已经计提的减值准备为5万元，累计摊销额为10万元。要求编制会计分录。

解析

公司应作如下会计分录。

	借方	贷方
借：银行存款	1 000 000	
累计摊销	100 000	
无形资产减值准备	50 000	
贷：无形资产——专利权	600 000	
应交税费——应交营业税		50 000
营业外收入——处置非流动资产利得		500 000

【案例2】2008年1月1日，红日公司将一项专利技术出租给A企业使用，该专利技术账面余额为800万元，摊销期限为10年，出租合同规定，每年收取租金100万元。假设红日公司当年应交的相关税费为6万元。要求编制相应的会计分录。

解析

(1)取得该项专利技术使用费时，

	借方	贷方
借：银行存款	1 000 000	
贷：其他业务收入		1 000 000

(2)按年对该项专利技术进行摊销并支付相关的税费。

	借方	贷方
借：其他业务成本	860 000	
贷：累计摊销		800 000
银行存款		60 000

【案例3】天新公司拥有一项专利技术，但根据市场调查，用其生产的产品已没有市场，决定应予转销。转销时，该项专利技术的账面余额为1 000万元，摊销期限为10年，已累计摊销700万元，已计提的减值准备为200万元，该项专利权的残值为零，采用直线法进行摊销，假定不考虑其他相关因素。要求编制相应的会计分录。

解析

	借方	贷方
借：累计摊销	7 000 000	

无形资产减值准备	2 000 000
营业外支出——处置非流动资产损失	1 000 000
贷:无形资产——专利权	10 000 000

📖 任务实训

(一)单项选择题

1. 天丽公司以300万元的价格对外转让一项专利权。该项专利权系甲公司以500万元的价格购入,购入时该专利权预计使用年限为10年。转让时该专利权已使用6年。该无形资产按直线法摊销。转让时发生相关税费15万元。甲公司转让该专利权所获得的净收益为(　　)万元。

A. 0　　B. 100　　C. 75　　D. 85

2. 2010年1月1日,甲公司将某专利权的使用权转让给丙公司,每年收取租金50万元,该专利权系甲公司2009年1月1日购入的,初始入账价值为100万元,预计使用年限为5年。该无形资产按直线法摊销。假定不考虑其他因素,乙公司2010年度因该专利权形成的其他业务利润为(　　)万元。

A. -10　　B. 0　　C. 50　　D. 30

3. 红拓公司出售所拥有的无形资产一项,取得收入500万元,营业税税率5%。该无形资产取得时实际成本为600万元,已摊销150万元,已计提减值准备50万元。甲公司出售该项无形资产应计入当期损益的金额为(　　)万元。

A. 75　　B. 500　　C. 0　　D. 100

(二)多项选择题

1. 下列有关无形资产的会计处理中,不正确的是(　　)。

A. 转让无形资产所有权所取得的收入应计入其他业务收入

B. 对于使用寿命不确定的无形资产,不应摊销

C. 转让无形资产所有权所发生的支出应计入其他业务成本

D. 转让无形资产使用权所取得的收入应计入营业外收入

2. 下列有关无形资产会计处理的表述中,不正确的有(　　)。

A. 企业出售无形资产的损失应计入营业外支出

B. 企业无形资产的摊销金额应该全部计入当期管理费用

C. 不能为企业带来经济利益的无形资产的摊余价值应该全部转入当期的管理费用

D. 开办费应在受益期内平均摊销

(三)判断题

1. 无形资产的报废损失应计入管理费用。(　　)

2. 企业出售无形资产,应将所得价款与该无形资产的账面价值之间的差额,计入当期其他业务利润。(　　)

(四)计算分析题

宏力有限公司2008年至2010年无形资产业务有关的资料如下。

(1)2008年1月1日,购入一项无形资产,以银行存款支付500万元。该无形资产的预计使用年限为10年,采用直线法摊销。

(2)2008 年 12 月 31 日预计无形资产的可收回金额是 280 万元。假设计提减值准备后，该资产的使用年限不变。

(3)2009 年 12 月 31 日预计无形资产的可收回金额是 180 万元。假设计提减值准备后，该资产的使用年限不变。

(4)2010 年 3 月 1 日，将该无形资产对外出售，取得价款 200 万元并收存银行，营业税税率为 5%。

要求：(1)根据上述资料计算每年的摊销金额并写出无形资产减值准备的计算过程；(2)编制 2008、2009、2010 年相关的会计分录。

任务五　其他资产的核算

任务认知

一、长期待摊费用

其他资产是指除了流动资产、长期投资、固定资产、无形资产等项目之外的资产，主要包括长期待摊费用和其他长期资产。

长期待摊费用是指企业已经支出，但摊销期限在 1 年以上(不含 1 年)的各项费用，包括开办费、租入固定资产的改良支出以及摊销期在 1 年以上的其他待摊费用。

开办费是指企业在筹建期间内所发生的费用，包括员工薪酬、办公费用、培训支出、差旅费、印刷费、注册登记费以及不计入固定资产价值的借款费用等。企业发生的开办费，先在长期待摊费用中归集，待企业开始生产经营时一次计入当月的损益。

其他长期待摊费用一般在受益期内平均摊销。应当由本期负担的借款利息、租金等，不得作为长期待摊费用处理。

为了核算企业的长期待摊费用，设置“长期待摊费用”账户，发生长期待摊费用时，借记本科目，贷“银行存款”、“原材料”等科目。摊销时，借“管理费用”、“制造费用”等科目，贷记“长期待摊费用”科目。“长期待摊费用”科目期末借方余额反映企业尚未摊销完毕的长期待摊费用。

二、其他长期资产

其他长期资产是指具有特定用途或其使用被限制，不参加正常生产经营过程的特殊资产，一般包括经国家特批的特准储备物资、银行冻结存款和冻结物资、涉及诉讼中的财产等。其他长期资产可根据资产的性质和特点，按照实际情况单独设置相关科目进行核算。

任务案例

【案例 1】天都公司在 2009 年 1 月至 3 月筹建期间发生开办费 80 000 元，以银行存款支付，该企业于 2009 年 4 月正式投入生产经营，要求编制相关会计分录。

解析

(1)发生开办费时。

借：长期待摊费用——开办费　　80 000

贷:银行存款　　80 000

(2)正式投入生产经营时,一次摊销上述开办费。

借:管理费用　　80 000

　贷:长期待摊费用——开办费　　80 000

【案例2】2008年4月1日,甲公司对其以经营租赁方式租来的办公楼进行装修,发生以下有关支出:领用生产用材料500 000元,购进该批原材料时支付的增值税进项税额为85 000元;辅助生产车间为该工程提供的劳务支出为180 000元;有关人员工资等职工薪酬435 000元。2008年11月30日,该办公楼装修完工,达到预定可使用状态并交付使用,按租赁期10年开始进行摊销。要求编制相关的会计分录。

解析

(1)装修领用原材料时,

借:长期待摊费用　　585 000

　贷:原材料　　500 000

　　应交税费——应交增值税(进项税额转出)　　85 000

(2)辅助生产车间为装修工程提供的劳务,

借:长期待摊费用　　180 000

　贷:生产成本——辅助生产成本　　180 000

(3)确认工程人员的职工薪酬时,

借:长期待摊费用　　435 000

　贷:应付职工薪酬　　435 000

(4)2008年12月摊销装修支出,

借:管理费用　　10 000

　贷:长期待摊费用　　10 000

任务实训

(一)单项选择题

1. 下列资产中,属于其他资产的有(　　)。

A. 交易性金融资产　B. 待摊费用　C. 长期待摊费用　D. 商誉

2. 下列资产中,属于其他长期资产的有(　　)。

A. 长期债权投资　B. 长期股权投资　C. 长期待摊费用　D. 银行冻结存款

(二)多项选择题

1. 下列资产中,不属于其他资产的有(　　)。

A. 交易性金融资产　B. 特种储备物资　C. 长期待摊费用　D. 长期股权投资

2. 下列资产中,属于其他长期资产的有(　　)。

A. 涉及诉讼中的财产　B. 特种储备物资　C. 长期待摊费用　D. 银行冻结存款

(三)判断题

1. 无论是以经营租赁方式租入的固定资产还是以融资租赁方式租入的固定资产所发生的改良支出都应计入管理费用。(　　)

2. 其他资产包括商誉、长期待摊费用、预提费用和其他长期资产。(　　)

(四)计算分析题

2009 年 7 月 1 日,甲公司对其以经营租赁方式租入的办公楼进行装修,发生以下有关支出:领用生产用材料 200 000 元,购进该批原材料时支付的增值税进项税额为 34 000 元;辅助生产车间为该工程提供的劳务支出为 60 000 元;有关人员工资等职工薪酬 118 000 元。2009 年 11 月 30 日,该办公楼装修完工,达到预定可使用状态并交付使用,按租赁期 10 年开始进行摊销。

要求:根据上述经济业务编制相关会计分录。

项目十

流动负债的核算

项目导入

今天，苏菲在明悦机械有限公司财务部的往来结算岗位实习。在实习中，苏菲发现与公司的采购方面有经济往来的单位很多，而且有的金额还比较大。财务主管说，不能小看流动负债，流动负债没有管理好，也会给公司带来债务风险，如果无力偿还，公司就会面临资不抵债而导致破产的境地。所以，流动负债的管理对于企业来说也是一项重要的内容。

项目目标

(1)了解流动负债的概念和相关内容。

(2)掌握短期借款的计价及核算方法。

(3)掌握应交税费的核算方法。

(4)掌握应付职工薪酬的核算方法。

(5)掌握应付款项的核算方法。

(6)掌握其他流动负债的核算方法。

任务一 短期借款的核算

任务认知

一、流动负债概述

流动负债是指企业在一年内或者超过一年的一个营业周期内需要偿还的所有债务，包括短期借款、应交税费、应付职工薪酬、应付账款、预收账款、应付利息等。流动负债具有偿还期短、流动性快、筹措成本低的特点。

二、短期借款概述

短期借款是指企业向银行或其他金融机构等借入的、还款期限在一年或一年以下的各种借款。

根据会计准则规定，核算企业的短期借款应设置“短期借款”科目，该科目借方登记偿还的借款本金，贷方登记借入的短期借款金额，期末余额在贷方。各企业可根据实际需要按借款种类、贷款人和币种进行明细核算。

三、短期借款的核算

(一)短期借款的账务处理

当企业借入各种短期借款时,借记“银行存款”科目,贷记“短期借款”科目;归还借款时作相反的会计分录。

(二)短期借款利息的账务处理

短期借款的利息结算方式包括按月支付、按季支付、按半年支付和到期一次还本付息方式等。在账务处理时,应根据不同的方式采取恰当的会计处理方法。如果企业的短期借款利息按月支付或是在借款到期时一并支付且数额不大的,可以直接计入当期的财务费用,借记“财务费用”等科目,贷记“银行存款”科目。如果短期借款的利息按季(半年)支付或是在借款到期时一并支付但数额较大的,为了正确核算各期的盈亏,应采用预提的办法,先按月预提,借记“财务费用”,贷记“应付利息”科目;实际支付时,借记“应付利息”科目,贷记“银行存款”科目。在实际工作中,短期借款利息一般采用月末预提的方式进行核算。

任务案例

【案例1】天鹿有限公司于2009年1月1日向银行借入120万元,期限6个月,年利率6%,该借款的利息按月支付,到期归还本金,要求对该公司进行相关的账务处理。

解析

有关账务处理如下。

(1)1月1日借入款项时,

借:银行存款　　1 200 000

　贷:短期借款　　1 200 000

(2)1月末支付当月利息 1 200 000 × 6% ÷ 12 = 6 000(元)

借:财务费用　　6 000

　贷:银行存款　　6 000

其余各月利息的处理同上。

(3)7月1日偿还借款本金时,

借:短期借款　　1 200 000

　贷:银行存款　　1 200 000

【案例2】旭日公司于2009年1月1日向工商银行借入30万元,期限为9个月,年利率为5%,根据借款协议,该项借款的本金到期后一次归还,利息按季支付。要求对该公司进行相关的账务处理。

解析

(1) 1月1日借入短期借款时,会计分录如下。

借:银行存款　　300 000

　贷:短期借款　　300 000

(2)1月末应计利息金额 = 300 000 × 5% ÷ 12 = 1 250(元)

借:财务费用　　1 250

　贷:应付利息　　1 250

2月末利息的账务处理同上。

(3)3月末支付第一季度银行借款利息时,会计分录如下。

借:财务费用　　1 250

　应付利息　　2 500

　贷:银行存款　　3 750

(4)10月1日偿还银行借款本金时,会计分录如下。

借:短期借款　　300 000

　贷:银行存款　　300 000

任务实训

(一)单项选择题

1. 短期借款利息核算不会涉及到的账户是(　　)。

A. 银行存款　B. 应付利息　C. 财务费用　D. 预提费用

2. 为了核算企业短期借款的借入和归还情况,企业应设置(　　)账户。

A.“短期借款”　B.“长期借款”　C.“其他应收款”　D.“其他应付款”

3.“短期借款”的借方登记(　　)。

A. 借入的短期借款　B. 租入包装物的押金

C. 偿还的短期借款　D. 尚未偿还的短期借款

4. 企业按月预提借款利息时,应(　　)。

A. 借记“财务费用”　B. 贷记“财务费用”　C. 借记“预提费用”　D. 借记“待摊费用”

5. 月末,对预提的短期借款利息,贷记的账户是(　　)。

A.“短期借款”　B.“其他应付款”　C.“财务费用”　D.“应付利息”

(二)计算分析题

1. 甲公司于2009年1月1日向银行借入60万元,期限6个月,年利率5%,该借款的利息按月支付,到期归还本金。要求编制相关的会计分录。

2. 东海贸易有限公司因经营需要,于2009年1月1日向银行借入150万元,期限为9个月,年利率为6%,双方约定,该项借款的本金到期后一次归还,利息按季支付。要求编制相关的会计分录。

任务二　应交税费的核算

任务认知

一、应交税费的概述

应交税费是指企业根据我国税法规定应当交纳的各种税费,包括增值税、消费税、营业税、所得税、资源税、土地增值税、城市维护建设税、房产税、土地使用税、车船使用税、教育费附加、个人所得税、企业所得税、矿产资源补偿费等。企业按规定应交纳的保险保障基金也属于应交税费的核算内容。

根据会计准则规定,核算企业的应交税费应设置“应交税费”科目,用于核算企业的各种税费。该科目的借方反映企业实际交纳的税费,贷方登记应交纳的各种税费、出口退税以及退

回多交的税款。期末余额在贷方，表示企业尚未交纳的税费；期末若为借方余额，表示企业多交或尚未抵扣的税费。

在实践中，可以按照应交税费的税种设置明细科目进行明细核算。即在“应交税费”科目下设置“应交增值税”、“应交消费税”、“应交营业税”等明细科目。

但并非所有的税金都是通过“应交税费”科目核算，比如印花税、耕地占用税等，对其不必预计应交数的税金而直接通过“管理费用”、“在建工程”等科目核算。

二、应交税费的主要账务处理

（一）应交增值税

增值税是对在我国境内销售货物或者提供加工、修理修配劳务以及进口货物的单位和个人就其实现的增值额征收的一种流转税。目前我国的增值税纳税人主要分为一般纳税企业及小规模纳税企业。两者由于性质的不同在会计核算上也有所区别。

1. 一般纳税企业的会计核算

一般纳税企业是指会计核算健全，能按会计制度和税务机关的要求准确核算销项税额、进项税额和应纳税额，且年销售额达到一定标准的企业。按照《增值税暂行条例》规定，一般纳税企业购进货物或接受应税劳务支付的增值税（以下简称“进项税额”），可以从销售货物或提供应税劳务按规定收取的增值税（以下简称“销项税额”）中抵扣。下列进项税额准予从销项税额中抵扣。

（1）从销售方取得的增值税专用发票上注明的增值税税额。

（2）从海关取得的完税凭证上注明的增值税税额。

（3）购入免税农产品，可按农产品买价和13%的扣除率计算的进项税额。

（4）购入或销售货物以及在生产经营过程中支付运输费用的，按照运输费用结算单据上注明的运输费用金额和7%的扣除率计算的进项税额。

纳税人购进货物或者接受应税劳务，取得的增值税扣税凭证不符合法律、行政法规或者国务院税务部门有关规定的，其进项税额不得从销项税额中抵扣，只能计入购进货物或接受应税劳务的成本。

一般纳税企业应交的增值税，在“应交税费”科目下设置“应交增值税”、“未交增值税”两个明细科目进行核算。为了详细核算企业应交纳增值税的计算和解缴、抵扣等情况，企业应在“应交增值税”明细科目下设置“进项税额”、“已交税金”、“转出未交增值税”、“销项税额”、“出口退税”、“进项税额转出”等专栏。

1）物资采购的账务处理

企业采购物资时，按可抵扣的增值税额，借记“应交税费——应交增值税（进项税额）”，按采购物资的实际成本，借记“材料采购”、“在途物资”或“原材料”、“库存商品”等科目，按应付或实际支付的金额，贷记“应付账款”、“应付票据”、“银行存款”等科目。购入物资发生的退货，作相反的会计分录。

2）销售物资或提供应税劳务的账务处理

企业按销售物资或提供应税劳务时，按营业收入和应收取的增值税额，借记“应收账款”、“应收票据”、“银行存款”等科目。按发生的增值税额，贷记“应交税费——应交增值税（销项税额）”，按实现的营业收入，贷记“主营业务收入”、“其他业务收入”科目。发生的销售退回，做相反的会计分录。

3）进项税额的转出

企业所购进的物资改变用途或者发生非正常损失，其进项税额不得从销项税额中抵扣，应作转出处理。发生业务时，借记相关科目，贷记“应交税费——应交增值税（进项税额转出）”等科目。

4）视同销售行为

企业将自产或委托加工的货物用于非应税项目、集体福利或个人消费，将自产、委托加工或购买的货物作为投资、分配给股东或投资者、无偿赠送他人等，应视同对外销售物资处理，计算应交增值税，借记“在建工程”、“应付职工薪酬”、“长期股权投资”、“营业外支出”等科目，贷记“应交税费——应交增值税（销项税额）”等科目。

5）交纳增值税

企业交纳增值税时，借记“应交税费——应交增值税（已交税金）”科目，贷记“银行存款”科目。

6）月末未交和多交增值税的结转

月份终了，企业应将当月发生的应交未交增值税额，借记“应交税费——应交增值税（转出未交增值税）”科目，贷记“应交税费——未交增值税”科目；或将当月多交的增值税额，借记“应交税费——未交增值税”科目，贷记“应交税费——应交增值税（转出多交增值税）”科目。

未交增值税在以后月份上交时，借记“应交税费——未交增值税”科目，贷记“银行存款”科目。多交的增值税在以后月份退回或抵交当月应交增值税时，借记“银行存款”或“应交税费——应交增值税（已交税金）”科目，贷记“应交税费——未交增值税”科目。

2. 小规模纳税人的会计核算

小规模纳税人是指生产规模较小，会计核算不健全的企业，从事货物生产或者提供应税劳务的纳税人年应征增值税销售额在50万元以下，其他类型的企业年销售额在80万元以下。小规模纳税企业销售货物或提供应税劳务时，只能开具普通发票，不能开具增值税专用发票，不享有进项税额的抵扣权。其应纳增值税采用简易计征方法，计算公式如下：

应纳税额 = 不含税销售额 × 征收率

小规模纳税企业在购进货物和接受应税劳务时支付的增值税，直接计入有关货物和劳务成本。所以，小规模纳税企业的会计核算比较简单，一般只设置“应交税费——应交增值税”进行核算，“应交增值税”明细科目下不需要设置各项专栏。

（二）应交消费税的账务处理

消费税是对在中国境内从事生产和出口税法规定的应税消费品的单位和个人征收的一种流转税，是对特定的消费品和消费行为在特定的环节征收的一种间接税。消费税有从价定率和从量定额两种征收方法。采取从价定率方法征收的消费税，是以不含增值税的销售额为税基，按照税法规定的税率计算。如果企业的销售收入包含增值税的，应将其换算为不含增值税的销售额。采取从量定额方法征收的消费税，根据按税法确定的企业应税消费品的销售数量和单位应税消费品应缴纳的消费税计算确定。

对消费税的会计核算需要设置“应交税费——应交消费税”账户，该账户借方登记已交纳的或待扣的消费税，贷方登记应交纳但尚未上缴的消费税；期末贷方余额反映尚未交纳的消费税；期末借方余额反映多交或待抵扣的消费税。

企业销售产品按规定计算出应交纳的消费税时，借记“营业税金及附加”科目，贷记“应交

税费——应交消费税”科目。企业将自产应税消费品用于非货币性资产交换、债务重组、在建工程、非应税项目、对外投资、对外捐赠、职工福利等方面也应按规定计算出应交纳的消费税，借记“固定资产”、“在建工程”、“长期股权投资”、“营业外支出”、“应付职工薪酬”等科目，贷记“应交税费——应交消费税”科目。实际交纳消费税时，借记“应交税费——应交消费税”科目，贷记“银行存款”科目。

企业如有应交消费税的委托加工物资，一般应由委托方代收代缴税款，受托方按照应交税款金额，借记“应收账款”、“银行存款”等科目，贷记“应交税费——应交消费税”科目。委托方将委托加工物资收回后，如果直接用于销售的，应将受托方代收代缴的消费税计入委托加工物资的成本中，即借记“委托加工物资”科目，贷记“应付账款”、“银行存款”等科目；如果继续用于生产的，按规定准予抵扣的，应按已由受托方代收代缴的消费税金额，借记“应交税费——应交消费税”科目，贷记“应付账款”、“银行存款”等科目。

(三)营业税

营业税是对在我国境内提供应税劳务、转让无形资产或销售不动产的单位和个人征收的一种流转税。其中应税劳务是指属于交通运输业、建筑业、金融保险业、邮电通信业、文化体育业、娱乐业、服务业税目征收范围的劳务，不包括加工、修理修配等劳务。营业税以营业额作为计税依据。其计算公式：

应纳税额 = 营业额 × 税率

公式中的营业额是指纳税人提供应税劳务、转让无形资产和销售不动产而向对方收取的全部价款和价外费用。价外费用包括向对方收取的手续费、代收款项及其他各种性质的价外收费。

对营业税的会计核算，应设置“应交税费——应交营业税”账户，该账户借方登记已交纳的营业税，贷方登记应交纳但尚未上缴的消费税。企业计算营业税时，借记“营业税金及附加”、“固定资产清理”等科目，贷记“应交税费——应交营业税”科目；实际上缴营业税时，借记“应交税费——应交营业税”科目，贷记“银行存款”科目。

(四)其他税费的核算

其他税费是指除了上述的三大税种外，包括应交资源税、应交城市维护建设税、应交土地增值税、应交教育费附加、应交房产税、应交车船税、应交所得税、应交个人所得税、应交矿产资源补偿费等。企业应在“应交税费”科目下设置相应的明细科目进行核算。

资源税是对在我国境内开采矿产产品或生产盐的单位和个人征收的税。资源税按照应税产品的课税数量和规定的单位税额计算。对外销售应税产品应交纳的资源税应借记“营业税金及附加”科目；自产自用应税产品应交纳的资源税应借记“生产成本”、“制造费用”等科目；贷记“应交税费——应交资源税”科目。

城市维护建设税是以增值税、消费税、营业税为计税依据征收的一种税。其纳税人为交纳增值税、营业税、消费税的单位和个人，税率因纳税人所在地不同从1% ~7%不等。教育费附加是为了发展教育事业而向企业征收的附加费用，企业按应交流转税的一定比例计算交纳。企业应交的城市维护建设税、教育费附加应借记“营业税金及附加”科目，贷记“应交税费——应交城市维护建设税”、“应交税费——应交教育费附加”科目。

土地增值税是指在我国境内有偿转让土地使用权及地上建筑物和其他附着物产权的单位和个人，就其土地增值额征收的一种税。企业应交的土地增值税根据不同情况，借记“营业税

金及附加”、“固定资产”、“无形资产”等科目，贷记“应交税费——应交土地增值税”科目。

企业按规定应交的房产税、车船税、土地使用税、矿产资源补偿费等应借记“管理费用”科目，贷记“应交税费——应交房产税(或应交车船税、应交土地使用税、应交矿产资源补偿费)”科目。

企业按规定计算的代扣代缴的职工个人所得税，应借记“应付职工薪酬”科目，贷记“应交税费——应交个人所得税”科目。

企业按规定计算交纳耕地占用税时，借记“在建工程”科目，贷记“银行存款”科目。

企业交纳的印花税，借记“管理费用”科目，贷记“银行存款”科目。

企业按规定交纳契税时，借记“固定资产”、“无形资产”科目，贷记“银行存款”科目。

任务案例

【案例1】红日公司购入生产用的甲原材料一批，价款100万元，增值税17万元，货款已支付。购入材料过程中支付运费1万元(可按7%作为进项税额)，甲原材料已到达并验收入库。要求编制相关的会计分录。

解析

可抵扣的进项税额 = 100 × 17% + 1 × 7% = 17.07(万元)

原材料实际成本 = 100 + 1 × (1 − 7%) = 100.93(万元)

借：原材料——A材料　　1 009 300

　　应交税费——应交增值税(进项税额)　　170 700

　　贷：银行存款　　1 180 000

【案例2】粤海公司于2009年3月购入生产设备一台，价款200万元，增值税34万元，款项尚未支付。要求编制相关的会计分录。

解析

借：固定资产　　2 000 000

　　应交税费——应交增值税(进项税额)　　340 000

　　贷：应付账款　　2 340 000

【案例3】红日公司销售一批A产品，销售价格为1 000万元(不含增值税)，提货单和增值税专用发票已交购货方，货款已划进银行。要求编制相关的会计分录。

解析

借：银行存款　　11 700 000

　　贷：主营业务收入　　10 000 000

　　　　应交税费——应交增值税(销项税额)　　1 700 000

【案例4】杰坊汽修厂替某公司修理汽车，开出的增值税发票上注明修理费用3 000元，增值税额510元，对方尚未付款。要求编制相关的会计分录。

解析

其会计分录如下。

借：应收账款　　3 510

　　贷：主营业务收入　　3 000

应交税费——应交增值税(销项税额)　　510

【案例5】某企业仓库被盗,丢失原材料一批,经确认损失的材料成本为5 000元,增值税850元。要求编制相关的会计分录。

解析

其会计分录如下。

借:待处理财产损益——待处理流动资产损益　　5 850

贷:原材料　　5 000

应交税费——应交增值税(进项税额转出)　　850

【案例6】某企业因基建需要从仓库领用原材料100 000元,该原材料的进项税额为17 000元。要求编制相关的会计分录。

解析

其会计分录如下。

借:在建工程　　117 000

贷:原材料　　100 000

应交税费——应交增值税(进项税额转出)　　17 000

【案例7】红日公司将生产的一批产品赠送给山区的希望小学,该批产品成本80 000元,计税价格100 000元,增值税税率17%。要求编制会计分录。

解析

借:营业外支出　　117 000

贷:主营业务收入　　100 000

应交税费——应交增指税(销项税额)　　17 000

借:主营业务成本　　80 000

贷:库存商品　　80 000

【案例8】某企业交纳当月的增值税款30 000元,通过银行扣款,要求编制相关的会计分录。

解析

其会计分录如下。

借:应交税费——应交增值税(已交税金)　　30 000

贷:银行存款　　30 000

【案例9】某企业本月发生销项税额合计64 770元,进项税额转出14 578元,进项税额10 440元,已交增值税50 000元。计算本月月末未交增值税金额,并编制相应会计分录。

解析

本月未交增值税金额=64 770+14 578-10 440-50 000=18 908(元)

借:应交税费——应交增值税(转出未交增值税)　　18 908

贷:应交税费——未交增值税　　18 908

【案例10】天鹿公司属小规模纳税人,该公司2009年5月份购入原材料一批,增值税专用发票上注明价款50 000元,增值税额8 500元,公司开出商业承兑汇票,材料已验收入库。该公司本月销售产品,含税价格为82 400元,款项已存入银行,要求编制相关的会计分录。

解析

(1)购进原材料,

借:原材料 58 500

　贷:应付票据 58 500

(2)销售产品,

　应纳增值税 =82 400 ÷(1 +3%) ×3% =2 400(元)

借:银行存款 82 400

　贷:主营业务收入 80 000

　　应交税费——应交增值税 2 400

(3)交纳本月增值税时,

借:应交税费——应交增值税 2 400

　贷:银行存款 2 400

【案例 11】甲企业属于一般纳税人,主要是生产小汽车。本月销售小汽车 10 辆,每辆小汽车不含税售价为 20 万元,款项已收。假设该公司适用 17% 的增值税税率和 9% 的消费税税率。要求编制相关的会计分录。

解析

　应纳消费税 =20 ×10 ×9% =27(万元)

　应纳增值税 =20 ×10 ×17% =34(万元)

会计分录如下。

借:银行存款 2 340 000

　贷:主营业务收入 2 000 000

　　应交税费——应交增值税(销项税额) 340 000

计提消费税,

借:营业税金及附加 270 000

　贷:应交税费——应交消费税 270 000

【案例 12】粤海公司为一般纳税人,本月领用公司生产的产品一批作为职工福利发给职工。该批产品账面价值 40 000 元,市场价格为 50 000 元(不含增值税),适用的消费税税率 10%,增值税税率 17%。要求编制相关的会计分录。

解析

　应交消费税 =50 000 ×10% =5 000(元)

　应纳增值税 =50 000 ×17% =8 500(元)

借:应付职工薪酬——职工福利 63 500

　贷:主营业务收入 50 000

　　应交税费——应交增值税(销项税额) 8 500

　　应交税费——应交消费税 5 000

【案例 13】甲企业委托乙企业代为加工一批应交消费税的材料(非金银首饰)。甲企业的材料成本为 1 000 000 元,加工费为 200 000 元,由乙企业代收代缴的消费税为 80 000 元(不考虑增值税)。材料已经加工完成,并由甲企业收回验收入库,加工的相关费用已通过银行转账支付。要求作出账务处理。

解析

(1) 如果甲企业收回的委托加工物资用于继续生产应税消费品，

借:委托加工物资　　1 000 000
　贷:原材料　　1 000 000
借:委托加工物资　　200 000
　应交税费——应交消费税　　80 000
　贷:银行存款　　280 000
借:原材料　　1 200 000
　贷:委托加工物资　　1 200 000

(2) 如果甲企业收回的委托加工物资直接用于对外销售，

借:委托加工物资　　1 000 000
　贷:原材料　　1 000 000
借:委托加工物资　　280 000
　贷:银行存款　　280 000
借:原材料　　1 280 000
　贷:委托加工物资　　1 280 000

【案例 14】某旅行社于 2009 年 1 月份的营业额为 100 万元，计算其应纳营业税并作会计分录。

解析

应纳营业税 = 100 × 5% = 5（万元）

借:营业税金及附加　　50 000
　贷:应交税费——应交营业税　　50 000

【案例 15】东岳公司转让其某项专利权，取得收入 200 万元，该项无形资产累计摊销 100 万元，账面余额为 180 万元。计算其应纳营业税并作会计分录。

解析

应纳营业税 = 200 × 5% = 10（万元）

借:银行存款　　2 000 000
　累计摊销　　1 000 000
　贷:无形资产　　1 800 000
　　应交税费——应交营业税　　100 000
　　营业外收入——处置非流动资产利得　　1 100 000

【案例 16】海名公司出售一栋办公楼，出售收入 1 000 000 元，已存入银行。销售该项固定资产适用的营业税税率是 5%。要求编制相关的会计分录。

解析

应交纳的营业税 = 1 000 000 × 5% = 50 000（元）

借:固定资产清理　　50 000
　贷:应交税费——应交营业税　　50 000

【案例 17】粤海公司本期实际应上交增值税 500 000 元，消费税 180 000 元，营业税 50 000 元。该公司适用的城市维护建设税税率为 7%，教育费附加 3%。要求编制相关的会计分录。

解析

应交纳的城市维护建设税 =（500 000 + 180 000 + 50 000）×7% = 51 100（元）

应交纳的城市教育费附加 =（500 000 + 180 000 + 50 000）×3% = 21 900（元）

借：营业税金及附加　　73 000

　贷：应交税费——应交城市维护建设税　　51 100

　　　应交税费——应交教育费附加　　21 900

【案例 18】某企业占用土地 20 000 平方米，当地适用的城镇土地使用税额为 4 元/平方米。要求编制相关的会计分录。

解析

其会计分录如下。

应纳城镇土地使用税 = 20 000 ×4 = 80 000（元）

借：管理费用　　80 000

　贷：应交税费——城镇土地使用税　　80 000

【案例 19】粤海公司于 2009 年 12 月替公司员工代扣代缴个人所得税 80 000 元。要求编制相关的会计分录。

解析

其会计分录如下。

计提时，

借：应付职工薪酬　　80 000

　贷：应交税费——应交个人所得税　　80 000

交纳时，

借：应交税费——应交个人所得税　　80 000

　贷：银行存款　　80 000

任务实训

（一）单项选择题

1. 下列税金中，与企业计算损益无关的是（　　）。

A. 消费税　　B. 一般纳税企业的增值税

C. 所得税　　D. 城市建设维护税

2. 小规模纳税企业购入原材料取得的增值税专用发票上注明：货款 20 000 元，增值税 3 400元，在购入材料的过程中另支付运杂费 600 元。则该企业原材料的入账价值为（　　）元。

A. 24 000　　B. 20 600　　C. 20 540　　D. 23 400

3. 对于营业税来说，工业企业在核算时可能借记的科目有（　　）。

A. 营业税金及附加　　B. 营业费用　　C. 管理费用　　D. 其他业务成本

4. 一般纳税企业经营业务发生的下列各项税金支出中，不通过"营业税金及附加"核算的是（　　）。

A. 增值税　　B. 营业税　　C. 消费税　　D. 城市维护建设税

5. B 公司属于小规模纳税企业，增值税征收率为 6%，本月销售商品价税合计 190 800 元。则本月应交增值税为（　　）元。

A. 10 800　　B. 11 448　　C. 30 600　　D. 180 000

（二）多项选择题

1. 一般纳税企业“应交增值税”明细账户设置的专栏有（　　）。

A. 进项税额　　B. 已交税金　　C. 销项税额　　D. 未交增值税

E. 出口退税

2. 下列各项税费中，应计入“管理费用”的有（　　）。

A. 印花税　　B. 房产税　　C. 城市维护建设税　　D. 车船税

E. 教育费附加

3. 下列各项税费中，应借记“营业税金及附加”的有（　　）。

A. 城市维护建设税　　B. 土地增值税　　C. 城镇土地使用税　　D. 房产税

（三）判断题

1. 企业应交的各种税金，都应通过“应交税费”科目核算。（　　）

2. 一般纳税人购入货物支付的增值税，均应先通过“应交税费”科目核算，然后再将购入货物不能抵扣的增值税进项税额从“应交税费”科目中转出。（　　）

3. 企业用自产应税消费品对外进行长期股权投资时，按规定应交纳的消费税和增值税均应计入该项长期股权投资的初始投资成本。（　　）

（四）计算分析题

1. 粤海公司为增值税一般纳税人，材料按实际成本核算，适用的增值税税率为 17%。2009 年 5 月份发生如下经济业务。

（1）购进材料一批，货款已付，取得的增值税专用发票注明价款 100 万元，增值税额为 17 万元，材料已验收入库。

（2）车间维修领用生产用材料 100 千克。该材料购进时不含税单价是每千克 200 元。

（3）购入生产用设备一台，增值税专用发票注明价款 500 万元，增值税额为 85 万元，款项已付。

（4）购入管理用设备一台，增值税专用发票注明价款 10 万元，增值税额为 1.7 万元，款项已付。

（5）销售产品一批，销售收入为 400 万元（不含税），货款尚未收到。

（6）出售一栋厂房，销售收入为 200 万元。该厂房原账面价值 150 万元，已提折旧 100 万元。适用的营业税税率为 5%。

（7）从某小规模纳税企业购入劳保用品一批，发票上注明的货款为 13 500 元，已验收入库，款项已付。

要求：根据上述资料编制相关会计分录。

2. 甲企业委托乙企业加工一批应税消费品。发出材料的计划成本 300 000 元，应负担的材料成本差异额为超支额 15 000 元。甲企业通过银行支付来往运杂费 3 000 元、加工费 48 000 元以及由乙公司代收代缴的消费税 14 400 元。材料已经加工完毕并验收入库，计划成本 350 000 元。两企业均为一般纳税企业，适用的增值税税率为 17%。

要求：分别作出甲公司收回的委托加工物资用于继续生产应税消费品和直接对外销售的账务处理。

任务三　应付职工薪酬的核算

任务认知

一、应付职工薪酬的范围

职工薪酬是指企业为获得职工提供的服务而给予各种形式的报酬以及其他相关支出，包括企业为职工在职期间和离职后提供的全部货币性薪酬和非货币性福利，提供给职工配偶、子女或其他被赡养人的福利等，也属于职工薪酬。具体来说，职工薪酬包括以下内容。

(1)职工工资、奖金、津贴和补贴。

(2)职工福利费。

(3)工会经费和职工教育经费，即企业用于工会运作和职工培训等方面的费用。

(4)社会保险费和住房公积金，其中社会保险费指医疗保险费、养老保险费、失业保险费、工伤保险费和生育保险费等。

(5)非货币性福利，如企业以自产产品发放给职工作为福利、将企业拥有的资产无偿提供给职工使用、为职工无偿提供医疗保健服务等。

(6)因解除与职工的劳动关系而给予职工的补偿。

(7)股份支付，是指企业为获取职工服务而授予权益工具或承担以权益工具为基础确定的负债交易。

(8)其他与获得职工提供的服务相关的支出。

二、应付职工薪酬的确认和计量

(一)应付职工薪酬的确认

根据《企业会计准则》规定，在职工为企业提供服务的会计期间，企业应根据职工提供服务的受益对象，将应确认的职工薪酬计入相关资产成本或当期损益。主要包括以下几种情况。

(1)如果支付给职工的薪酬能够明确是为生产产品或者某项劳务而支出的，应将其计入产品成本或劳务成本。比如，生产车间工人的工资薪金应计入生产成本并确认应付职工薪酬。

(2)如果支付给职工的薪酬是为建设某项固定资产或无形资产的，应将其计入在建工程或者无形资产成本并确认应付职工薪酬。

(3)如果企业以自产产品或外购的商品发放给职工作为福利的，应根据受益对象，按照产品的公允价值和相关税费，计入相应的成本费用，并确认应付职工薪酬。

(4)在职工劳动合同到期前，企业解除与职工的劳动关系而给予的辞退福利应计入当期管理费用并确认应付职工薪酬。

(5)将企业拥有的住房等资产无偿提供给职工使用的，应根据受益对象，将该住房每期应计提的折旧计入相关资产成本或费用，同时确认应付职工薪酬。租赁住房等资产提供职工无偿使用的，应当根据受益对象，将每期应付的租金计入相关资产成本或费用并确认应付职工薪酬。

(6)如果无法分清职工薪酬的受益对象，则计入当期损益，并确认应付职工薪酬。

(二)应付职工薪酬的计量

根据《企业会计准则》规定，计量应付职工薪酬时，应根据具体情况分析。

（1）国家规定了计提基础和计提比例的，应按照国家规定的标准计提。比如，应缴纳的养老保险费按工资总额的12%计提，失业保险费按2%计提，职工教育经费按1.5%计提（经济效益好的企业可按2.5%计提），工会经费按2%计提等。

（2）如果国家没有规定计提基础和计提比例的，企业应当根据历史经验数据和实际情况，合理预计当期应付职工薪酬。若当期实际发生金额大于预计金额的，应当补提应付职工薪酬；若当期实际发生金额小于预计金额的，应当冲回多提的应付职工薪酬，如职工福利费等。

三、应付职工薪酬的会计核算

根据《企业会计准则》规定，企业应设置"应付职工薪酬"科目核算应付给职工的各种薪酬，并在"应付职工薪酬"下设置明细科目进行明细核算，包括"工资"、"职工福利"、"社会保险费"、"住房公积金"、"工会经费"、"职工教育经费"、"辞退福利"、"非货币性福利"、"股份支付"等。

在核算时应根据职工提供服务的受益对象，对发生的职工薪酬进行费用分配。

（1）对于管理部门人员的职工薪酬，借记"管理费用"科目，贷记"应付职工薪酬"。

（2）对于生产部门人员的职工薪酬，借记"生产成本"、"制造费用"、"劳务成本"科目，贷记"应付职工薪酬"科目。

（3）对于销售人员的职工薪酬，借记"销售费用"科目，贷记"应付职工薪酬"。

（4）对于应由在建工程、研发支出负担的职工薪酬，借记"在建工程"、"研发支出"科目，贷记"应付职工薪酬"。

（5）对于因解除与职工的劳动关系给予的补偿，借记"管理费用"科目，贷记"应付职工薪酬"。

（6）若企业替职工支付的各种代垫款项从应付职工薪酬中扣还时，借记"应付职工薪酬"，贷记"其他应收款"、"应交税费——应交个人所得税"等科目。

（7）实际支付职工薪酬时，借记"应付职工薪酬"，贷记"银行存款"、"库存现金"科目。

📖 任务案例

【案例1】天翼公司于2009年3月份应发工资208万元。其中，生产部门直接生产人员工资120万元，生产部门管理人员工资15万元，公司管理部门人员工资30万元，公司专设销售机构人员工资10万元，建造厂房人员工资15万元，内部开发销售管理系统人员工资10万元（假设销售管理系统处于开发阶段）福利部门人员工资8万元。要求编制相关的会计分录。

解析

会计分录如下。

借：生产成本	1 200 000	
制造费用	150 000	
管理费用	300 000	
销售费用	100 000	
在建工程	150 000	
研发支出	100 000	
应付职工薪酬——职工福利	80 000	
贷：应付职工薪酬——工资		2 080 000

【案例2】承【案例1】,假设天翼公司按照职工工资总额12%计提养老保险费,要求编制相关的会计分录。

解析

会计分录如下。

借:生产成本　　144 000
　　制造费用　　18 000
　　管理费用　　45 600
　　销售费用　　12 000
　　在建工程　　18 000
　　研发支出　　12 000
　贷:应付职工薪酬——社会保险费　　249 600

【案例3】承【案例1】,天翼公司按照职工工资总额的2%和2.5%计提工会经费和职工教育经费。要求编制相关的会计分录。

解析

会计分录如下。

借:生产成本　　54 000
　　制造费用　　6 750
　　管理费用　　17 100
　　销售费用　　4 500
　　在建工程　　6 750
　　研发支出　　4 500
　贷:应付职工薪酬——工会经费　　41 600
　　　　　　　　——职工教育经费　　52 000

【案例4】承【案例1】,天翼公司按照职工工资总额的14%职工福利费。请编制相关的会计分录。

解析

会计分录如下:

借:生产成本　　168 000
　　制造费用　　21 000
　　管理费用　　53 200
　　销售费用　　14 000
　　在建工程　　21 000
　　研发支出　　14 000
　贷:应付职工薪酬——职工福利　　291 200

【案例5】承【案例1】,天翼公司通过银行存款支付职工工资208万元,同时扣除公司替职工代扣的个人所得税9万元。要求编制相关的会计分录。

解析

会计分录如下。

借:应付职工薪酬——工资　　2 080 000

贷：应交税费——应交个人所得税　　90 000
　　银行存款　　1 990 000

【案例 6】天翼公司解除与职工王某的劳动关系，给予补偿 3 万元。要求编制相关的会计分录。

解析

会计分录如下。

借：管理费用　　30 000
　贷：应付职工薪酬——辞退福利　　30 000

【案例 7】天翼公司将自有的两套房子提供给公司高级管理人员居住，房子每月计提折旧 5 000 元。要求编制相关的会计分录。

解析

会计分录如下。

借：管理费用　　5 000
　贷：应付职工薪酬——职工福利费　　5 000
借：应付职工薪酬——职工福利费　　5 000
　贷：累计折旧　　5 000

任务实训

(一) 单项选择题

1. 下列职工薪酬中，不应根据职工提供服务的受益对象计入成本费用的是(　　)。
A. 因解除与职工的劳动关系给予的补偿
B. 构成工资总额的各组成部分
C. 工会经费和职工教育经费
D. 医疗保险费、养老保险费、失业保险费、工伤保险费和生育保险费等社会保险费

2. 企业从应付职工薪酬中代扣缴个人所得税时，贷记的账户是(　　)。
A. 其他应收款　　B. 应交税费——应交个人所得税
C. 银行存款　　D. 应付职工薪酬

3. 对于因解除与职工的劳动关系给予的补偿，应贷记(　　)。
A. 其他应付款　　B. 应付职工薪酬　　C. 应付福利费　　D. 其他应收款

4. 对于企业支付工会经费用于职工活动，应借记的账户是(　　)。
A. 其他应付款　　B. 其他应收款　　C. 应付职工薪酬　　D. 银行存款

(二) 多项选择题

1. 对职工的下列各项支出中，属于职工薪酬内容的有(　　)。
A. 住房公积金　　B. 工资与津贴　　C. 职工福利费　　D. 养老保险费
E. 出差补贴

2. 下列各项中，应通过“应付职工薪酬”科目核算的有(　　)。
A. 基本工资　　B. 经常性奖金　　C. 养老保险费　　D. 股份支付

3. 下列属于职工薪酬中所说的职工是指(　　)。
A. 全职、兼职职工　　B. 董事会成员

C. 内部审计委员会成员　　　　　　　　　　D. 劳务用工合同人员

(三)判断题

1. 企业按一定比例计提的工会经费和职工教育经费不通过“应付职工薪酬”科目核算,而应计入“管理费用”科目。(　　)

2. 福利部门人员的工资、福利费、社会保险费等均通过“应付职工薪酬——职工福利”科目核算。(　　)

3. 职工因公伤赴外地就医路费应通过“应付职工薪酬——职工福利”科目核算。(　　)

(四)计算分析题

1. A公司2010年1月份应发工资370万元,其中:基本生产车间生产人员工资200万元,辅助生产车间生产工人工资50万元;基本生产车间管理人员工资20万元,辅助生产车间管理人员工资10万元;公司行政管理部门人员工资40万元;公司专设销售机构人员工资20万元;建造厂房人员工资20万元;福利部门人员工资10万元。公司按照职工工资总额14%、12%、3%、2%、2.5%计提福利费、养老保险、住房公积金、工会经费和职工教育经费。

要求:根据上述资料对A公司计提应付工资、福利费、养老保险、住房公积金、工会经费、职工教育经费编制相应的会计分录。

2. 甲公司为企业的部门经理每人租赁住房一套,并提供轿车一辆免费使用,所有轿车的月折旧为1万元,所有外租住房的月租金为1.5万元。

要求:对甲公司的有关账务进行处理。

任务四　应付款项的核算

📖 任务认知

一、应付账款

(一)应付账款概述

应付账款是指企业在购买材料、商品或接受劳务等经营活动时,因未及时支付相关款项而产生的债务。根据《企业会计准则》规定,企业应设置“应付账款”科目核算应付未付的往来账款,并在该科目下按不同的债权人设置明细科目。该科目借方登记偿还的应付账款,或开出商业汇票抵付应付账款的款项,或冲销无法支付的应付账款;贷方登记因购买材料、商品或接受劳务而产生的应付账款。期末余额一般在贷方,反映企业尚未支付的应付账款。

(二)应付账款的账务处理

(1)如果企业购入材料、商品等验收入库,但货款尚未支付,根据有关凭证(发票账单、随货同行发票上记载的实际价款或暂估价值),借记“物资采购”、“在途物资”等科目。按可抵扣的增值税额,借记“应交税费——应交增值税(进项税额)”等科目。按应付的价款,贷记“应付账款”。如果应付账款附有现金折扣的,应按照扣除折扣前的应付款总额入账。因在折扣期限内付款而获得的现金折扣,应在偿付应付账款时冲减账务使用。

(2)对于接受供应单位提供劳务而发生的应付未付款项,根据供应单位的发票账单,借记“生产成本”、“管理费用”等科目,贷记“应付账款”。

(3)实际偿付时,借记“应付账款”,贷记“银行存款”等科目。

(4)如有将应付账款划转出去或者确实无法支付的应付账款,应按其账面余额,借记“应付账款”,贷记“营业外收入——其他”科目。

二、应付票据

(一)应付票据概述

应付票据是指企业在购买材料、商品或接受劳务等经营活动时,开出、承兑的商业汇票,包括商业承兑汇票和银行承兑汇票。对应付票据的核算设置“应付票据”科目,借方登记到期承兑支付的票面金额,贷方登记开出的商业汇票的票面金额及带息票据的预提利息。期末余额在贷方,表示尚未到期的应付票据本息。

企业应当设置“应付票据备查簿”,详细登记每一商业汇票的种类、号数和出票日期、到期日、票面余额、交易合同号和收款人姓名或单位名称以及付款日期和金额等资料。应付票据到期结清时,应当在备查簿内逐笔注销。

(二)应付票据的会计核算

(1)企业开出、承兑商业汇票或以承兑商业汇票抵付货款、应付账款时,借记“物资采购”、“库存商品”、“应付账款”、“应交税费——应交增值税(进项税额)”等科目,贷记“应付票据”。

(2)支付银行承兑汇票的手续费时,借记“财务费用”科目,贷记“银行存款”科目。支付款项时,借记“应付票据”,贷记“银行存款”科目。

(3)对于带息票据,一般在月末不用计提利息,只在年末才计提当年至年末时的未到期票据上的累计应付利息和利息费用。如果利息金额不大,是否预提对会计报表不会产生重大影响,则可在票据到期归还本金和支付利息时,一次性计入财务费用。计提利息时,借记“财务费用”账户,贷记“应付票据”账户。

(4)应付票据到期,如企业无力支付票款,按应付票据的票面价值,借记“应付票据”,贷记“应付账款”科目;如果是银行承兑汇票则应贷记“短期借款”科目。

任务案例

【案例1】2009年12月6日,明铝公司向A公司购入一批材料,材料已验收入库,但货款尚未支付,发票上注明价款10万元,增值税1.7万元。要求编制相关的会计分录。

解析

会计分录如下。

借:原材料　　100 000
　　应交税费——应交增值税(进项税额)　　17 000
　　贷:应付账款——A公司　　117 000

【案例2】承**【案例1】**,如果此项经济业务买卖双方签有一份购货协议,协议规定如果明铝公司在10天付清款项,将获得2%的现金折扣(假设计算现金折扣时不需考虑增值税)。2009年12月13日明铝公司通过银行转账付清货款。要求编制相关的会计分录。

解析

会计分录如下。

借:应付账款——A公司　　117 000
　　贷:银行存款　　115 000
　　　　财务费用　　2 000

【案例3】根据供电部门通知，明铝公司本月应付电费40 000元。其中，基本生产车间电费26 000元，辅助生产车间电费8 000元，管理部门电费6 000元。款项尚未支付。要求编制相关的会计分录。

🗁 解析

会计分录如下。

借：制造费用——基本生产车间　　26 000

　　　　　　——辅助生产车间　　8 000

　　管理费用　　6 000

　　贷：应付账款　　40 000

【案例4】2009年12月31日，明铝公司确认一笔C公司的应付账款无法支付，金额为3 000元。经有关部门审批同意转销。要求编制相关的会计分录。

🗁 解析

会计分录如下。

借：应付账款——C公司　　3000

　　贷：营业外收入　　3000

【案例5】宏利公司向A公司购入商品一批，金额50 000元，增值税8 500元，按合同开出3个月无息商业承兑汇票，支付购货款。商品已验收入库。要求根据开出的商业承兑汇票，编制相关的会计分录。

🗁 解析

会计分录如下。

借：库存商品　　50 000

　　应交税费——应交增值税（进项税额）　　8 500

　　贷：应付票据　　58 500

【案例6】宏利公司前欠B公司应付款30 000元，现以一张为期2个月的无息银行承兑汇票支付。要求编制相关的会计分录。

🗁 解析

根据开出的商业承兑汇票作会计分录如下。

借：应付账款——B公司　　30 000

　　贷：应付票据　　30 000

2个月到期归还B公司货款，根据付款凭证，作会计分录如下。

借：应付票据　　30 000

　　贷：银行存款　　30 000

【案例7】假设上例中2个月到期时，宏利公司无法支付票款。要求编制相关的会计分录。

🗁 解析

会计分录如下。

借：应付票据　　30 000

　　贷：短期借款　　30 000

任务实训

(一)单项选择题

1. 企业对确实无法支付的应付账款进行转销时,应记入(　　)。

A. 营业外收入　　B. 管理费用　　C. 营业外支出　　D. 资本公积

2. 甲企业为一般纳税企业,采用托收承付结算方式从其他企业购入原材料一批,货款为100 000元,增值税为17 000元,对方代垫的运杂费2 000元,该原材料已经验收入库。该购买业务所发生的应付账款入账价值为(　　)元。

A. 117 000　　B. 100 000　　C. 119 000　　D. 102 000

3. 如果甲企业开出一张5万元的不带息的银行承兑汇票,到期无法偿还,应将应付票据的票面金额转作(　　)。

A. 应付账款　　B. 预付账款　　C. 短期借款　　D. 其他应付款

4. A公司因采购商品开具面值40万元、票面利率4%、期限3个月的商业汇票一张。该应付票据到期时,A公司一共应支付(　　)元。

A. 400 000　　B. 404 000　　C. 412 000　　D. 440 000

5. 我国现行会计实务中,带息应付票据应付利息的核算账户是(　　)。

A. 应付票据　　B. 应付利息　　C. 其他应付款　　D. 应付账款

6. 商业承兑汇票到期无法偿还时,承兑企业应进行的账务处理是(　　)。

A. 转作短期借款　　B. 转作应付账款

C. 转作其他应付款　　D. 不进行账务处理

(二)判断题

1. 应付账款一般按应付金额入账,而不是按到期应付金额的现值入账。(　　)

2. 对于带息的应付票据应该按票据的到期值计入"应付票据"账户。(　　)

3. 企业转销确实无法支付的应付账款,应借记"应付账款"科目,贷记"管理费用"科目。(　　)

(三)计算分析题

1. 2009年12月,深美公司向A公司购入一批材料,发票上注明价款100万元,增值税17万元。A公司代垫运杂费0.5万元。材料已验收入库,相关款项尚未支付。

要求:编制其会计分录。

2. 广宏公司向A公司购入材料一批,价款40万元,增值税税率为17%。材料已验收入库,款项未付。

要求:

(1)编制购入材料时的会计分录。

(2)如果付款条件是:2/10,1/20,N/30。现在第15天付清货款。编制相应的会计分录。

(3)如果开出一张面值为40万元、票面利率5%、期限3个月的商业承兑汇票支付货款。编制开出商业汇票时以及票据到期时如数承兑的会计分录。

任务五　其他流动负债的核算

任务认知

一、预收账款

（一）预收账款概述

预收账款是指企业按照合同规定向购货单位或接受劳务的单位预收的款项。这项负债要用以后的商品或劳务偿付。企业核算预收账款一般通过设置“预收账款”科目进行核算，并在“预收账款”下设置明细分别核算各购货单位的预付情况。如果预收账款情况不多时，也可将预收的款项直接记入“应收账款”科目的贷方。“预收账款”科目的借方登记销售实现后冲销的预收款金额以及退回多收的余款金额，贷方登记预收的货款金额以及购货单位补付的款项。余额一般在贷方，表示已预收但尚未发货的金额；期末如为借方余额，反映企业应由购货单位补付的款项。

（二）预收账款的会计核算

（1）对于企业向购货单位预收的款项，借记“银行存款”科目，贷记“预收账款”；

（2）销售实现时，按实现的收入和应交的增值税销项税额，借记“预收账款”。按实现的营业收入，贷记“主营业务收入”科目。按专用发票上注明的增值税额，贷记“应交税费——应交增值税（销项税额）”等科目。

（3）对于购货单位补付的款项，借记“银行存款”科目，贷记“预收账款”。退回多付的款项，作相反的会计分录。

二、应付利息

（一）应付利息概述

应付利息是指企业按照合同约定应支付的利息，包括短期借款、分期付息到期还本的长期借款，企业债券等应支付的利息。企业一般设置“应付利息”科目，并按照债权人设置明细科目进行明细核算。“应付利息”科目的借方登记实际支付的利息，贷方登记计提的利息金额。期末贷方余额，表示企业按照合同约定应支付但尚未支付的利息。

（二）应付利息的会计处理

（1）计提利息时，借记“在建工程”、“财务费用”、“研发支出”等科目，贷记“应付利息”。

（2）实际支付利息时，借记“应付利息”，贷记“银行存款”等科目。

三、应付股利

（一）应付股利概述

应付股利是指企业经董事会或股东大会或类似机构审议批准的利润分配方案，应支付给投资者的现金股利或利润。企业应设置“应付股利”科目，并按照投资者进行明细核算。“应付股利”科目的借方登记实际支付的股利，贷方登记计提的股利金额。期末余额在贷方，反映企业尚未支付的现金股利或利润。企业分配的股票股利不通过“应付股利”核算。

（二）应付股利的会计处理

（1）根据股东大会等机构通过的利润分配方案，按应支付的现金股利或利润，借记“利润

分配——应付股利”科目,贷记“应付股利”

(2)实际支付现金股利或利润时,借记“应付股利”,贷记“银行存款”、“现金”等科目。

四、其他应付款

(一)其他应付款概述

其他应付款指企业除应付账款、应付票据、应交税费、预收账款、短期借款、应付职工薪酬、应付利息、应付股利以外的其他各项应付或暂收其他单位或个人的款项,如应付租入固定资产的租金,收取的包装物押金,应付或暂收其他单位、个人的款项等。企业应设置“其他应付款”科目,并按照其他应付款的项目和对方单位(或个人)设置明细科目进行明细核算。“其他应付款”科目的借方登记偿还或转销的各种应付、暂收款项,贷方登记发生的各种应付、暂收款项。期末余额在贷方,反映企业尚未支付的其他应付款。

(二)其他应付款的会计核算

(1)企业发生其他各种应付、暂收款项时,借记“银行存款”、“管理费用”等科目,贷记“其他应付款”。

(2)支付其他各种应付、暂收款项时,借记“其他应付款”,贷记“银行存款”等科目。

任务案例

【案例1】2009年8月10日,天亿公司根据合同收到A公司的预付货款20 000元,存入银行。要求编制相关的会计分录。

解析

会计分录如下。

借:银行存款　　20 000

　　贷:预收账款　　20 000

【案例2】承【案例1】,2009年8月20日,天亿公司根据合同向A公司发出商品100 000元,并开出增值税发票,税额17 000元,发票已交给A公司并收回余款。要求编制相关的会计分录。

解析

会计分录如下。

借:预收账款　　117 000

　　贷:主营业务收入　　100 000

　　　　应交税费——应交增值税(销项税额)　　17 000

A公司补交余款时,

借:银行存款　　97 000

　　贷:预收账款　　97 000

【案例3】2009年天浩公司赢利100万元,经过董事会决议,决定分配股利40万元,通过银行支付。要求编制相关的会计分录。

解析

会计分录如下。

借:利润分配——应付股利　　400 000

　　贷:应付股利　　400 000

借:应付股利　　400 000
　贷:银行存款　　400 000

【案例4】天利公司收到A公司交来的包装物押金3 000元,存入银行。要求编制相关的会计分录。

解析

会计分录如下。

借:银行存款　　3 000
　贷:其他应付款——A公司　　3 000

【案例5】2009年1月1日,天利公司以经营租赁方式租入一台复印机。根据合同规定,每月租金800元,按季度支付。要求编制相关的会计分录。

解析

(1)一、二月份计提租金时,会计分录如下。

借:管理费用　　800
　贷:其他应付款　　800

(2)三月份支付租金时,会计分录如下。

借:管理费用　　800
　其他应付款　　1 600
　贷:银行存款　　2 400

任务实训

(一)单项选择题

1. 根据会计准则规定,短期借款的利息应借记(　　)科目。

A. 短期借款　　B. 财务费用　　C. 银行存款　　D. 管理费用

2. 企业收取包装物的押金时,应贷记(　　)科目。

A. 营业外收入　　B. 其他业务收入　　C. 其他应付款　　D. 应付账款

3. 如果预收账款情况不多时,也可将预收的款项直接记入(　　)科目。

A. 预付账款　　B. 其他应收款　　C. 应收账款　　D. 应付账款

4. 如采用预收货款方式销售商品,应设"预收账款"账户核算。当收到购货单位补付的货款时,应当(　　)。

A. 贷记"应收账款"账户　　B. 贷记"预付账款"账户

C. 贷记"预收账款"账户　　D. 借记"预收账款"账户

(二)多项选择题

1. 下列各项中,属于其他应付款核算范围的有(　　)。

A. 出租包装物收取的押金　　B. 应付的短期借款利息

C. 应付赔偿金　　D. 职工未按时领取的工资

2. 下列说法,不正确的是(　　)。

A. "预收账款"科目属于资产类,"预付账款"科目属于负债类

B. "预收账款"科目属于负债类,"预付账款"科目属于资产类

C. 预收账款形成的负债需要以货物偿付

D. 预收账款形成的负债需要以货币偿付

E. 预收账款是资产不是负债，无需偿付

（三）判断题

1. 企业以经营租赁方式租入的门市部，每月确定租金费用时应计入“应付账款”账户。（　　）

2. 无论是分配现金股利还是股票股利，只要是股东大会通过的利润分配方案，都应将应分配的现金股利或股票股利计入“应付股利”科目的贷方。（　　）

3. 短期借款利息的计提通过“应付利息”科目核算，长期借款的利息计提则通过“长期借款”科目核算。（　　）

（四）计算分析题

1. 海日公司于2009年1月1日以经常租赁方式租入管理用设备一台，每月租金10 000元，按季支付。3月31日开出转账支票一张支付第一季度租金。

要求：编制相关会计分录。

2. 2009年6月5日，广贸公司根据合同收到A公司的预付货款20 000元，存入银行。2009年6月25日，广贸公司根据合同向A公司发出商品200 000元，并开出增值税发票，税额34 000元，发票已交给A公司并收回余款。

要求：编制会计分录。

项目十一

非流动负债的核算

项目导入

明悦机械有限公司为了拓展企业的经营规模,满足现有订单生产的需要,新增一条生产线和扩建厂房。为此,企业必须投入大量的需长期占用的资金,而企业目前不具备这个条件。于是,企业决定向银行借入8 000万元,期限5年。银行通过必要的审查程序后,同意借款。但银行仅拨款7 500万元至单位账户。为什么会这样呢?会计王诚百思不得其解。王诚将疑问告诉会计主管林华,并请教这相差的500万元在会计上应如何进行核算,借款的利息又将如何处理。如果你是林华,你将如何解答呢?

项目目标

(1)掌握长期借款的概念、特点及其核算。

(2)掌握借款利息费用处理的原则。

(3)掌握债券的发行价格及其摊销、债券利息的计算及其账务处理。

(4)掌握长期应付款的含义、特点及内容。

(5)能够对长期借款的取得、利息计提、归还进行核算。

(6)能够对应付债券的发行、利息计提、归还进行核算。

(7)能够对融资租入的固定资产进行核算。

任务一　长期借款的核算

任务认知

一、长期借款概述

(一)长期借款的概念及特点

长期借款是指企业从银行或其他金融机构借入的期限在一年以上(不含一年)的各项借款。一般用于固定资产的购建、改扩建工程、大修理工程、技术改造、对外投资以及为了保持长期经营能力等方面,它是企业非流动负债的重要组成部分。

长期借款是目前我国企业获得非流动负债资金的主要筹资方式,它的债权人为银行或其他金融机构,具有筹资速度快,筹资弹性大、借款期限长等优点。

（二）长期借款的分类

按不同的划分标准，长期借款可以划分为以下各类。

（1）按借款的条件分类，可以划分为抵押借款、信用借款和担保借款。

（2）按借款的用途分类，可以划分为基本建设借款、技术改造借款和生产经营借款。

（3）按借款的币种分类，可以划分为人民币借款和外币借款。

（4）按偿还的方式分类，可以划分为定期偿还借款和分期偿还借款。

（三）长期借款利息的计算

长期借款利息的计算方法有单利计息法和复利计息法两种。所谓单利计息法，是指借款期内只对长期借款的本金计算利息，所生利息不加入本金重复计算利息的计息制度。所谓复利计息法，是指借款期内不仅对长期借款的本金计算利息，而且要将所生利息加入本金再计利息的计息制度。

按照国际惯例，长期借款的利息一般按复利计息法计算。在我国的会计实务中，采用单利计息法计算。

（四）长期借款的偿还

在我国，长期借款的本金及利息的偿还主要有以下三种方式。

（1）一次性还本付息。对于企业向金融机构或其他单位借入的长期借款，一般都是按复利法逐年计算利息，到期时一次性还本付息。

（2）分期偿还本息。在实务中，有些借款合同约定长期借款分期偿还，即企业取得长期借款后，分期、分批地偿还借款的本金和利息。在这种情况下，一旦企业归还了一部分本金和利息，以后计提利息时就只计提未偿付的本金和利息部分的利息，而不必再计提已偿还的本金和利息部分的利息。

（3）分期付息、到期还本。若贷款合同约定，借款期间每季度或每半年度或每年度计算并支付利息，到期时一次性归还本金。这种情况下，每次支付的利息费用是相等的。

本书只介绍一次性还本付息和分期付息、到期还本的业务处理。

二、长期借款的核算

长期借款的核算主要包括借款本金借入和归还的核算、借款利息的核算、外币借款发生的汇兑损益的核算等。

企业对长期借款进行核算时，应设置“长期借款”和“应付利息”科目。“长期借款”是负债类账户，核算企业向银行或其他金融机构借入而取得长期借款的本金。贷方登记借入的本金及转销的利息差额，借方登记偿还的本金及取得借款时实收金额和借款本金的差额，期末贷方余额反映企业尚未偿还的长期借款。该科目按贷款单位和贷款种类，分别设“本金”、“利息调整”等明细科目进行明细核算。“应付利息”核算长期借款利息的计提和偿还时，贷方登记计提的利息，借方登记偿还的利息，期末贷方余额反映企业已计提尚未偿还的利息。

（一）长期借款的取得

企业借入长期借款时，应按实际收到的金额，借记“银行存款”科目。按借款的本金，贷记“长期借款——本金”科目。如存在差额，还应借记“长期借款——利息调整”科目。

（二）计提借款利息

在资产负债表日，企业应按摊余成本和实际利率计算确定长期借款的利息费用（如果合同利率和实际利率相差不大，也可以按合同利率确定利息费用）。长期借款计算确定的利息

费用应当按以下原则计入有关成本和费用:属于筹建期间的,计入管理费用;属于生产经营期间的,计入财务费用。如果长期借款用于购建固定资产的,在固定资产尚未达到预定可使用状态前发生的利息支出以及予以资本化的利息支出,计入在建工程成本;在固定资产达到预定可使用状态后发生的利息支出以及按规定不予资本化的利息支出,计入财务费用。

长期借款应按合同利率计算确定应付而未付的利息,贷记“应付利息”科目。按摊余成本和实际利率计算确定长期借款的利息费用,借记“管理费用”、“在建工程”、“研发支出”、“制造费用”、“财务费用”等科目。按其差额,贷记“长期借款——利息调整”科目。

(三)归还长期借款

企业归还长期借款的本金时,应按归还的借款本金,借记“长期借款——本金”科目。按归还的利息,借记“应付利息”科目。按实际归还的本息,贷记“银行存款”科目。同时,存在利息调整余额的,借记或贷记“管理费用”、“在建工程”、“研发支出”、“制造费用”、“财务费用”等科目,贷记或借记“长期借款——利息调整”科目。

任务案例

【案例】S 公司因建生产车间于 2008 年 1 月 1 日向银行借入资金 1 000 万元,期限两年,年利率 9%,每年年末归还借款利息,借款期满后一次还清本金。工程价款和工程费用分别在 2008 年 1 月初和 2009 年 1 月初以银行存款 400 万元、600 万元支付,并于 2008 年 1 月初开始进行车间实体建造。车间于 2009 年 6 月完工,达到预定可使用状态。不考虑其他情况。要求作出相关账务处理。

解析

本例中,S 公司应编制的会计分录如下。

(1)2008 年 1 月 1 日,借入资金时,

借:银行存款　　10 000 000

　贷:长期借款——本金　　10 000 000

(2)2008 年初支付工程款时,

借:在建工程　　4 000 000

　贷:银行存款　　4 000 000

(3)2008 年 12 月末计算本年度的借款利息 = 1 000 × 9% = 90(万元)

借:在建工程　　900 000

　贷:应付利息　　900 000

年末实际支付利息时,

借:应付利息　　900 000

　贷:银行存款　　900 000

(4)2009 年初支付工程款时,

借:在建工程　　6 000 000

　贷:银行存款　　6 000 000

(5)2009 年 6 月底车间完工,将上半年的借款利息费用 45 万元计入工程成本。

借:在建工程　　450 000

　贷:应付利息　　450 000

同时，结转固定资产的完工成本。

借：固定资产　　11 350 000

　贷：在建工程　　11 350 000

(6)2009 年 12 月，将下半年的借款利息计入当期费用。

借：财务费用　　450 000

　贷：应付利息　　450 000

(7)借款到期，归还本金及最后一年利息。

借：应付利息　　900 000

　长期借款——本金　　10 000 000

　贷：银行存款　　10 900 000

任务实训

(一)单项选择题

1. 对于企业生产经营期间发生的长期借款利息，应计入(　　)科目。

A. 在建工程　　B. 财务费用　　C. 开办费　　D. 长期待摊费用

2. 对于长期借款利息的计算和支付，应通过(　　)科目核算。

A. 应付利息　　B. 其他应付款　　C. 长期借款　　D. 长期应付款

(二)多项选择题

1. “长期借款”科目核算的内容有(　　)。

A. 借入的长期借款本金

B. 偿还的长期借款本金

C. 取得借款时实收金额和借款本金的差额

D. 计提的长期借款利息

2. 长期借款所发生的利息费用，根据其用途可以计入的项目有(　　)。

A. 在建工程　　B. 生产成本　　C. 财务费用　　D. 应计利息

(三)判断题

1. “长期借款”科目核算企业借入长期借款的本金、利息以及外币借款的折合差额。(　　)

2. 长期借款利息费用应当在资产负债表日按照实际利率法计算确定，实际利率与合同利率差异较小的，也可以采用合同利率法计算确定利息费用。(　　)

3. 长期借款账户的期末余额反映企业尚未支付的各种长期借款的本金和利息。(　　)

4. 企业计提长期借款利息时，应当借记“财务费用”，贷记“预提费用”。(　　)

5. 企业发生的所有借款利息都应作为“财务费用”处理。(　　)

(四)计算分析题

某企业于 2008 年 1 月 1 日从银行借入资金 1 000 000 元，借款期限 2 年，年利率 9%(每年付息一次，到期还本，单利计算)，所借款项已存入银行。该借款用于建造生产线，于 2008 年 1 月 1 日一次性投入，该生产线于 2008 年 12 月 31 日完工投入使用。

要求：编制该企业从借款到还款的全部会计分录。

任务二　应付债券的核算

任务认知

一、应付债券概述

应付债券是指企业举借长期债务而发行的一种书面凭证,是企业依照法定程序对外发行的、约定在一定时期内还本付息的有价证券。发行债券是企业筹集长期资金的重要方式。企业发行的偿还期超过一年以上的债券,就构成了企业的长期负债即非流动负债。

应付债券的种类很多,按有无抵押分为抵押债券和信用债券;按是否记名分为记名债券和不记名债券;按实际发行价格分为平价债券、溢价债券和折价债券;按还本方式分为一次还本债券和分期还本债券。此外,还有3种特殊的债券,即可赎回债券、可转换债券和附认股权债券。企业应当设置"企业债券备查薄",详细登记每一企业债券的票面金额、票面利率、还本利息期限与方式等资料。企业债券到期结清时,应当在备查薄内逐笔注销。

企业债券发行价格的高低一般取决于债券票面金额、债券票面利率 、发行当时的市场利率以及债券期限的长短等因素。债券的发行一般有面值发行、溢价发行和折价发行3种情况。假设其他条件不变,如果债券的票面利率与市场利率相同,可按票面价格发行,称为面值发行。当债券票面利率高于市场利率时,可按超过债券面值的价格发行,称为溢价发行。溢价是企业以后各期多付利息而事先得到的补偿。当债券的票面利率低于市场利率时,可按低于利率面值的价格发行,称为折价发行。折价是企业以后各期少付利息而预付给投资者的补偿。溢价或折价是发行债券在债券存续期内对利息费用的一种调整。

二、应付债券的核算

为了核算应付债券,企业应设置"应付债券"、"应付利息"等科目。"应付债券"核算企业为筹集长期资金而发行债券的本金和利息,贷方登记发行企业债券的面值、溢价、应计利息和折价摊销额,借方登记企业债券的偿还、发行时产生的折价和溢价摊销额,期末贷方余额反映企业尚未偿还的债券的摊余成本和应计利息。

在"应付债券"科目下设置"面值"、"利息调整"、"应计利息"等明细科目进行明细核算。如果发行的债券是到期一次还本付息,利息计提和偿还通过"应付债券——应付利息"核算;如果发行的债券是分期付息,利息计提和偿还则通过"应付利息"核算。

(一)发行债券的核算

企业发行债券,无论是面值发行,还是溢价发行或折价发行,均应按实际收到的金额,借记"银行存款"等科目,按债券票面金额,贷记"应付债券——面值"科目。如果实际收到的款项与票面价值存在差额,应按其差额,借记或贷记"应付债券——利息调整"科目。

企业发行债券时,发行费用应先用债券发行期间冻结资金所产生的利息收入补偿。补偿后若有剩余的利息收入,视同债券溢价收入,在债券的存续期于计提利息时摊销,分别计入相关资产成本或作为财务费用处理。债券的发行费用主要包括委托他人代销债券支付的手续费或佣金、债券的印刷费以及相关的律师费、注册会计师审核财务报表的费用等。这些费用是企业发行债券必须的开支,其金额也往往较大。

如果发行费用大于发行期间冻结资金所产生的利息收入，按发行费用减去发行期间冻结资金所产生的利息收入后的差额，根据发行债券所筹集资金的用途，分别计入财务费用或相关资本成本；如果发行费用小于发行期间冻结资金所产生的利息收入，按发行期间冻结资金所产生的利息收入减去发行费用后的差额，视同发行债券的溢价收入，在债券存续期间于计提利息时摊销，分别计入财务费用或相关资产成本。

（二）存续期内，计提债券利息及溢价或折价摊销

债券发行后，企业应按票面利率、面值及约定的付息时间支付债权人利息。对当期应付但尚未付的债券利息，会计上应按权责发生制原则计提入账。利息费用的处理原则参照长期借款利息费用处理原则。

如果债券是按溢价或折价发行的，因为溢价是企业以后各期多付利息而事先得到的补偿；而折价是企业以后各期少付利息而预付给投资者的补偿，所以，在存续期内还应同时对因债券溢价或折价形成的利息调整后进行摊销。根据我国企业会计准则规定，在债券的存续期内应采用实际利率法对债券的溢价或折价进行摊销。债券到期时，溢价或折价的金额应分摊完毕。此时，应付债券的摊余成本与其面值相等。有关计算如下：

每期应付债券利息 = 债券面值 × 票面利率 × 期限

每期实际利息费用 = 债券期初摊余成本 × 实际利率 × 期限

每期分摊溢价金额 = 各期应付债券利息 − 当期实际利息费用

每期分摊折价金额 = 当期实际利息费用 − 各期应付债券利息

对于分期付息、一次还本的债券，企业在资产负债表日应按应付债券的摊余成本和实际利率计算确定的债券利息费用，借记“在建工程”、“制造费用”、“财务费用”等科目，按票面利率计算确定的应付未付利息，贷记“应付利息”科目，按其差额，借记或贷记“应付债券——利息调整”科目。

对于一次还本付息的债券，企业在资产负债表日应按应付债券的摊余成本和实际利率计算确定的债券利息费用，借记“在建工程”、“制造费用”、“财务费用”等科目。按票面利率计算确定的应付未付利息，贷记“应付债券——应计利息”科目。按其差额，借记或贷记“应付债券——利息调整”科目。

（三）债券的偿还

对于一次还本付息的债券，企业应于债券到期支付债券本息时，借记“应付债券——面值”和“应计债券——应付利息”科目，贷记“银行存款”科目；对于一次还本，分期付息的债券，在每期支付利息时，借记“应付利息”科目，贷记“银行存款”科目；债券到期偿还本金并支付最后一期利息时，借记“应付债券——面值”、“在建工程”、“制造费用”、“财务费用”、“研发支出”等科目，贷记“银行存款”科目；同时，存在利息调整余额的，借记或贷记“应付债券——利息调整”科目。

🕮 任务案例

【案例】2009 年 1 月 1 日，甲公司经批准发行 3 年期的到期还本、分期付息的公司债券 200 万张。该债券每张面值为 100 元，每年 1 月 1 日支付上一年利息，票面年利率为 5%，实际年利率 6%。发行债券实际募得资金 19 465 万元。所募集的资金用于生产经营所需。要求进行账务处理。

🗁 **解析**

依据上述资料，采用摊余成本和实际利率计算确定的利息费用见表11-1。

表11-1 利息费用计算表

单位:万元

时间	支付利息	利息费用	摊销金额	摊余成本
2009年1月1日				19 465
2009年12月31日	1 000	1 167.9	167.9	19 632.9
2010年12月31日	1 000	1 177.97	177.97	19 810.87
2011年12月31日	1 000	1 189.13	189.13	20 000

甲公司的账务处理如下。

(1)2009年1月1日发行债券，

借:银行存款　194 650 000

　应付债券——利息调整　5 350 000

　贷:应付债券——面值　200 000 000

(2)2009年12月31日确认利息费用，

借:财务费用　11 679 000

　贷:应付利息　10 000 000

　　应付债券——利息调整　1 679 000

(3)2010年1月1日支付利息，

借:应付利息　10 000 000

　贷:银行存款　10 000 000

(4)2010年12月31日确认利息费用，

借:财务费用　11 779 700

　贷:应付利息　10 000 000

　　应付债券——利息调整　1 779 700

(5)2011年1月1日支付利息，

借:应付利息　10 000 000

　贷:银行存款　10 000 000

(6)2011年12月31日确认利息费用，

借:财务费用　11 891 300

　贷:应付利息　10 000 000

　　应付债券——利息调整　1 891 300

(7)2012年1月1日归还债券本金及最后一年利息，

借:应付利息　10 000 000

　应付债券——面值　200 000 000

　贷:银行存款　210 000 000

🕮 任务实训

(一)单项选择题

1. 甲公司2008年7月1日发行5年期面值为100万元的债券,该债券到期一次还本付息,票面年利率为5%,甲公司2008年12月31日应付债券的账面余额为(　　)万元。

A. 100　　B. 102.5　　C. 105　　D. 125

2. 某股份有限公司于2008年1月1日发行3年期、每年1月1日付息、到期一次还本的公司债券,债券面值为200万元,票面年利率为5%,实际利率为6%,发行价格为194.65万元。按实际利率法确定利息费用,该债券2008年确认的利息费用为(　　)万元。

A. 11.78　　B. 12　　C. 10　　D. 11.68

3. 就发行债券的企业而言,所获债券溢价收入实质是(　　)。

A. 为以后少付利息而付出的代价　　B. 为以后多付利息而得到的补偿

C. 本期利息收入　　D. 以后期间的利息收入

4. 企业以折价方式发行债券时,每期负担的利息费用为(　　)。

A. 按票面利率计算的应计利息减去应摊销的折价

B. 按实际利率计算的应计利息减去应摊销的折价

C. 按实际利率计算的应计利息

D. 按实际利率计算的应计利息加上应摊销的折价

5. 甲公司于2008年1月1日发行5年期、一次还本、分期付息的公司债券,每年12月31日支付利息。该公司债券票面利率为5%,面值总额为300 000万元,发行价格总额为313 347万元;支付发行费120万元,发行期间冻结资金利息50万元。假设该公司每年年末采用实际利率法摊销债券溢价、折价,实际利率为4%。2009年12月31日该应付债券的账面余额为(　　)万元。

A. 308 008.20　　B. 308 026.20　　C. 308 316.12　　D. 3 083 348.56

6. 某企业为建造固定资产发行债券,至2008年12月31日时工程尚未完工,计提本年应付债券利息时应记入(　　)科目。

A. 固定资产　　B. 在建工程　　C. 管理费用　　D. 财务费用

(二)多项选择题

1. "应付债券"科目的贷方反映的内容有(　　)。

A. 债券发行时产生的债券溢价　　B. 债券发行时产生的债券折价

C. 期末计提的应付债券利息　　D. 发行时债券的面值

2. 债券的发行价格有(　　)。

A. 溢价　　B. 折价　　C. 面值　　D. 平均值

3. "应付债券"科目的借方反映的内容有(　　)。

A. 债券溢价的摊销　　B. 债券折价的摊销

C. 期末计提的应付债券利息　　D. 归还的债券本金

4. 对于分期付息、一次还本的债券,应于资产负债表日按摊余成本和实际利率计算确定的债券利息,可能借记的会计科目有(　　)。

A. 在建工程　　B. 销售费用　　C. 财务费用　　D. 研发支出

5. 下列项目中，属于非流动负债的有(　　)。

A. 长期借款　　B. 应付债券　　C. 应付引进设备款　　D. 应付融资租赁费

6. "长期借款"科目核算的内容有(　　)。

A. 借入的长期借款本金　　B. 偿还的长期借款本金

C. 取得借款时，实收金额与借款本金的差额　D. 计提的长期借款利息

7. "应付债券"科目根据核算内容一般应设(　　)等明细科目。

A. 面值　　B. 利息调整　　C. 应付利息　　D. 应计利息

8. 债券发行价格的高低一般取决于(　　)。

A. 债券票面金额　　B. 债券票面利率　　C. 发行时的市场利率　　D. 债券的期限

(三) 判断题

1. 对于分期付息的债券，若采用实际利率法对公司折价发行的债券进行摊销，因为债券的账面价值逐期增加，所以应负担的利息费用也随之逐期增加。(　　)

2. 企业采用实际利率法对应付债券溢价进行摊销时，应付债券账面价值逐期减少，应负担的利息费用也随之逐期减少。(　　)

3. 企业发行债券的溢价或折价，是企业在债券存续期内对利息费用的一种调整。(　　)

4. 发行长期债券的企业，在计提利息时，应借记"在建工程"，贷记"应付债券——应付利息"。(　　)

5. 就发行债券的企业而言，所获得债券溢价收入实质是为以后多付利息而得到的补偿。(　　)

(四) 计算分析题

1. 某企业经批准从 2008 年 1 月 1 日起发行 3 年期面值为 100 元的债券 10 000 张，发行价格确定为面值发行，债券年利率为 6%，每半年计息一次，该债券所筹集的资金全部用于新生产线的建设，该生产线于 2009 年 6 月底完工交付使用，债券到期后一次支付本金和利息。

要求：编制该企业从债券发行到债券到期的全部会计分录。

2. 某企业经批准于 2008 年 1 月 1 日起发行两年期面值为 100 元的债券 10 000 张，债券年利率为 3%，每年 7 月 1 日和 1 月 1 日付息两次，到期时归还本金和最后一次利息。该债券发行收入为 1 961.92 万元，债券实际利率为年利率 4%。该债券所筹集的资金全部用于新生产线的建设，该生产线于 2008 年 6 月底完工并交付使用。债券溢折价采用实际利率法摊销，每年 6 月 30 日和 12 月 31 日计提利息。

要求：编制该企业从债券发行到债券到期的全部会计分录。

3. 2009 年 1 月 1 日，甲公司经批准发行 5 年期的到期还本、分期付息的公司债券 60 万张。该债券每张面值为 100 元，债券利息在每年 12 月 31 日支付，票面年利率为 6%，实际年利率 5%。发行债券实际募得资金 6 259.62 万元。所募集的资金用于生产经营所需。

要求：编制该企业从债券发行到债券到期的全部会计分录。

任务三 长期应付款的核算

任务认知

一、长期应付款概述

长期应付款是指企业除长期借款和应付债券以外的其他各种长期应付款项，包括应付补偿贸易方式下引进国外设备款、应付融资租入固定资产的租赁费、具有融资性质的延期付款方式购入资产产生的应付款项等。

长期应付款除了具有一般长期负债金额大、偿还期限长的特点外，还有两个特点：一是长期应付款具有分期支付资产价款的性质，应作为资本性支出核算，而不能作为收益性支出处理；二是长期应付款的计价经常涉及外币与人民币比价的变动。例如，对于应付引进国外设备价款，引进时将其外币金额按规定的市场汇价折合为人民币记账，还款时如果市场汇价有变动，则会影响归还人民币的数额。

二、长期应付款的核算

为核算长期应付款的发生和偿还情况，企业应设置“长期应付款”和“未确认融资费用”等科目。“长期应付款”科目用于核算企业发生的除了长期借款和应付债券以外的其他各种长期应付款项。贷方反映长期应付款的增加数，借方反映归还的长期应付款，期末贷方余额表明尚未归还的长期应付款项。本科目可以按长期应付款的种类和债权人进行明细核算。“未确认融资费用”科目用于核算企业应分期计入利息费用的未确认融资费用，期末借方余额反映企业未确认融资费用的摊余价值。

(一)应付引进设备款的核算

应付引进设备款是在补偿贸易中形成的。补偿贸易是指以信贷形式从国外引进设备技术等，以所生产的产品或其他劳务支付货款的贸易方式。在引进设备时，按资产价值确定相应的负债，分别在“固定资产”和“长期应付款”等科目中反映，用产品或劳务归还设备价款时，视同产品销售进行处理。

以补偿贸易引进设备时，应按设备的到岸价折合人民币加上在国内支付的税费计价入账，借记“固定资产”等科目。按设备到岸价折合的人民币贷记“长期应付款——应付引进设备款”科目，对以人民币支付的关税及有关费用，贷记“银行存款”科目。

(二)应付融资租入固定资产的核算

租赁，是指在约定的期间内，出租人将资产使用权让与承租人，以获取租金的协议。承租人和出租人在租赁开始日将租赁分为融资租赁或经营租赁。租赁开始日是指租赁协议日与租赁各方就主要租赁条款作出承诺中的较早者。

企业采用融资租赁方式租入的固定资产，虽然在法律形式上资产的所有权在租赁期内仍然属于出租人，但由于资产的租赁期基本上包括了资产的有效使用年限，承租企业实际上获得了租赁资产所提供的主要经济利益，同时承担了与资产所有权的有关风险。因此，承租企业应将融资租入的固定资产作为一项固定资产入账，同时确认相应的负债。

企业应在租赁期开始日将租赁资产的公允价值与最低租赁付款额现值两者中的较低者，

加上在租赁谈判和签订合同过程中发生的可直接归属于租赁项目的手续费、律师费、差旅费、印花税等初始直接费用,作为租入资产的入账价值,借记“固定资产”科目;按最低租赁付款额,贷记“长期应付款”科目;按发生的初始直接费用,贷记“银行存款”、“库存现金”等科目;按其差额,借记“未确认融资费用”科目。每期支付租金费用时,借记“长期应付款”科目,贷记“银行存款”科目。如果支付的租金中包含履约成本,按履约成本金额,借记“制造费用”、“管理费用”等科目,贷记“银行存款”科目。所谓履约成本是指租赁期内为租赁资产支付的各种使用费用,如技术咨询和服务费、人员培训费、维修费、保险费等。

最低租赁付款额,是指在租赁期内,承租人应支付或可能被要求支付的款项,加上承租人或与其有关的第三方担保的资产余值。承租人在计算最低租赁付款额的现值时,能够取得出租人租赁内含利率的,应当采用租赁合同内含利率作为折现率;否则,应当采用租赁合同规定的利率作为折现率。承租人无法取得出租人的租赁内含利率且合同没有规定利率的,应当采用同期银行贷款利率作为折现率。租赁内含利率,是指在租赁开始日,使最低租赁收款额的现值与未担保余值的现值之和等于租赁资产公允价值与出租人的初始直接费用之和的折现率。

未确认融资费用应当在租赁期内各个期间进行分摊。承租人分摊确认融资费用时,应当采用实际利率法。每期采用实际利率法分摊未确认融资费用时,按当期应分摊的未确认融资费用金额,借记“财务费用”科目,贷记“未确认融资金额”科目。

(三)具有融资性延期付款购买的资产

企业购买资产有可能延期支付有关价款。如果延期支付的购买价格超过正常信用条件,实质上是具有融资性质的,所购资产的成本应以延期支付购买价款的现值为基础确定。实际支付的价款与购买价款的现值之间的差额,应当在信用期内采用实际利率法进行摊销,符合资本化条件的,计入相关资产成本,否则计入当期损益。其具体账务处理如下。企业购入资产超过正常信用条件延期付款实质上具有融资性质时,应按购买价款的现值,借记“固定资产”、“在建工程”等科目;按应支付的价款总额,贷记“长期应付款”科目;按其差额,借记“未确定融资费用”科目。按期支付价款时,借记“长期应付款”科目,贷记“银行存款”科目。

任务案例

【案例1】美达有限公司为了开展补偿贸易业务,从国外引进设备,价款折合人民币180万元(不需安装就可投入使用)。公司引进设备时,用人民币存款支付进口关税、国内运杂费20万元,企业准备用所生产的产品归还引进设备款。引进设备投产后,第一批生产产品1 000件,每件销售价格200元,单位生产成本150元,这一批产品全部用于还款。要求作出相关账务处理。

解析

(1)引进设备时,会计分录如下。

借:固定资产　　1 800 000

　　贷:长期应付款——应付引进设备款　　1 800 000

(2)以人民币支付进口关税和国内运杂费时,会计分录如下。

借:固定资产　　200 000

　　贷:银行存款　　200 000

(3)销售产品时,会计分录如下。

借:应收账款　　200 000
　　贷:主营业务收入　　200 000

结转成本时,会计分录如下。

借:主营业务成本　　150 000
　　贷:库存商品　　150 000

(4)抵付设备款时,会计分录如下。

借:长期应付款——应付引进设备款　　200 000
　　贷:应收账款　　200 000

【案例2】2009年1月1日,A公司由B租赁公司租入设备一台,原值600 000元,公允价值580 000元,账面价值578 000元,预计尚可使用10年,租赁期为8年,每年年末支付租金100 000元,合同规定折现率为8.5%,租赁期满支付名义购买价30 000元,设备归A公司所有。A公司以银行存款支付运输费、途中保险费,安装调试费等共计60 000元。假设已经过确认,该租赁属于融资租赁,并已计算出最低租赁付款额的现值为590 869元。要求编制A公司取得租赁资产和支付第一年租金、第一次摊销未确认的融资费用时的会计分录。

解析

最低租赁付款额=100 000×8+30 000=830 000(元)

因为最低租赁付款额现值590 869元大于租赁资产的公允价值580 000元,所以以租赁资产的公允价值作为租入资产的入账价值。

(1)2009年1月租入设备,会计分录如下。

借:在建工程　　580 000
　　未确认融资费用　　250 000
　　贷:长期应付款——应付融资租赁款　　830 000

(2)支付运输费、途中保险费、安装调试费等费用,会计分录如下。

借:在建工程　　60 000
　　贷:银行存款　　60 000

(3)设备交付使用时,会计分录如下。

借:固定资产——融资租入固定资产　　640 000
　　贷:在建工程　　640 000

(4)2009年12月31日支付租赁费

借:长期应付款——应付融资租赁款　　100 000
　　贷:银行存款　　100 000

(5)2009年12月31日计算分摊的未确认融资费用=580 000×8.5%=49 300(元)

借:财务费用　　49 300
　　贷:未确认融资费用　　49 300

任务实训

(一)单项选择题

1. 企业采用补偿贸易方式从国外引进设备,其以人民币支付的进口关税和国内运杂费应计入(　　)。

A. 财务费用　　B. 管理费用　　C. 长期待摊费用　　D. 引进设备的成本

2. 承租人在融资租赁谈判和签订合同过程中发生的可直接归属于租赁项目的手续费、律师费、差旅费、印花税等初始直接费用,应当(　　)。

A. 计入当期费用　　B. 计入租入资产价值

C. 部分计入当期费用,部分计入租赁成本　　D. 计入最低租赁付款额

3. 对于承租人对未确认融资费用的分摊,应采用的方法是(　　)。

A. 直线法　　B. 实际利率法　　C. 年数总和法　　D. 双倍余额递减法

4. 对于某项融资租赁,租赁开始日租赁资产公允价值为 3 000 万元,最低租赁付款额现值为 2 900万元,承租人发生的初始直接费用为 5 万元。承租人租赁期开始日融资租入固定资产的入账价值为(　　)万元。

A. 3 000　　B. 2 900　　C. 3 005　　D. 2 905

5. 在融资租入固定资产未达到预定可使用状态前,各期分摊未确定融资费用时,所作的会计分录正确的是(　　)。

A. 借:在建工程
　　贷:未确认融资费用

B. 借:财务费用
　　贷:未确认融资费用

C. 借:固定资产
　　贷:未确认融资费用

D. 借:管理费用
　　贷:未确认融资费用

(二)多项选择题

1. "长期应付款"科目主要核算(　　)。

A. 应付补偿贸易引进设备款

B. 应付货款

C. 以分期付款购入固定资产发生的应付款项

D. 应付融资租赁费

2. 承租人在计算最低租赁付款额的现值选择折旧率时,应考虑的因素有(　　)。

A. 出租人租赁内含利率　　B. 租赁合同规定的利率

C. 同期银行贷款利率　　D. 同期银行存款利率

3. 承租人在租赁业务中发生的下列费用中,属于初始直接费用的有(　　)。

A. 印花税　　B. 佣金　　C. 人员培训费　　D. 维修费

4. 承租人在租赁业务中发生的下列费用中,属于履约成本的有(　　)。

A. 印花税　　B. 佣金　　C. 人员培训费　　D. 维修费

5. 确定融资租赁资产入账价值时应考虑的因素有(　　)。

A. 租赁开始日租赁资产公允价值

B. 最低租赁付款额现值

C. 租赁预计使用年限

D. 承租人在融资租赁谈判和签订合同过程中发生的可直接归属于租赁项目的手续费、律师费、差旅费、印花税等初始直接费用

(三)计算分析题

某企业采用补偿贸易方式从国外引进设备,设备价款折合人民币 800 000 元。不安装就可投入使用,企业准备用其所生产的产品归还引进设备款。引进设备投产后,第一批产品 200 件,单价 300 元,单位产品销售成本 250 元,所得销售收入全部用于归还设备款。

要求:编制该企业相关的会计分录。

项目十二

所有者权益的核算

项目导入

明悦机械有限公司的注册资本是500万元,“盈余公积”账户余额为200万元。经公司董事会决定,用盈余公积120万元转增资本。财务经理陈恺提出,用盈余公积转增资本的最高数额是100万元,故不能将盈余公积120万元转增资本。你认为财务经理陈恺的意见是否正确?公司是否可以用盈余公积的120万元转增资本呢?公司要达到增资的目的,除了用盈余公积转增外,还有什么途径可以增加公司的资本呢?你有什么好的建议?

项目目标

(1)掌握实收资本、资本公积、留存收益的概念及其会计处理。

(2)掌握库存股的概念及其会计处理。

(3)能够对有限责任公司和股份有限公司的实收资本进行核算。

(4)能够对有限责任公司和股份有限公司的资本公积进行核算。

(5)能够对有限责任公司和股份有限公司的留存收益进行核算。

任务一　实收资本的核算

任务认知

一、企业的组织形式

企业是以赢利为目的的经济组织。它可以按照不同的形式进行分类,最常见的分类是根据其出资人的不同,将其分为以下3种组织形式。

(一)独资企业

它是指由单个投资者出资设立的企业,这种企业通常是个人出资、个人经营,不具备法人资格。

(二)合伙企业

它是指由两个或两个以上的投资者按照协议共同出资、共同经营、共负盈亏的企业。这种企业同样不具备法人资格。

(三)公司制企业

它是依照法定程序登记并设立的以赢利为目的的企业。公司制企业按照出资人即股东所

负责任的不同，又可分为有限责任公司、股份有限公司、两合公司等多种形式。

所有者权益是一个涵盖了任何企业组织形式的净资产的广义概念。但对于不同的企业组织形式，“所有者权益”的名称有所不同：独资企业称为业主权益；合伙企业称为合伙人权益；有限责任公司称为所有者权益，表现为“实收资本”、“资本公积”、“盈余公积”、“未分配利润”等；股份有限公司称为股东权益，表现为“股本”、“资本公积”、“盈余公积”、“未分配利润”等。

二、实收资本概述

实收资本是指企业按照企业章程规定，合同、协议的约定，接受投资者投入企业的资本。实收资本的构成比例即投资者的出资比例或股东的股权比例，是确定所有者在企业所有者权益中份额的基础，也是企业进行利润或股利分配的主要依据。

在理解实收资本时，应注意 3 个概念的不同：一是注册资本，二是实收资本，三是投入资本。

注册资本是指企业在工商行政管理登记机关登记的投资人交纳的出资额。

投入资本是指投资人实际投入到企业中的财产物质的数额，投资人投入资本，即构成企业的实收资本。

我国有关法律规定，企业的实收资本达到法定注册资本的要求，企业才能设立。但是，在一些特殊情况下，投资人也会因为种种原因超额投入，从而使其投入资本超过注册资本。实收资本的增减与变动超过注册资本的 20%，应持资金使用证明或者验资证明向原登记机关申请变更登记。

三、一般企业实收资本的核算

在对实收资本的会计核算中，股份有限公司设置“股本”账户，其他企业设置“实收资本”科目，核算投资者投入资本的增减变动情况。该科目的贷方登记实收资本的增加数额，借方登记实收资本的减少数额，期末贷方余额反映企业期末实收资本实有数额。投资者投入资木的形式有很多种：可以用货币资金投资，也可以用非货币资金投资，符合国家规定的还可以用无形资产投资。企业实收资本入账价值的确认取决于不同的资本取得方式。

（一）接受货币资金方式投资的核算

在会计核算中，对于不同投资者投入的货币资金，“实收资本”账户应分别设置明细账进行明细核算。企业在收到投入的货币资金时，应以实际收到的金额借记“银行存款”科目，按投资者出资享有的企业注册的份额，贷记“实收资本”科目。投资者出资超过其占企业注册资本份额的部分，贷记“资本公积——资本溢价”科目。

（二）接受非现金资产投资的核算

企业接受固定资产投资、无形资产等非现金资产投资时，应按投资合同或协议约定的价值（不公允的除外）作为固定资产、无形资产等非现金资产的入账价值，借记有关资产科目。按投资者应享有的企业注册资本的份额，贷记“实收资本”科目。按其差额，贷记“资本公积——资本溢价”科目。

（三）企业资本变动的核算

一般情况下，企业的实收资本应相对固定不变。但在某些特定情况下，实收资本也可能发生增加变化。我国《企业法人登记管理条例》中规定，除国家另有规定外，企业的注册资本应当与实收资本相一致，当实收资本比原注册资金增加或减少的幅度超过 20% 时，应持资金信

用证明或者验资证明,向原登记主管机关申请变更登记。如擅自改变注册资本或抽逃资金,应受到工商行政管理部门的处罚。企业实收资本(或股本)除下列情况外,不得随意变动。

(1)如符合增资条件,并经有关部门批准增资的,在实际取得投资者的出资时登记入账。

(2)如企业按法定程序报经批准减少注册资本的,在实际发还投资时登记入账。采用收购本企业股票方式减资的,在实际购入本企业股票时登记入账。

企业实收资本增加的渠道大体有以下几种:接受追加投资,将资本公积转增资本,盈余公积转增资本,分配股票股利。接受追加投资的核算同前面介绍的接受投资的核算,其他增加渠道的核算在以后相关业务中讲述。

按照我国《公司法》规定,企业的资本(或股本)在通常情况下不能随意减少,投资者(或股东)在企业存续期内不得抽回资本(或股本)。但在特殊情况下,如果企业发生缩小经营规模、资本过剩等特殊情况时,企业按法定程序报经批准后可以减少注册资本。

有限责任公司和一般企业返还投资的核算比较简单。按返还投资数额,借记"实收资本"账户,贷记"银行存款"等账户。

四、股份有限公司股本的核算

股本是重要的指标。股票的面值与股份总数的乘积为股本。对于收到的股东投资,股份有限公司设置"股本"账户核算。公司因发行股票、可转换债券调换成股票、发放股票股利等原因取得股本时,记入该账户贷方,按法定程序报经批准减少注册资本的公司在实际返还股款时,记入该账户借方,"股本"账户贷方余额表示公司所拥有的股本总额。该账户应按股票的种类及股东单位和姓名设置明细账并进行明细核算。此外,公司还应设置股本备查簿,记载公司发行股票时涉及的股本总额、股份总数、每股面值以及已认股本等有关资料。公司发行股票取得的收入大于股本总额的称为溢价发行;等于股本总额的称为面值发行;小于股本总额的称为折价发行。我国不允许折价发行股票。

股份有限公司的设立方式包括发起式(即由发起人认购所有要发行的全部股份)和募集式(即由发起人认购一部分,剩余股份向社会公开募集或者向特定对象募集)两种方式。发起式筹资费用低,一般只发生印刷费等少量费用,发生时可以直接记入"财务费用"科目。募集式筹资费用高,发行股票支付的手续费或佣金等相关费用减去股票发行期间冻结资金的利息收入后的余额,按以下原则处理:属于溢价发行的,记入"资本公积——股本溢价"科目,从溢价收入中抵消,溢价不够抵销的,记入"财务费用"科目;属于面值发行的,直接记入"财务费用"科目。

股份有限公司无论采用何种设立方式,都应在核定的股本总额及核定的股份总额的范围内发行股票。公司设立发行的股票在收到货币资金等资产时,应按实际收到的金额,借记"银行存款"等账户。按股票面值和核定的股份总额的乘积计算的金额,贷记"股本"科目。如果属于溢价发行的,按实际收到资产的价值与股本的差额,贷记"资本公积——股本溢价"科目。

企业有时采用发行股票股利的方式增加股本。股票股利是企业用增发的股票代替现金派发给股东的股利。当企业实现净利润但现金不足时,为了满足股东的要求,通常派发股利。分派股票股利,一不会使所有者权益总额发生变动,而仅仅使所有者权益各项目结构发生内部调整;二不需要企业实际发放,不会使企业减少现金。在实际发放股票股利时,借记"利润分配——转作股本的股利"账户,贷记"股本"账户。

库存股是指上市公司收购的尚未转让或注销,而留于特定账户的本公司股份。当有下列

情形之一时，公司可以购买已经发行的本公司股份：减少公司注册资本；与持有本公司股份的其他公司合作；将股份奖励给本公司职工；股东因对股东大会作出的公司合并、分立决议持异议而要求公司收购其股份等。另外，在特定情形下投反对票的持有异议的股东可以要求公司回购股份保护其权利。为了核算这部分股份的金额，公司应设置“库存股”科目。该科目期末借方余额反映企业持有本公司股份的金额。

公司回购股份时，应当按回购股份的全部支出作为库存股处理，同时进行备查登记。公司按法定程序报经批准减少注册资本的，借记“库存股”科目，贷记“银行存款”等科目。

同时，收购本公司股票时，也按面值注销股本。超出面值付出的价格，可区分不同情况处理：属面值发行的，直接冲减盈余公积、未分配利润；属溢价发行的，则首先冲减溢价收入，不足部分，依次冲减盈余公积和未分配利润。具体账务处理如下：按股票面值和注销股数计算的股票面值总额冲减股本，借记“股本”科目；按注销库存股的账面余额，贷记“库存股”科目；按其差额，借记“资本公积——股本溢价”科目；股本溢价不足冲减的，应借记“盈余公积”、“利润分配——未分配利润”科目。如果购回股票支付的价款低于面值总额的，应按股票面值总额借记“股本”科目；按所注销的库存股账面余额，贷记“库存股”科目；按其差额贷记“资本公积——股本溢价”科目。

任务案例

【案例 1】甲公司收到国家投入的资本 2 000 万元，B 公司投入的资本 1 200 万元，赵鹤个人投入的资本 700 万元，全部款项存入银行。要求编制相关会计分录。

解析

	借方	贷方
借：银行存款	39 000 000	
贷：实收资本——国家投资		20 000 000
——B 公司		12 000 000
——赵鹤		7 000 000

【案例 2】甲公司收到 C 公司作为资本投入的一批原材料，评估确认价值为 20 000 元，该原材料计税价格为 20 000 元，C 公司提供的增值税专用发票上注明的增值税额为 3 400 元。要求编制相关会计分录。

解析

	借方	贷方
借：原材料	20 000	
应交税费——应交增值税（进项税额）	3 400	
贷：实收资本		23 400

【案例 3】某企业接受 C 投资者投入专利技术一项，投资各方确认价值 60 000 元。要求编制相关会计分录。

解析

	借方	贷方
借：无形资产	60 000	
贷：实收资本——C 投资者		60 000

【案例 4】甲公司委托某证券公司发行股票 200 万股，每股面值 1 元，并与证券公司约定按发行收入的 3% 收手续费。甲公司按面值发行股票。要求编制相关会计分录。

解析

借:银行存款　　2 000 000

　贷:股本　　2 000 000

借:财务费用　　60 000

　贷:银行存款　　60 000

【案例5】承【案例4】,如果甲公司股票发行价格为每股1.5元,要求编制会计分录。

解析

借:银行存款　　2 910 000

　贷:股本　　2 000 000

　　资本公积——股本溢价　　910 000

【案例6】甲公司2009年12月31日的股本为2 000万股,每股面值1元,资本公积(股本溢价)500万元,盈余公积300万元。经股东大会批准,甲公司以现金回购本公司股票300万股并注销。要求分别按以下3种情况,编制回购股票和注销的会计分录:①假定每股回购价为0.8元;②假定每股回购价为2元;③假定每股回购价为3元。

解析

(1)假定每股回购价为0.8元。

回购时,会计分录如下。

借:库存股　　2 400 000

　贷:银行存款　　2 400 000

注销时,会计分录如下。

借:股本　　3 000 000

　贷:库存股　　2 400 000

　　资本公积——股本溢价　　600 000

(2)假定每股回购价为2元。

回购时,会计分录如下。

借:库存股　　6 000 000

　贷:银行存款　　6 000 000

注销时,会计分录如下。

借:股本　　3 000 000

　资本公积——股本溢价　　3 000 000

　贷:库存股　　6 000 000

(3)假定每股回购价为3元。

回购时,会计分录如下。

借:库存股　　9 000 000

　贷:银行存款　　9 000 000

注销时,会计分录如下。

借:股本　　3 000 000

　资本公积——股本溢价　　5 000 000

　盈余公积　　1 000 000

　贷:库存股　　9 000 000

任务实训

(一)单项选择题

1. 如实收资本的增减与变动超过注册资本的(　　),应持资金使用证明或者验资证明向原登记机关申请变更登记。

A. 10%　　B. 15%　　C. 20%　　D. 30%

2. 股份有限公司为核算投资者投入的资本应设置(　　)科目。

A. 实收资本　　B. 股东权益　　C. 股本　　D. 所有者权益

3. 如企业发行股票,实收股本超过股票面值的部分,应计入(　　)。

A. 主营业务收入　　B. 资本公积　　C. 盈余公积　　D. 财务费用

4. 某股份有限公司按法定程序报经批准后采用收购本公司股票方式减资。若购回股票支付价款低于股票面值总额的,所注销库存股账面余额与冲减股本的差额应记入(　　)。

A. 盈余公积　　B. 营业外收入　　C. 资本公积　　D. 未分配利润

5. 某上市公司发行普通股 1 000 万股,每股面值 1 元,每股发行价格 5 元,支付手续费 20 万元,支付咨询费 60 万元。该公司发行的普通股计入"股本"的金额是(　　)万元。

A. 1 000　　B. 4 920　　C. 2 980　　D. 5 000

(二)计算分析题

1. 某公司发生了下列经济业务。

(1)2009 年,由 A、B、C 3 个公司组建而成,总股本 300 000 元:A 公司投入 100 000 元货币资金,B 公司投入 60 000 元一条生产线和 40 000 元一栋厂房,C 公司投入 100 000 元一项专利技术。

(2)三年后,经股东大会决定,吸收 D 公司加入,经协商 D 公司出资 200 000 元货币资金,占该公司 25% 的股份。此时,注册资本增加到 4 000 000 元。

要求:根据以上资料编制相关会计分录。

2. 2008 年 1 月某公司委托证券公司发行股票 7 000 000 股,每股面值 1 元,支付发行收入 3% 的手续费,按每股 4 元发行。要求根据以上资料编制会计分录。

3. 甲公司 2009 年 12 月 31 日的股本为 10 000 万股,每股面值 1 元,资本公积(股本溢价)3 000 万元,盈余公积 4 000 万元。经股东大会批准,甲公司以现金回购本公司股票 2 000 万股并注销。

要求:分别按以下两种情况,编制回购股票和注销的会计分录:①假定每股回购价为 2 元;②假定每股回购价为 3 元。(单位:万元)

任务二　资本公积的核算

任务认知

一、资本公积概述

资本公积是指企业收到投资者的超出企业注册资本(或股本)中所占份额的投资,以及直接计入所有者权益的利得和损失等。资本公积包括资本溢价(或股本溢价)和直接计入所有

者权益的利得和损失等。

资本公积和实收资本虽然都属于投入资本范畴,但两者又有区别。实收资本一般是投资者为了谋求投资利益而投入的,且属于法定资本,与企业注册资本相一致,因此,实收资本在来源和资金上,都有严格限制;资本公积有特定来源,而且某些来源形成的资本公积,并不需要原投资者投入,即并不一定是为谋求投资利益。

资本公积与净利润不同。在会计中,应划分资本和收益的界限。净利润(收益)是企业经营活动产生的结果,可分配给股东;资本公积是企业所有者投入资本的一部分,具有资本属性,与企业净利润无关,所以不能作为净利润的一部分。

资本公积由全体股东享有。资本公积转增资本时,按各个股东在实收资本中所占的投资比例计算金额,分别转增各个股东的投资金额。资本公积与盈余公积不同,盈余公积从净利润中提取,是净利润的转化形式;而资本公积有其特定来源,与净利润无关。

"资本公积"账户核算企业资本公积的增减变化情况,可以按照"资本溢价"、"股本溢价"以及"其他资本公积"设置明细账户。

二、资本公积的核算

(一)资本溢价(或股本溢价)

企业创立时,要经过筹建、试生产经营、开辟市场等过程,其中间时间较长,并且这种投资具有风险性。当企业进入正常生产经营,在正常情况下,资本利润率高于创立阶段。而这种高于创立阶段的资本利润率是以创立时必要的垫支资本带来的,企业创立者付出了代价。因此,相同数量的投资,由于出资时间不同,其对企业的影响程度也不同。所以,新加入的投资者如与原投资者共享企业经一段生产经营后获得的留存收益,必须付出大于原投资者的出资额,才能取得与原投资者相同的投资比例。投资者投入的资本中按其投资比例计算的出资额部分,应计入"实收资本"账户,大于部分就是资本溢价计入"资本公积"账户。对于股份有限公司而言,在股票发现溢价的情况下,股东所缴股款超过所购股票面值总额以上的那部分数额即为股本溢价。

(二)其他资本公积

其他资本公积是指除资本溢价(或股本溢价)项目以外所形成的资本公积,其中主要是直接计入所有者权益的利得和损失。如长期股权投资采用权益法核算时,被投资单位发生净收益以外的所有者权益的其他变动而确认的资本公积;可供出售金融资产公允值变动形成的资本公积及转销;金融资产的重分类等形成的资本公积(已经在前面章节说明,此处不再重述)。

(三)资本公积转增资本

企业资本公积用于转增资本,按转增资本前的实收资本结构比例,将资本公积转增的数额记入"实收资本"账户下各所有者的投资明细账,相应增加各所有者对企业的投资。资本公积转增资本时,借记"资本公积"账户,贷记"实收资本"账户。

任务案例

【案例1】甲公司由A、B、C 3公司各出资100万元组建,经过3年经营,D公司加入,此时,注册资本增加为400万元,D公司出资180万元,仅占公司股份的25%。要求编制会计分录。

解析

借:银行存款　　　　1 800 000

贷:实收资本 1 000 000

资本公积——资本溢价 800 000

【案例2】甲公司委托证券公司发行股票5 000万股,每股面值1元,按每股4元价格发行。并与证券公司约定,按发行收入的3%支付手续费,全部款项存入银行。要求编制会计分录。

解析

(1)收到发行收入时的会计分录如下。

借:银行存款 200 000 000

贷:股本 50 000 000

资本公积——股本溢价 150 000 000

(2)支付发行费用时的会计分录如下。

借:资本公积——股本溢价 6 000 000

贷:银行存款 6 000 000

【案例3】2009年12月31日,B公司所持有的已划分为可供出售金融资产的股票投资公允价值为1 230万元,当天,该项资产的账面余额是1 180万元。要求进行账务处理。

解析

本例中,在2009年12月31日当天,可供出售金融资产的公允价值大于其账面余额,其账务处理如下。

借:可供出售金融资产——公允价值变动 500 000

贷:资本公积——其他资本公积 500 000

【案例4】2009年12月20日,甲公司董事会决定并经股东大会同意,用其资本公积100万元转增资本。要求编制会计分录。

解析

本例中,资本公积转增资本的会计分录如下。

借:资本公积——其他资本公积 1 000 000

贷:实收资本 1 000 000

任务实训

(一)单项选择题

1.企业增资扩股时,投资者实际缴纳的出资额大于其按约定比例计算的投资额,其在注册资本中所占的份额部分应作为(　　)。

A.实收资本　　B.资本公积　　C.盈余公积　　D.营业外收入

2.资本公积的用途(　　)。

A.弥补亏损　　B.发放工资　　C.转增资本　　D.分配股利

3.某公司委托证券公司发行股票1 000万股,每股面值1元,每股发行价格8元,向证券公司支付50万元,该公司应贷记"资本公积——股本溢价"的金额(　　)万元。

A.6 900　　B.7 050　　C.6 950　　D.7 000

4.企业接受捐赠的资产应计入(　　)。

A.资本公积　　B.营业外收入　　C.盈余公积　　D.未分配利润

(二)多项选择题

1. 下列项目中,可能引起资本公积变动的是(　　)。

A. 与发行权益性证券直接相关的手续费、佣金等交易费用

B. 计入当期损益的利得

C. 用资本公积转增资本

D. 处置采用权益法核算的长期股权投资

2. 企业“资本公积”科目应设置(　　)明细科目进行核算。

A. 资本溢价　　　　　　　　　　B. 接受非现金资产捐赠准备

B. 股本溢价　　　　　　　　　　D. 其他资本公积

(三)计算分析题

D有限责任公司于2009年1月1日向Q公司投资,拥有Q公司20%的股份,并对Q公司有重大影响,因而对Q公司长期股权投资采用权益法核算。2009年12月31日,Q公司净损益之外的所有者权益增加了2 000 000元。假定除此以外,Q公司的所有者权益没有变化,D有限责任公司的持股比例没有变化,Q公司资产的账面价值与公允值一致,不考虑其他因素。

要求:编制D有限责任公司2009年12月31日的会计分录。

任务三　留存收益的核算

📖 任务认知

一、留存收益概述

留存收益是指企业从历史实现的利润中提取或形成的留存于企业的内部积累。它来源于企业的生产经营活动所实现的净利润,而实收资本和资本公积来源于企业的资本投入。因此,虽然三者都属于所有者权益,但在各自的来源上是有区别的。留存收益包括盈余公积和未分配利润两部分。

(一)盈余公积的组成及用途

盈余公积是指企业按照规定从净利润中提取的各种积累资金。企业的盈余公积分为两类:法定盈余公积和任意盈余公积。

1. 法定盈余公积

公司制企业的法定盈余公积按照税后利润的10%提取(非公司制企业也可按照超过10%的比例提取),法定盈余公积累计已达到注册资本50%时可以不再提取。值得注意的是,在计算提取法定盈余公积的基数时,不包括企业年初未分配利润。

2. 任意盈余公积

任意盈余公积主要是由公司企业按照股东大会的决议提取(非公司制企业经类似权力机构批准,也可提取任意盈余公积)。法定盈余公积与任意盈余公积的主要区别在于提取的依据不同。前者以国家的法律或行政法规为依据提取,后者则由企业自行决定提取。

企业提取的盈余公积主要可以用于以下几个方面。

(1)用于弥补亏损。企业弥补亏损的渠道主要有三条。一是用以后年度税前利润弥补。按照现行会计准则规定,企业发生亏损时,可以用以后5年内实现的税前利润弥补,即税前利

润弥补亏损的期间为5年。二是用以后年度税后利润弥补。企业发生的亏损经过5年期间未弥补完的,尚未弥补的亏损用税后利润弥补。三是用盈余公积弥补亏损。企业以盈余公积弥补亏损,应由公司董事会提议,经股东大会批准。

(2)用于转增资本。企业以盈余公积转增资本,必须经股东大会决议批准。在实际以盈余公积转增资本时,要按照股东原有持股比例结转。盈余公积转增资本时,转增后留存的盈余公积的数额不得少于转增前企业注册资本的25%。

(3)用于分派股利。以盈余公积分派股利,这种情况不常见。主要是企业在累计盈余公积比较多、未分配利润比较少的情况下,为维持其信誉,给投资者以合理的回报而进行的一种行为。

(二)未分配利润的形成及用途

未分配利润是指企业留待以后年度进行分配的结存利润,是企业所有者权益的一部分。相对于所有者权益的其他部分来说,企业对于未分配利润的使用有较大的自主权。从数量上讲,未分配利润是期初未分配利润,加上本期实现的净利润,减去本期提取的各种盈余公积和分配利润后的余额。应当在资产负债表的所有者权益中单独反映。

未分配利润有两层含义:一是留待以后年度处理的利润,二是未指定特定用途的利润。

二、盈余公积的核算

为反映盈余公积的提取和使用等增减变动情况,应设置"盈余公积"账户。"盈余公积"账户为所有者权益类账户,企业提取盈余公积时,记入该账户贷方。使用盈余公积时记入该账户借方。贷方余额为企业盈余公积的实有数额。在"盈余公积"账户下,还应设置"法定盈余公积"和"任意盈余公积"等明细账户。

(一)提取盈余公积的账务处理

提取盈余公积时,借记"利润分配——提取法定盈余公积(或提取任意盈余公积)"科目,贷记"盈余公积——法定盈余公积(任意盈余公积)"科目。

(二)盈余公积使用或减少的账务处理

1. 盈余公积补亏

企业用盈余公积弥补亏损,应按当期弥补亏损的数额,借记"盈余公积"科目,贷记"利润分配——盈余公积补亏"科目。

2. 盈余公积转增资本

根据《公司法》规定,盈余公积转增资本时,以留存的盈余公积不得少于注册资本的25%为限。企业用盈余公积转增资本,应按批准的转增资本数额,借记"盈余公积"科目,贷记"实收资本"科目。

3. 盈余公积分配股利

股票股利是除现金股利之外最常见的一种股利分配方式。严格地说,在经济性质上,股票股利不是股利,而只是将留存收益转作股本及资本公积而已。这是因为发放股票股利并不影响所有者权益的总额和股东所持股份的比例,而只是将留存收益永久性地资本化,增加了股本总额。

企业经股东大会或类似机构决议,用盈余公积分配现金股利或利润,应借记"盈余公积"科目,贷记"应付股利"科目。若分配股票股利时,应借记"盈余公积"科目,贷记"股本"科目。

三、未分配利润的核算

未分配利润是对企业累计可供分配的利润进行分配的结果，它通过“利润分配——未分配利润”账户核算。

年度终了，企业应将全年实现的盈亏，自“本年利润”账户转入“利润分配——未分配利润”账户。如果企业当年实现赢利，借记“本年利润”账户，贷记“利润分配——未分配利润”账户；如果企业当年发生亏损，借记“利润分配——未分配利润”账户，贷记“本年利润”账户。然后将“利润分配”账户下的其他有关明细账户的余额，转入“未分配利润”明细账户。结转后，“未分配利润”明细账户的贷方余额，就是累计未分配的利润数额。如出现借方余额，则表示累计未弥补的亏损数额。

任务案例

【案例 1】甲公司本年度净利润为 4 000 000 元（以前年度无未弥补的亏损），分别按净利润的 10% 提取法定盈余公积和任意盈余公积。要求编制会计分录。

解析

借：利润分配——提取法定盈余公积　　400 000
　　　　　　——提取任意盈余公积　　400 000
　贷：盈余公积——法定盈余公积　　400 000
　　　　　　——任意盈余公积　　400 000

【案例 2】甲公司经股东大会批准，用盈余公积弥补当前亏损 300 000 元。要求编制会计分录。

解析

借：盈余公积　　300 000
　贷：利润分配——盈余公积补亏　　300 000

【案例 3】甲公司经股东大会批准，在本期将盈余公积 2 000 000 元转增资本。要求编制会计分录。

解析

借：盈余公积　　2 000 000
　贷：实收资本　　2 000 000

【案例 4】甲公司经股东大会批准，决定用任意盈余公积 400 000 元分派现金股利。要求编制会计分录。

解析

借：盈余公积——任意盈余公积　　400 000
　贷：应付股利　　400 000

【案例 5】甲公司年初未分配利润为零，本年实现净利润 300 万元，本年计提法定盈余公积 30 万元，支付现金股利 80 万元。要求作出账务处理。

解析

借：本年利润　　3 000 000
　贷：利润分配——未分配利润　　3 000 000
借：利润分配——未分配利润　　1 100 000

贷:利润分配——提取法定盈余公积　　300 000

　　　　　——应付现金股利　　800 000

根据上述会计分录进行会计处理的结果是:“利润分配——未分配利润”科目的贷方余额为3 000 000 - 1 100 000 = 1 900 000(元)

任务实训

(一)单项选择题

1. 盈余公积是企业从(　　)中提取的公积金。

A. 税后净利润　　B. 营业利润　　C. 利润总额　　D. 税前利润

2. 下列事项中,会引起企业所有者权益变动的是(　　)。

A. 提取盈余公积　　B. 用盈余公积弥补亏损

C. 用盈余公积转增资本　　D. 用未分配利润分派现金股利

3. 企业用盈余公积弥补亏损时,应贷记(　　)科目。

A. 不作财务处理　　B. 利润分配　　C. 本年利润　　D. 主营业务收入

4. 所有者权益在数量上表现为(　　)后的净额。

A. 资产总额减去负债总额　　B. 流动资产总额减去流动负债总额

C. 资产总额减去流动负债总额　　D. 非流动资产总额减去非流动负债总额

5. 企业用盈余公积转增资本时,转增后留存的盈余公积的数额不得少于注册资本的(　　)。

A. 20%　　B. 15%　　C. 25%　　D. 50%

6. 甲公司“盈余公积”科目的年初余额为1 000 000元,本期提取1 350 000元,转增资本为800 000元。甲公司“盈余公积”科目的年末余额为(　　)元。

A. 950 000　　B. 1 550 000　　C. 1 750 000　　D. 2 350 000

(二)多项选择题

1. 法定盈余公积按税后利润的(　　)提取,超过注册资本总额的(　　)时可不再提取。

A. 10%　　B. 15%　　C. 30%　　D. 50%

2. 可引起所有者权益减少的事项有(　　)。

A. 发生亏损　　B. 用盈余公积弥补亏损

C. 发放股票股利　　D. 向投资者分配利润

3. 下列项目中,不能引起负债和所有者权益同时发生变动的是(　　)。

A. 发放股票股利　　B. 计提短期借款利息

C. 计提短期应付债券利息　　D. 摊销无形资产价值

4. 盈余公积可用于(　　)。

A. 弥补亏损　　B. 分派股利　　C. 转增资本或股本　　D. 职工福利

5. 能够用于转增资本的所有者权益要素是(　　).

A. 实收资本　　B. 资本公积　　C. 盈余公积　　D. 未分配利润

6. 以下关于盈余公积的说法正确的是(　　)。

A. 法定盈余公积累计额已达到注册资本的60%时,可不再提取该项公积金

B. 任意盈余公积主要是由公司制企业按照股东大会的决议提取

C. 企业以盈余公积弥补亏损时,应由公司董事会提议,经股东大会批准

D. 盈余公积转增资本时,转增资本后的盈余公积的数额不得少于注册资本的25%

7. 下列仅影响所有者权益这一要素结构变动的项目有(　　)。

A. 用盈余公积弥补亏损　　B. 用盈余公积转增资本

C. 分派现金股利　　D. 分派股票股利

8. 所有者权益的来源包括(　　)。

A. 所有者投入的资本　　B. 直接计入所有者权益的利得和损失

C. 留存收益　　D. 计入当期损益的利得和损失

(三)判断题

1."利润分配——未分配利润"科目的年末借方余额反映企业年末未弥补亏损的数额。(　)

2. 企业不能用盈余公积弥补亏损。(　)

3. 未分配利润的数额等于企业当年实现的税后利润加上年初未分配利润。(　)

4. 任何情况下,企业的注册资本必须与实有资本相一致。(　)

5. 企业提取的法定盈余公积达到注册资本的50%时,可视企业具体情况继续提取盈余公积。(　)

(四)计算分析题

1. 某公司所得税税率为25%,2008年年初未分配利润为120 000元。

(1)本年度实现净利润400 000元。

(2)年终,按净利润的10%、20%提取法定盈余公积、向投资人分派现金股利。

要求:计算年终未分配利润的数额,并编制相关会计分录。

2. 长江公司由A、B、C三公司出资组建,三者所占比例分别为45%、30%、25%。现通过董事会决定,用资本公积200万元转增资本。

要求:编制相关会计分录。

项目十三

收入、费用、利润的核算

项目导入

苏菲在明悦机械有限公司里实习。今天,公司销售了一批产品给隆华公司,仓库已将产品发出,并且也办好了托收手续。苏菲看了公司会计所做的记账凭证,心里觉得很纳闷:产品已发出,托收手续也办好了,为什么公司账务上没有反映收入的增加呢?反而是借记"发出商品",贷记"库存商品"。而这个"发出商品"是属于什么性质的账户呢?印象里,自己没有接触过这个科目。如果你是该公司的会计,你该如何向苏菲解释这些疑问呢?

项目目标

(1)掌握收入的概念、确认、计量和核算。

(2)掌握费用的概念、内容、确认和核算。

(3)掌握利润的构成与核算。

(4)掌握所得税费用的构成与核算。

(5)掌握净利润分配的核算。

任务一 收入的核算

任务认知

一、收入的概述

(一)收入的概念

收入是指企业在日常活动中所形成的、会导致所有者权益增加的、与所有者投入资本无关的经济利益的总流入。收入通常包括销售商品收入、提供劳务收入、让渡资产使用权收入等,但不包括为第三方或客户代收的款项,如增值税等。收入具有以下特点。

1. 收入是企业在日常活动中形成的经济利益的总流入

日常活动是指企业为完成其经营目标所从事的经常性活动以及相关的活动。工业企业销售产品、商业企业销售商品、咨询公司提供咨询服务、软件开发企业为客户开发软件、安装公司提供安装服务、商业银行对外贷款、租赁公司出租资产等活动,均属于企业为完成其经营目标所从事的经常性活动,由此形成的经济利益的总流入构成收入。明确界定日常活动是为了将收入与利得区分。日常活动是确认收入的重要判断标准,凡是日常活动形成的经济利益的流

入应当确认为收入，反之，非日常活动所形成的经济利益的流入不能确认为收入，而应当计入利得。利得表现通常不经过经营过程就能取得的或属于企业不曾期望获得的收益。比如，无形资产出租所取得的租金收入属于日常活动所形成的应当确认为收入，但是处置无形资产属于非日常活动，所形成的净利益不应当确认为收入，而应当确认为利得。

2. 收入会导致企业所有者权益的增加

收入形成的经济利益总流入的形式多种多样，既可能表现为资产增加，如增加银行存款、应收账款；也可能表现为负债减少，如减少预收账款；还可能表现为二者的组合，如销售实现时，部分减少预收账款，部分增加银行存款。收入形成的经济利益总流入能增加资产或减少负债或二者兼而有之。根据“资产 - 负债 = 所有者权益”的会计等式，收入一定能增加企业的所有者权益。这里说的收入增加所有者权益，仅指收入本身的影响。而收入扣除与之相配比的费用后的净额，既可能增加所有者权益，也可能减少所有者权益。

对于企业为第三方或客户代收的款项，如企业代国家收取的增值税等，一方面增加了企业的资产，另一方面增加了企业的负债，而并不增加企业所有者权益，因此不构成企业的收入。

3. 收入与所有者投入资本无关

所有者投入资本主要是为了享有企业资产的剩余权益，与此形成的经济利益总的流入不构成收入，而应确认为企业所有者权益的组成部分。

（二）收入的分类

根据不同的标准，可以对收入进行不同的分类。

1. 按企业从事日常活动的性质分类

收入按企业从事日常活动的性质不同，可分为销售商品收入、提供劳务收入和让渡资产使用权收入等。

销售商品收入是指企业通过销售商品实现的收入。这里的商品包括企业为销售而生产的产品和为转售而购进的商品。如工业企业生产的产品、商品流通企业购进的商品等，企业销售的其他存货，如原材料、包装物等也视同为商品。

提供劳务收入是指企业通过提供劳务实现的收入。主要有企业提供旅游、运输、饮食、广告、理发、照相、美容、咨询、代理、培训、产品安装等劳务获取的收入。

让渡资产使用权收入是指企业通过让渡资产使用权取得的收入，包括利息收入和使用费收入。使用费收入是指让渡专利权、商标权、专营权、版权、计算机软件等无形资产的使用权获得的收入。

2. 按企业经营业务的主次分类

按企业的经营业务主次不同，收入可分为主营业务收入和其他业务收入。

主营业务收入是指企业完成经营目标所从事的经营性活动所实现的收入，一般占企业收入比重较大，对企业经济效益产生较大的影响。比如，工业企业的主营业务收入主要包括销售产品、自制半成品、代制品、代修品、提供工业性劳务等取得的收入；商业企业的主营业务收入主要包括销售商品实现的收入；咨询公司的主营业务收入主要包括提供咨询服务实现的收入。

其他业务收入是指企业为完成其经营目标所从事的与经营性活动相关的活动实现的收入。其他业务收入属于企业日常活动中次要交易实现的收入，一般占企业总收入的比重较小，如固定资产经营出租收入、无形资产出租收入（即转让无形资产的使用权取得的使用费收入）、销售材料取得的收入、出租包装物收入等。

（三）收入的确认与计量

1. 销售商品收入的确认与计量

1）销售商品收入的确认

企业销售商品时，当同时满足以下5个条件时，即确认为收入。

（1）企业已将商品所有权的主要风险和报酬转移给购货方。这是确认销售商品收入的重要条件。与商品所有权有关的风险是指商品可能发生减值或毁损等形成的经济利益。判断企业是否已将商品所有权的主要风险和报酬转移给购货方，应当关注交易的实质，并结合所有权凭证的转移和实物的交付进行判断。通常情况下，转移商品所有权凭证并交付实物后，商品所有权的主要风险和报酬便随之转移，如大多数零售商品。某些情况下，转移商品所有权凭证但未交付实物，商品所有权的主要风险和报酬也随之转移，企业只保留了次要风险和报酬，如交款提货方式销售商品。有时，已交付实物但未转移商品所有权凭证，商品所有权的主要风险和报酬并未随之转移，如采用收取手续费方式委托代销的商品。

（2）企业既没有保留通常与商品所有权相联系的继续管理权，也没有对已售出商品实施有效控制。通常情况下，企业出售商品后不再保留与商品所有权相联系的继续管理权，也不再对已售出商品实施有效控制，商品所有权的主要风险和报酬已经转移给购货方，应在发出商品时确认收入。如果企业在商品销售后保留了与商品所有权相联系的继续管理权，或能够继续对其实施有效控制，说明商品所有权的主要风险和报酬没有转移，销售交易不能成立，不应确认收入，如售后租回。

（3）收入的金额能够可靠地计量。这是指收入的金额能够合理地估计。收入的金额能否合理地估计是确认收入的基本前提，如果收入的金额不能够合理地估计就无法确认收入。企业在销售商品时，商品销售价格通常已经确定。但是，由于销售商品过程中某些不确定因素的影响，也有可能存在商品销售价格发生变动的情况。在这种情况下，新的商品销售价格未确定前不应确认销售商品收入。

（4）相关经济利益很可能流入企业。在销售商品的交易中，与交易相关的经济利益主要表现为销售商品的价款。相关的经济利益很可能流入企业，是指销售商品价款收回的可能性大于不能收回的可能性，即销售商品价款收回的可能性超过50%。企业在销售商品时，如估计销售价款不是很可能收回，即使收入确认的其他条件均已满足，也不应当确认收入。

企业在确定销售商品价款收回的可能性时，应当结合以前和买方交往的直接经验、政府的有关政策、从其他方面取得的信息等因素进行分析。企业销售的商品符合合同或协议要求，已将发票账单交付买方，买方承诺付款，通常表明相关的经济利益很可能流入企业。如果企业判断销售商品收入满足确认条件予以确认，同时确认一笔应收债权，以后由于购货方资金周转困难无法收回应收债权时，不应调整原会计处理，而应对该债权计提坏账准备、确认坏账损失。如果企业根据以前与买卖方交往的直接经验判断买方信誉较差，或销售时得知买方在另一项交易中发生巨额亏损、资金周转十分困难，或在出口商品时不能肯定相关的经济利益能流入企业的情况，不应确认收入。

（5）相关的已发生的或将发生的成本能够可靠地计量。这是指与销售商品有关的已发生的或将发生的成本能够合理地估计。根据收入和费用配比原则，销售商品收入满足其他确认条件时，相关的已发生或将发生的成本通常能够合理地估计，如库存商品的成本。如销售商品相关的已发生的或将发生的成本不能够合理地估计，此时企业不应确认收入，若已收到价款，

应将已收到的价款确认为负债。

2)销售商品收入的计量

企业应按照从购货方已收或应收的合同或协议价款确定销售商品收入的金额，但已收或应收的合同或协议价款不公允除外。

合同或协议价款的收取采用递延方式，实际上具有融资性，应当按照应收的合同或协议价款的公允价值确定销售商品收入的金额。应收的合同或协议价款与公允价值之间的差额，应当在合同或协议期间内采用实际利率法进行摊销，计入当期损益。

2. 提供劳务的收入的确认和计量

1)提供劳务收入的确认

提供劳务的确认分为两类情况：一类是开始和完成都在同一会计期间内的，应在劳务完成时确认收入，另一类是在资产负债表日未完成的劳务。

对于在资产负债表日未完成的劳务，如果对所提供劳务交易的结果能够可靠地估计，应当按照完工百分比法确认提供劳务收入。完工百分比法是指按照提供劳务交易的完工进度确认收入与费用的方法。

提供劳务交易的结果能够可靠地估计，是指同时具备4个条件：①收入的金额能够可靠地计量；②相关的经济利益很可能流入企业；③交易的完工进度能够可靠地确定；④交易中已发生的和将发生的成本能够可靠地计量。

下列提供劳务收入满足收入确认条件的，应按规定确认收入；安装费应在资产负债表日根据完工进度确认收入，安装工作是商品销售附带条件，安装费应在确认商品销售实现时确认收入；宣传媒介的收费应在相关的广告或商业行为开始出现于公众面前时确认收入；广告的制造费应在资产负债表日根据广告的完工进度确认收入；为特定客户开发软件的收费应在资产负债表日根据软件开发的完工进度确认收入；包括在商品售价内可区分的服务费，应在提供服务的期间内分期确认收入；艺术表演、招待宴会和其他特殊活动的收费，应在相关活动发生时确认收入，收费涉及几项活动的，预收的款项应合理分配给每项活动，分别确认收入；申请入会费和会员只允许取得会籍，所有其他服务或商品要另行收费的，应在款项收回不存在重大不确定性时确认收入；申请会费和会员费是会员在会员期间内得到各种服务或出版物，或者以低于非会员的价格购买商品或接受服务的，应在整个受益期间内分期确认收入；属于提供设备和其他有形资产的特许权费，应在交付资产或转移资产所有权时确认收入；属于提供初始及后续服务的特许权费，应在提供服务时确认收入；长期为客户提供重复的劳务收取的劳务费，应在相关活动发生时确认收入。

2)提供劳务收入的计量

(1)按照完工百分比法确认收入与费用，应确定提供劳务交易的完工进度，企业可以选用以下的方法之一来确定提供劳务交易的完工进度：①已完工作的测量；②已经提供的劳务占应提供的劳务总量的比例；③已发生的成本占估计成本的比例。

(2)企业应当按照从接受劳务方已收或应收的合同或协议价确定提供劳务收入的总额，已收或应收的合同或协议价款不公允的除外。

(3)企业应当在资产负债表日，按提供劳务收入的总额乘以完工进度，再扣除以前会计期间累计确认的提供劳务收入后的金额，确认当期提供劳务收入。同时，按照提供劳务预计总成本乘以完工进度，再扣除以前会计期间累计已确认的提供劳务成本后的金额，确认当期提供的

劳务成本。

(4)如果企业在资产负债表日提供劳务交易的结果不能够可靠地估计,则应分别情况处理:①已发生的劳务成本预计能够得到补偿的,应按已发生的劳务成本金额,确认提供劳务收入,并按相同金额提供劳务成本;②已发生的劳务成本预计不能够得到补偿的,应将已发生的劳务成本计入当期损益,不确认提供劳务收入。

3.让渡资产使用权收入的确认与计量

1)让渡资产使用权收入的确认

除销售商品和提供劳务之外,企业还可以通过让渡资产的使用权取得收入。让渡资产使用权同时满足以下条件,才能予以确认:①相关的经济利益很可能流入企业;②收入的金额能够可靠计量。

2)让渡资产使用权收入的计量

让渡资产使用权收入包括利息收入、使用费收入等。当让渡资产使用权收入被确认后,企业应分情况确认让渡资产使用权收入的金额:①利息收入金额,按照他人使用本企业货币资金的时间和实际利率计算确定;②使用费收入金额,按照有关合同或协议约定的收费时间和方法计算确定。不同的使用费收入,收费时间和方法各不相同:一次性收取一笔固定金额的,如一次性收取10年的场地使用费;在合同或协议规定的有效期内分期等额收取的,如合同或协议规定按资产使用方每期销售额的百分比收取使用费等。如果合同或协议规定一次性收取使用费,且不提供后续服务的,应当视同销售该项资产一次性确认收入;提供后续服务的,应在合同或协议规定的有效期内分期确认收入。

二、销售商品收入的核算

为了总括地反映主营业务收入的实现情况,企业应设置以下账户。

(1)“主营业务收入”账户。该账户核算企业销售商品和提供劳务的收入,企业发生的销售退回、销售折让都作为冲减销售商品收入处理。该账户贷方登记出售商品、自制半成品、提供劳务取得的收入,借方登记发生销售退回、销售折让时冲减的主营业务收入以及期末结转入“本年利润”账户的主营业务收入,结转后账户应无余额。该账户应按商品或劳务种类设置明细分类账户,进行明细分类核算。

(2)“主营业务成本”账户。该账户用来核算企业销售商品、提供劳务等日常活动中的主要业务交易所发生的实际成本,该账户的借方登记本期结转的销售商品、提供劳务的实际成本,贷方反映期末结转入“本年利润”账户的成本以及因销售退回而冲减的主营业务成本,结转后账户应无余额。

(3)“营业税金及附加”账户。该账户主要用来核算销售商品、销售材料、提供劳务等日常营业活动中的交易所负担的销售税金及附加,包括消费税、城市建设税、资源税和教育费附加等。该账户的借方登记按照规定计算出的企业日常营业活动应负担的销售税金额及附加,贷方反映期末结转入“本年利润”账户的营业税金及附加,结转后该账户应无余额。

(一)一般商品销售业务的处理

在进行销售商品收入的会计处理时,应首先考虑销售商品收入是否满足收入确认条件。如符合规定的5个确认条件,企业应及时确认收入,并结转相关成本。

确认销售商品收入时,按照实际收到或应收的金额,借记“银行存款”、“应收账款”、“应收票据”等账户;按确定的收入金额,贷记“主营业务收入”账户;按增值税专用发票上注明的增

值税额，贷记“应交税费——应交增值税(销项税额)”账户；同时，按销售商品的实际成本，借记“主营业务成本”账户，贷记“库存商品”等账户。企业也可以在月末编制“商品发出汇总表”，一次结转本月已销商品的实际成本。

企业销售商品、提供劳务，应按规定计算销售商品、销售材料、提供劳务等日常营业活动应交的消费税、资源税、城市维护建设税和教育费附加。按计算得出的税金及附加费，借记“营业税金及附加”账户，贷记“应交税费(按各税金分列明细科目)”账户。

(二)已经发出但不符合销售商品收入确认条件的商品处理

如果企业售出的商品不符合销售商品收入确认的5个条件中的任何一条，均不应确认收入。为了单独反映已经发出但尚未确认销售商品收入的商品成本，应设置“发出商品”账户来核算。“发出商品”账户是一个资产类账户，专门用于核算一般销售方式下，已经发出但尚未确认销售商品收入的成本。

企业对于发出的商品，在不能确认收入时，应按发出商品的实际成本，借记“发出商品”等科目，贷记“库存商品”科目。发出商品符合收入确认条件时，应结转销售成本，借记“主营业务成本”科目，贷记“发出商品”科目。“发出商品”科目期末余额应并入资产负债表“存货”项目反映；发出商品不符合收入确认条件时，如果销售该商品的纳税义务已经发生，比如已经开出增值税专用发票，则应确认应交的增值税销项税额，有红字贷记“应收账款”科目，贷记“应交税费——应交增值税(销项税额)”科目。如果纳税义务没有发生，则无须进行上述处理。

(三)商业折扣、现金折扣和销售折让的处理

商业折扣、现金折扣的处理见本书“项目三”中的相关内容。

销售折让是指企业因销售商品的质量不符合要求等原因在售价上给予的减让。企业已经确认销售商品收入的售出商品发生销售折让时，按应冲减的销售商品收入的金额，借记“主营业务收入”科目，按增值税专用发票上注明的应冲减的增值税销项税额，用红字贷记“应交税费——应交增值税(销项税额)”科目，按实际支付或应退还的价款，贷记“银行存款”、“应收账款”等科目。但是如果发生销售折让时，企业尚未确认销售商品收入，则应直接按扣除折让后的金额确认销售商品收入。

(四)销售退回的处理

销售退回是指企业售出的商品由于质量或品种等不符合合同规定的要求等原因而发生的退货。销售退回应当分不同情况进行会计处理。

(1)销售退回发生在企业确认收入之前，这种情况处理比较简单，只需将已计入“发出商品”的账户的商品成本转回“库存商品”账户即可，借记“库存商品”账户，贷记“发出商品”账户。

(2)如果企业已确认收入的售出商品发生销售退回的除属于资产负债表日后事项外，一般应在发生时冲减退回当月的销售商品收入，同时冲减退回当月的销售商品成本。如规定允许扣减增值税的，应同时冲减已确认的增值税销项税额。如该销售退回已发生现金折扣的，应同时调整相关财务费用的金额。按应冲减的销售商品收入金额，借记“主营业务收入”账户；按专用发票上注明的应冲减的增值税销项税额，用红字贷记“应交税费——应交增值税(销项税额)”账户；按实际支付或应退还的价款，贷记“银行存款”、“应收账款”等账户；如已发生现金折扣的，还应按相关财务费用的调整金额，贷记“财务费用”；同时，按退回的商品成本，借记“库存商品”账户，贷记“主营业务成本”账户。

（五）采用预收款方式销售商品的处理

采用预收款销售方式下，销售方直到收到最后一笔款项时才将商品交付购货方，表明商品的所有权的主要风险和报酬只有在收到最后一笔款项时才转移给购货方。销售方通常应在发出商品时确认收入，在此之前预收的货款应确认为预收账款。见本书“项目十”预收账款的内容。

（六）商品代销业务的处理

委托其他单位代销商品的企业应设置“发出商品”账户。代销通常有视同买断和收取手续费两种方式。

1. 视同买断方式

视同买断方式是指由委托方和受托方签订协议，委托方按协议价收取所代销商品的货款，实际售价可由受托方自行确定，实际售价与协议价之间的差额归受托方所有的销售方式。在这种销售方式下，由于委托方将商品交付给受托方时，商品所有权的风险和报酬并未转移给受托方，因此，委托方在交付商品时不确认收入，受托方也不作购进商品处理。受托方将商品售出后，应按实际售价确认为销售收入，并向委托方开具代销清单。委托方收到代销清单时，再确认本企业的销售收入。

企业委托其他单位代销商品，在发出代销商品时不确认收入的实现，应按发出商品的实际成本，借记“发出商品”账户，贷记“库存商品”账户；在收到代销单位的代销清单时确认收入，并按协议和按规定计算的增值税额，借记“应收账款”账户，按协议价贷记“主营业务收入”账户，按增值税额贷记“应交税费——应交增值税（销项税额）”账户；同时按代销商品的实际成本，借记“主营业务成本”账户，贷记“发出商品”账户。

2. 收取手续费方式

收取手续费方式是指受托方根据代销的商品数量向委托方收取手续费的代销方式。对受托方来说，收取的手续费实际上是一种提供劳务收入。这种代销方式与视同买断方式相比，主要特点是：受托方通常按照委托方规定的价格销售，不得自行改变售价。

企业委托其他单位代销商品，在发出代销商品时不确认收入的实现，应按发出商品的实际成本，借记“发出商品”账户，贷记“库存商品”账户；在收到代销单位的代销清单时确认收入，并按规定的销售价格计算的增值税额，借记“应收账款”账户，按规定的销售价格，贷记“主营业务收入”账户，按增值税额贷记“应交税费——应交增值税（销项税额）”账户；同时按代销商品的实际成本，借记“主营业务成本”账户，贷记“发出商品”账户。按实际销售的数量及按规定的手续费标准所计算的手续费总额，借记“销售费用”账户，贷记“应收账款”账户。

三、销售材料等存货收入的核算

企业在日常活动中，还可能发生对外销售不须用的原材料、随同商品出售单独计价的包装物等业务。企业销售原材料、包装物等存货也视同商品销售，其收入确认和计量比照商品销售。企业为了反映和监督销售材料、包装物的存货实现的收入，应设置“其他业务收入”和“其他业务成本”账户进行核算。

在“其他业务收入”账户，核算企业除主营业务活动以外的其他经营业务活动所实现的收入。包括材料销售、包装物出租、出租固定资产、出租无形资产等业务实现的收入。对于企业实现的其他业务收入，按实际价款，借记“库存现金”、“银行存款”、“应收账款”、“应收票据”等科目。按实现的营业收入，贷记“其他业务收入”科目。按专用发票上注明的增值税额，贷

记“应交税费——应交增值税(销项税额)”科目。月末将“其他业务收入”账户的余额转入“本年利润”账户,结转后无余额。该账户应按其他业务种类设置明细账,进行明细分类核算。

在“其他业务成本”账户,核算企业除主营业务活动以外的其他经营业务活动所发生的支出,包括销售材料的成本、出租固定资产的折旧额、出租包装物的成本、出租无形资产的摊销额等。企业按发生的其他业务成本,借记“其他业务成本”账户,贷记“原材料”、“包装物”、“累计摊销”、“累计折旧”等有关账户。期末,应将本账户的余额转入“本年利润”账户,结转后本账户无余额。本账户应按其他业务种类设置明细账,进行明细分类核算。

四、提供劳务收入的核算

企业提供劳务的种类很多,如旅游、运输、饮食、广告、咨询、代理、培训、产品安装等,有的劳务一次就能完成,且一般为现金交易,如饮食、理发、照相等;有的劳务需要花一段较长的时间才能完成,如安装、旅游、培训、远洋运输等。企业提供劳务收入的确认原则因劳务完成时间的不同而不同。

(一)在同一会计期间内开始并完成的劳务

对于一次就能完成的劳务,企业应在提供劳务完成时按所确认的收入金额,借记“应收账款”“银行存款”等科目,贷记“主营业务收入”等科目;按提供劳务所发生的相关支出,借记“主营业务成本”科目,贷记“银行存款”等科目。

对于持续一段时间但在同一会计期间内开始并完成的劳务,企业应在为提供劳务发生相关支出时,借记“劳务成本”科目,贷记“银行存款”、“应付职工薪酬”、“原材料”等科目。劳务完成确认劳务收入时,按确定的收入金额,借记“应收账款”、“银行存款”等科目,贷记“主营业务收入”等科目。同时,结转相关劳务成本,借记“主营业务成本”等科目,贷记“劳务成本”科目。

(二)劳务的开始和完成分属不同的会计期间

1.提供劳务交易结果能够可靠地计量

如果劳务的开始和完成分属不同的会计期间,且企业在资产负债表日提供劳务交易结果能够可靠估计的,应采用完工百分比法确认提供劳务收入。

完工百分比法是指按照提供劳务交易的完工进度确认收入与费用的方法。采用完工百分比法,企业应当在资产负债表日按照提供劳务收入总额乘以完工进度扣除以前会计期间已确认提供劳务收入后的金额,确认当期提供的劳务收入。同时,按照提供劳务估计总成本乘以完工进度扣除以前会计期间累计已确认劳务成本后的金额,结转当期劳务成本。

在劳务总收入和劳务总成本能够可靠计量的情况下,关键是确定劳务的完成程度。企业应根据所提供劳务的特点,选择确定劳务完工程度的方法,包括通过对已经完成的工作或工程的测量来确定完成程度,或按已经提供的劳务量(如已完成的工作时间)占应提供的劳务总量(如完成此项劳务所需的总的工作时间)的百分比确定完成程度,或按已经发生的成本占估计总成本的百分比确定完成程度。

在实务中,对于劳务按合同规定所预收的款项,应借记“银行存款”账户,贷记“预收账款”或“应收账款”账户;企业为提供劳务发生相关支出时,借记“劳务成本”科目,贷记“银行存款”、“应付职工薪酬”、“原材料”等科目;按完工百分比法所确认本期劳务收入时,借记“预收账款“或“应收账款”等科目,贷记“主营业务收入”科目;同时,按所确认的本期费用,借记“主营业务成本”科目,贷记“劳务成本”科目。

2. 提供劳务交易结果不能可靠计量

如果劳务的开始和完成分属不同的会计期间,且企业在资产负债表日提供劳务交易结果不能可靠估计的,即不能同时满足前述为提供劳务交易的结果能够可靠估计4个条件的,不能采用完工百分比法确认提供劳务收入。此时,企业应分情况正确预计已经发生的劳务成本能否得到补偿。如果已经发生的劳务成本预计全部或部分能够得到补偿的,按能够得到补偿的劳务成本金额确认提供劳务收入,并结转已经发生的劳务成本。如全部不能得到补偿的,应将已经发生的劳务成本计入当期损益,不确认提供劳务成本。

五、让渡资产使用权收入的核算

(一)利息收入的处理

企业应在资产负债表日,按照他人使用本企业货币资金的时间和实际利率计算确定利息收入金额。按计算确定的利息收入金额,借记"应收利息"、"贷款"、"银行存款"等科目,贷记"利息收入"、"其他业务收入"等科目。

(二)使用费收入的处理

企业让渡资产使用权的使用费收入,一般通过"其他业务收入"科目核算。在实际发生时,按所确定的收入金额借记"银行存款"、"其他应收账款"等科目,贷记"其他业务收入"科目。企业对所让渡资产计提摊销以及所发生的与让渡资产有关的支出等,借记"其他业务成本"科目,贷记"累计摊销"、"应交税费"等科目。

任务案例

【案例1】甲企业于2009年11月5日采用托收承付结算方式销售A产品1 000件给乙企业,增值税专用发票上注明货款500 000元,增值税额85 000元,产品已发出并已向银行办妥托收手续,该批产品的成本为400 000元。要求编制会计分录。

解析

甲企业在12月5日销售并发出产品,且办妥托收手续时的账务处理如下。

(1)借:应收账款——乙企业	585 000	
贷:主营业务收入		500 000
应交税费——应交增值税(销项税额)		85 000
(2)借:主营业务成本	400 000	
贷:库存商品		400 000

【案例2】承【案例1】,假设甲企业在销售这批产品给乙企业时,已经得知乙企业资金流转发生暂时困难,但为了减少存货积压,同时为了维持与乙企业长期以来建立的商业关系,甲企业仍将产品发出并办妥托收手续。假定甲企业销售这批产品的纳税义务已经发生。要求作出账务处理。

解析

此种情况下,尽管产品已经发出,但不符合收入确认条件,故不确认收入。同时,纳税义务已经发生,则应确认应交的增值税销项税额。所以甲企业在发出产品时的账务处理就与【案例1】的账务处理不同,具体处理如下。

借:发出商品	400 000	
贷:库存商品		400 000

借:应收账款　　85 000

　　贷:应交税费——应交增值税(销项税额)　　85 000

【案例3】承【案例1】、【案例2】,在2010年1月甲公司得知乙公司的经营情况逐渐好转,乙公司承诺在近期内付款。假设甲企业在2010年2月1日收到乙企业支付的款项。要求作出账务处理。

解析

(1)在2010年1月,甲企业应在乙企业承诺近期付款时确认收入,分录如下。

借:应收账款　　500 000

　　贷:主营业务收入　　500 000

同时,结转销售成本。

借:主营业务成本　　400 000

　　贷:发出商品　　400 000

(2)甲企业在2010年2月1日收到乙企业支付的款项时,

借:银行存款　　585 000

　　贷:应收账款　　585 000

【案例4】A企业上月销售给B公司的一批商品,因质量有问题,经双方协商同意给予30 000元折让。A企业已办妥了相关手续,开具了增值税专用发票(红字)。该批商品的销售收入,已于上月确认入账,但货款尚未收到。要求编制会计分录。

解析

借:主营业务收入——销售折让　　30 000

　　贷:应收账款——B公司　　35 100

　　　　应交税费——应交增值税(销项税额)　　5 100(红字)

【案例5】甲企业收到上月发给乙企业的不合格A产品5件,货款2 000元,增值税额340元,乙企业已于上月付款,本月该商品因出现严重质量问题被退回,甲企业同意并办妥了有关手续费,按规定向乙企业开具了增值税专用发票(红字)。所收货款以银行货款退回,A产品的单位成本为250元,上月已结转。要求编制会计分录。

解析

借:主营业务收入　　2 000

　　贷:银行存款　　2 340

　　　　应交税费——应缴增值税(销项税额)　　340(红字)

借:库存商品——A产品　　1 250

　　贷:主营业务成本　　1 250

【案例6】甲公司与乙公司签订协议,采用预收账款方式向乙公司销售一批商品。该批商品的实际成本为40 000元。协议约定,该批商品的销售价为100 000元,增值税额为17 000元;乙公司应在协议签订时预付60%的货款(按销售价格计算),剩余货款于两个月后支付。要求编制甲公司相关会计分录。

解析

(1)收到60%的货款时,会计分录如下。

借:银行存款　　60 000

贷:预收账款　60 000

(2)收到剩余货款及增值税税款时,会计分录如下。

借:预收账款　117 000
　贷:主营业务收入　100 000
　　应交税费——应交增值税(销项税额)　17 000

借:银行存款　57 000
　贷:预收账款　57 000

借:主营业务成本　40 000
　贷:库存商品　40 000

【案例 7】甲企业委托乙企业代销 A 产品 400 件,双方签订的代销协议确定的协议价为每件 1 170元(含 17% 的增值税),单位成本为 680 元,甲企业开具增值税专用发票,注明售价 400 000元,增值税 68 000 元。乙企业实际销售时开具增值税专用发票,注明售价 500 000 元,增值税为 85 000 元。次月 25 日,甲企业收到乙企业按协议价支付的价款 468 000 元。要求分别作出甲、乙企业的账务处理。

解析

本例属于视同买断方式的商品代销业务。

(1)甲企业的账务处理如下。

发出 A 产品时,

借:发出商品——A 产品(乙企业)　272 000
　贷:库存商品——A 产品　272 000

次月 20 日收到代销清单时,

借:应收账款——乙企业　468 000
　贷:主营业务收入　400 000
　　应交税费——应交增值税(销项税额)　68 000

借:主营业务成本　272 000
　贷:发出商品——A 产品(乙企业)　272 000

收到乙企业汇来的货款时,

借:银行存款　468 000
　贷:应收账款——乙企业　468 000

(2)乙企业的账务处理如下。

收到发来的 A 产品时,

借:受托代销商品——A 产品(甲企业)　400 000
　贷:受托代销商品款　400 000

实际销售 A 产品时,

借:银行存款　585 000
　贷:主营业务收入　500 000
　　应交税费——应交增值税(销项税额)　85 000

借:主营业务成本　400 000
　贷:受托代销商品——A 产品(甲企业)　400 000

借:受托代销商品款——甲企业　　400 000
　　应交税费——应交增值税(进项税额)　　68 000
　　贷:应付账款——甲企业　　468 000
按合同协议价将款项付给甲企业时,
借:应付账款——甲企业　　468 000
　　贷:银行存款　　468 000

【案例 8】甲企业委托乙企业代销 A 产品 1 000 件,双方签订的代销协议确定的协议价为每件 1 170元(含 17% 的增值税),每件支付手续费 100 元。A 产品成本为 680 元,甲企业于 7 月 20 日发出该产品,次月 20 日收到乙企业转来的代销清单上表明售出 400 件,甲企业开出增值税专用发票,注明售价 400 000 元,增值税额 68 000 元。乙企业实际销售开具增值税专用发票,注明售价 400 000 元,增值税额 68 000 元。次月 25 日,甲企业收到乙企业按协议价支付的代销货款净额 428 000(428 000 =468 000 -40 000)元。要求进行账务处理。

解析

本例属于收取手续费的商品代销业务。

(1)甲企业的账务处理如下。

发出 A 产品时,
借:发出商品——A 产品(乙企业)　　680 000
　　贷:库存商品——A 产品　　680 000
次日 20 日收到代销清单时,
借:应收账款——乙企业　　468 000
　　贷:主营业务收入　　400 000
　　　　应交税费——应交增值税(销项税额)　　68 000
借:主营业务成本　　272 000
　　贷:发出商品——A 产品(乙企业)　　272 000
借:销售费用——代销手续费　　40 000
　　贷:应收账款——乙企业　　40 000
收到企业回来的代销货款净额时,
借:银行存款　　428 000
　　贷:应收账款——乙企业　　428 000

(2)乙企业的账务处理如下。

收到发来的 A 产品时,
借:受托代销商品——A 产品(甲企业)　　1 000 000
　　贷:受托代销商品款　　1 000 000
实际销售 A 产品时,
借:银行存款　　468 000
　　贷:应付账款——甲企业　　400 000
　　　　应交税费——应交增值税(销项税额)　　68 000
借:应交税费——应交增值税(进项税额)　　68 000
　　贷:应付账款——甲企业　　68 000

借:受托代销商品款——甲企业　　400 000
　贷:受托代销商品——A 产品(甲企业)　　400 000

按合同协议价将款项付给甲企业时,

借:应付账款——甲企业　　468 000
　贷:银行存款　　428 000
　　主营业务收入　　40 000

【案例 9】B 企业将生产的余料(甲材料)销售给 A 公司,增值税专用发票上注明价款 8 000 元,增值税额 1 360 元,该批材料的实际成本为 6 000 元。要求进行账务处理。

解析

借:银行存款　　9 360
　贷:其他业务收入——材料销售　　8 000
　　应交税费——应交增值税(销项税额)　　1 360

同时结转已销售材料的实际成本。

借:其他业务成本　　6 000
　贷:原材料——甲材料　　6 000

【案例 10】2009 年 12 月 8 日,某企业接受了 A 公司一项设备安装任务,该安装任务可一次完成,合同总收入为 20 000 元,该企业以银行存款实际支付安装费用 11 000 元。要求进行账务处理。

解析

(1)确认所提供的劳务收入时,会计分录如下。

借:应收账款——A 公司　　20 000
　贷:主营业务收入　　20 000

(2)发生并确认有关成本费用时,会计分录如下。

借:主营业务成本　　11 000
　贷:银行存款　　11 000

【案例 11】某企业于 2009 年 10 月 1 日为 B 公司研制一项软件。合同规定,时间为 6 个月,总收入为 600 000 元,10 月 1 日 B 公司预付账款 300 000 元,余款于完成时一次付清。至 2009 年 12 月 31 日已经发生研制费用 280 000 元,经专业测量师测量,现已完成的开发进度为 70%。要求进行账务处理。

解析

(1)预收款项时,作如下会计分录。

借:银行存款　　300 000
　贷:预收账款——B 公司　　300 000

(2)研制过程中支付相关费用时,作如下会计分录。

借:劳务成本　　28 000
　贷:银行存款　　28 000

(3)年末确认该项劳务的本期收入和费用时,作如下会计分录。

本期应确认的收入 = 600 000 × 70% − 0 = 420 000(元)

本期应确认的费用 = 350 000 × 70% − 0 = 245 000(元)

借:预收账款——B 公司　　420 000

　　贷:主营业务收入　　420 000

借:主营业务成本　　245 000

　　贷:劳务成本　　245 000

【案例 12】甲公司向丁公司转让某商品的商标使用权,合同约定丁公司每年年末按年销售收入的 15% 支付使用费,使用期为 10 年。第一年,丁公司实现销售收入 200 000 元;第二年,丁公司实现销售收入 500 000 元。假定甲公司均于每年年末收到使用费,不考虑其他因素。要求进行账务处理。

解析

(1)第一年年末确认使用费收入为 30 000(30 000 = 200 000 × 15%)元,会计分录如下。

借:银行存款　　30 000

　　贷:其他业务收入　　30 000

(2)第二年年末确认使用费收入为 75 000(75 000 = 500 000 × 15%)元,会计分录如下。

借:银行存款　　75 000

　　贷:其他业务收入　　75 000

任务实训

(一)单项选择题

1. 以下属于让渡资产使用权收入的是(　　)。

A. 他人使用本企业无形资产的使用费收入　B. 为他人提供运输服务的收入

C. 转让包装物收入　D. 销售库存商品收入

2. 在采用收取手续费方式委托代销商品时,委托方确认销售商品收入的时点为(　　)。

A. 委托方发出商品时　B. 委托方销售商品时

C. 委托方收到受托方代销清单时　D. 委托方收到委托代销商品的销售货款时

3. 某企业于 2007 年 1 月 1 日签订了一项总额为 2 000 万元的劳务合同,合同期为 3 年,预计总成本为 1 600 万元。2006 年发生成本 500 万元,2008 年发生成本 600 万元,2009 年发生成本 500 万元。假定该劳务的结果能够可靠估计,则该公司 2008 年应确认的劳务收入为(　)万元。

A. 1 315　B. 1 000　C. 750　D. 600

4. 我国企业会计准则规定,企业发生的销售折让应(　　)。

A. 冲减主营业务收入　B. 计入营业外支出

C. 增加营业业务收入　D. 增加销售费用

5. 销售合同中规定了由于特定原因买方有权退货的条款,而企业又不能确定退货的可能性,其收入应在(　　)时确认。

A. 签订合同　B. 发出商品　C. 收到货款　D. 退货满期

6. 如销售一批产品,价目表标明不含税价格为 40 000 元,增值税税率为 17%,商业折扣为 10%,现金折扣为 5/10,3/20,N/30,(按不含增值税的销售额计算现金折扣),代垫运费 500 元,客户于第八天付款。该销售业务的应收款入账金额为(　　)元。

A. 40 000　B. 44 320　C. 40 820　D. 42 620

(二)多项选择题

1. 企业取得的下列款项中,符合“收入”会计定义的有(　　)。

A. 出售材料取得的价款　　B. 出售固定资产取得的价款

C. 出租固定资产收取的租金　　D. 出售自制半成品收取的价款

2. 按照我国《企业会计准则》规定,下列项目中不应确认为收入的有(　　)。

A. 销售商品收取的增值税　　B. 出售飞机票时代收的保险费

C. 旅行社代客户购买景点门票收取的款项　　D. 销售商品代垫的运杂费

3. 以下属于其他业务收入的是(　　)。

A. 销售库存商品　　B. 转让生产材料的收入

C. 出租包装物的租金收入　　D. 取得捐赠收入

4. 下列情况(　　)可确认为营业收入的现实。

A. 预收买方货款时

B. 托收承付方式下,商品已经发出并办妥托收手续费

C. 货款已收到,发票单和提货单已经交给买方,但商品尚未发出

D. 采用分期收款方式销售商品,按合同约定发出商品

5. 下列属于收入准则规范的让渡资产使用权取得的收入是(　　)。

A. 因他人使用本企业现金而取得的利息收入

B. 因他人使用本企业的无形资产而形成的使用费收入

C. 因出售本企业固定资产而产生的收入

D. 因企业对外投资而产生的收益

6. 下列劳务的业务(　　)可以确认为收入。

A. 不跨年劳务已全部完成

B. 不跨年劳务部分完成

C. 跨年劳务部分完成(在资产负债表日结果能可靠地估计)

D. 跨年劳务部分完成(已发生的成本预期不能补偿)

(三)判断题

1. 收入能够导致企业所有者权益增加,但导致所有者权益增加的并不一定都是收入。(　　)

2. 在采用完工百分比法确认劳务收入时,其相关的销售成本应以实际发生的全部成本确认。(　　)

3. 企业发生销售退回时,不论销售退回的商品是本年销售的还是以前年度销售的,均可冲减本年度的销售收入与销售成本。(　　)

4. 对于企业在销售收入确认之后发生的销售折让,应在实际发生时冲减当期的收入。(　　)

5. 对于附有销售退回条件的商品销售,如果企业不能合理地确定退货的可能性,则应在退货期满时确认收入。(　　)

6. 企业在销售商品时,如果商品的成本不能可靠地计量,则不能确认相关的收入。(　　)

7. 企业在确认销售商品收入时,不考虑各种可能发生的现金折扣和销售折让。(　　)

8. 企业在销售商品时，如果估计价款收回的可能性不大，即使收入确认的其他条件均已满足，也不应当确认收入。（　　）

（四）计算分析题

1. 承华公司生产甲、乙两种产品，甲产品单位售价 80 元，单位成本 45 元；乙产品单位售价 50 元，单位成本 33 元。该公司为一般纳税人，增值税税率 17%。2009 年 12 月甲、乙两产品销售情况如下。

（1）销售给 A 公司甲产品 1 000 件，乙产品 2 000 件，代垫运杂费 20 000 元，已向银行办妥托收手续，开出增值税专用发票。

（2）接到银行通知，收到 A 公司承付的货款和代垫运杂费。

（3）收到 B 公司汇来的预付货款 30 000 元。

（4）发出 B 公司预定的甲产品 100 件，代垫运杂费 100 元，所汇剩余货款退回 B 公司。

（5）上月销售的甲产品 50 件因质量问题发生退货。购货单位交来税务机关开具的进货退回证明单，该批产品的原价款为 4 000 元，增值税额为 680 元。承华公司用银行存款支付退回产品的货款及增值税额，退回产品已验收入库。

要求：根据上述业务编制承华公司的会计分录。

2. 甲企业委托乙企业代销 M 商品 500 件，双方签订的代销协议确定的协议价为单位售价 1 170 元（含 17% 的增值税），每件支付手续费 100 元，M 商品单位成本 400 元。甲企业于 11 月 12 日发出 M 商品。并于 12 月 20 日收到乙企业转来的代销清单上表明售出 200 件，甲企业开具增值税专用发票，注明售价 200 000 元，增值税额 34 000 元。乙企业实际销售时开具增值税专用发票，注明售价 200 000 元，增值税额 34 000 元。12 月 25 日，甲企业收到乙企业按合同协议价支付的代销货款净额 214 000（214 000 = 234 000 − 20 000）元。

要求：根据上述资料分别作出甲企业和乙企业相应的账务处理。

3. 甲公司于 2008 年 3 月 1 日与客户签订了一项工期为 1 年的劳务供应合同。合同总收入为 1 000 000 元，预计合同总成本为 800 000 元。至 2008 年 12 月 31 日，实际发生成本 640 000元（均以银行存款支付），一次性收到客户支付的劳务款 750 000 元。甲公司按实际发生的成本占预计总成本的百分比确定劳务完成进度。

要求：计算 2008 年 12 月 31 日的劳务完成进度和 2008 年应确认的劳务收入，并分别编制发生劳务成本、收到客户支付的劳务款、确认 2008 年度劳务和劳务成本的会计分录。

任务二　费用的核算

📖 任务认知

一、费用概述

（一）费用的概念及其特征

费用是指企业在日常活动中发生的、会导致所有者权益减少的、与向所有者分配利润无关的经济利益的总流出。根据费用的定义，费用具有以下特征。

1. 费用是企业在日常活动中发生的经济利益的总流出

如前所述，日常活动是指企业为完成其经营目标所从事的经常性活动以及与之相关的其

他活动。工业企业制造并销售产品、商品企业购买并销售商品、咨询公司提供咨询服务、软件开发企业为客户开发软件、安装公司提供安装服务、租赁公司出租资产等活动中发生的经济利益的总流出构成费用。此外，工业企业对外出售不需用的原材料结转的材料成本等，也构成费用。

费用形成于企业日常活动的特征使其与产生于非日常活动的损失相区分。企业从事或发生的某些活动或事项也能导致经济利益流出企业，但不属于企业的日常活动。例如，企业处置固定资产、无形资产等非流动资产，因违约支付罚款，对外捐赠，因自然灾害等非常原因造成的财产损坏等，这些活动或事项形成的经济利益的总流出属于企业的损失而不是费用。

2. 费用会导致企业所有者权益减少

与费用相关的经济利益的流出会导致所有者权益的减少，而不会导致所有者权益减少的经济利益的流出不符合费用的定义，不应确认为费用。费用既可能表现为资产减少，如减少银行存款、库存商品等，也可能表现为负债的增加，如增加应付职工薪酬、应交税费（应交营业税、消费税等）等。

根据“资产－负债＝所有者权益”的会计等式，费用一定会导致企业所有者权益减少。

企业经营管理中某些支出并不减少企业所有者权益，也就不构成费用。例如，企业以银行存款偿还一项负债，只是一项资产和一项负债的等额减少，对所有者权益没有影响，因此不构成企业的费用。

3. 费用导致的经济利益的总流出与所有者分配利润无关

费用的发生应当会导致经济利益的流出，从而导致资产的减少或者负债的增加（最终也会导致资产的减少）。其表现形式包括现金或者现金等价物的流出，存货、固定资产和无形资产等的流出或者消耗等。企业向所有者分配利润也会导致经济利益的流出，而该经济利益的流出属于投资者投资回报的分配，是所有者权益的直接抵减项目，不应确认为费用，而应将其排除在费用的定义之外。

（二）费用的确认原则

由于确认费用的同时也确认了资产的减少或负债的增加，因此合理地确认费用对于如实反映企业的财务状况和经营成果具有重要意义。根据费用与收入之间的相互关系，费用确认应遵循 3 条原则，即划分资本性支出与收益性支出原则、权责发生制原则和配比原则。三者的关系是：划分资本性支出与收益性支出原则是对费用的确认作出时间上的大致区分；权责发生制原则规定了具体在什么时点确认费用；配比原则在确认本期费用的基础上，进一步确认企业本期损益。

一般来说，对构成营业成本的各项费用，因其与收入存在明显的因果关系，可以直接采用配比的方法。在收入成立时，直接计算并结转销售成本。对于期间费用，因无直接因果关系可循，又无预期未来经济利益可作为分配依据，可从谨慎性原则出发并考虑简化核算，它们只与所发生的会计期间配比，于发生时立即确认为当期费用，计入当期损益。

二、费用的主要内容及核算

企业的费用可以分为成本费用和期间费用两类。成本费用包括主营业务成本、其他业务成本、营业税金及附加等。期间费用包括销售费用、管理费用和财务费用等。

（一）主营业务成本

主营业务成本是指企业销售商品、提供劳务等经常性活动发生的成本。企业一般在确认

销售商品、提供劳务等主营业务收入时,或在月末,将已销售商品、已提供劳务的成本结转入主营业务成本。

企业应通过"主营业务成本"科目,核算主营业务成本的确认和结转情况。企业结转主营业务成本时,借记"主营业务成本"科目,贷记"库存商品"、"劳务成本"科目。期末,应将"主营业务成本"科目余额结转入"本年利润"科目,借记"本年利润"科目,贷记"主营业务成本"科目,结转后科目无余额。

(二)其他业务成本

其他业务成本是指企业除主营业务活动以外的其他经营活动所发生的成本,包括销售材料的成本、出租固定资产的折旧额、出租无形资产的摊销额、出租包装物的成本或摊销额等。

企业应通过"其他业务成本"科目核算其他业务成本的确认和结转情况。企业发生或结转的其他业务成本,借记"其他业务成本"科目,贷记"原材料"、"周转材料"、"累计折旧"、"累计摊销"、"银行存款"等科目。期末,应将"其他业务成本"科目余额结转入"本年利润"科目,借记"本年利润"科目,贷记"其他业务成本"科目,结转后科目无余额。

(三)营业税金及附加

营业税金及附加是指企业经营活动应负担的相关税费,包括营业税、消费税、城市维护建设税、资源税和教育费附加等。

企业应通过"营业税金及附加"科目,核算企业经营活动相关税费的发生和结转情况。企业按规定计算确定的营业税、消费税、城市维护建设税、资源税和教育费附加等税费,借记"营业税金及附加"科目,贷记"应交税费"等科目。期末,应将"营业税金及附加"科目余额结转入"本年利润"科目,借记"本年利润"科目,贷记"营业税金及附加"科目,结转后科目无余额。

(四)销售费用

销售费用是指企业在销售商品和材料、提供劳务过程中发生的各项费用,包括企业在销售商品过程中发生的包装费、保险费、展览费和广告费、商品维修费、预计产品质量保证损失、运输费、装卸费等费用,以及企业发生的为销售本企业商品而专设的销售机构(含销售网点、售后服务网点等)的职工薪酬、业务费、折旧费、固定资产修理费等费用。企业发生的与专设机构相关的固定资产修理费用等后续支出,应在发生时计入销售费用。

企业应通过"销售费用"科目,核算销售费用的发生和结转情况。该科目应按销售费用的费用项目进行明细核算。企业在销售商品过程中发生的包装费、保险费、展览费、广告费、运输费等费用,借记"销售费用"科目,贷记"库存现金"、"银行存款"等科目。企业发生的为销售本企业商品而专设的销售机构的职工薪酬、业务费、折旧费、固定资产修理费等费用,借记"销售费用"科目,贷记"应付职工薪酬"、"银行存款"、"累计折旧"等科目。期末,应将"销售费用"科目余额结转入"本年利润"科目,借记"本年利润"科目,贷记"销售费用"科目,结转后科目无余额。

(五)管理费用

管理费用是指企业为组织和管理生产经营活动而发生的各种管理费用,包括企业在筹建期间发生的开办费、董事会和行政管理部门在企业经营管理中发生的或者应由企业统一负担的公司经费(包括行政管理部门职工薪酬、物料消耗、低值易耗品摊销、办公费和差旅费等)、工会费、董事会经费(包括董事会成员津贴、会议费和差旅费等)、聘请中介机构费、咨询费(含顾问费)、诉讼费、业务招待费、房产税、土地使用税、车船税、印花税、技术转让费、矿产资源补

偿费、研究费用、排污费及企业生产车间(部门)和行政管理部门发生的固定资产修理费等后续支出,应在发生时计入管理费用。

企业应通过“管理费用”科目,核算管理费用的发生和结转情况。该科目应按管理费用的费用项目进行明细核算。企业在筹办期间内发生的开办费,包括人员工资、办公费、培训费、差旅费、印刷费、注册登记费等,借记“管理费用”科目,贷记“银行存款”科目。企业行政管理部门人员的职工薪酬,借记“管理费用”科目,贷记“应付职工薪酬”科目。企业行政管理部门计提的固定资产折旧,借记“管理费用”科目,贷记“累计折旧”科目。企业按规定计算确定的应交房产税、车船税、土地使用税,借记“管理费用”科目,贷记“应交税费”等科目。企业行政管理部门发生的办公费、水电费、差旅费等以及企业发生的业务招待费、咨询费、印花税、研究费用等其他费用,借记“管理费用”科目,贷记“银行存款”、“研发支出”等科目。期末,应将“管理费用”科目余额结转入“本年利润”科目,借记“本年利润”科目,贷记“管理费用”科目,结转后科目无余额。

(六)财务费用

财务费用是指企业为筹集生产经营所需资金等而发生的筹集费用,包括利息支出(减少利息收入)、汇兑损益以及相关的手续费、企业发生的现金折扣或收到的现金折扣等。

企业应通过“财务费用”科目,核算管理费用的发生和结转情况。该科目应按财务费用的费用项目进行明细核算。企业发生的各项财务费用,借记“财务费用”科目,贷记“银行存款”、“应收账款”等科目。企业发生的应冲减财务费用的利息收入、汇兑差额、现金折扣,借记“银行存款”、“应付账款”等科目,贷记“财务费用”科目。期末,应将“财务费用”科目余额结转入“本年利润”科目,借记“本年利润”科目,贷记“财务费用”科目,结转后科目无余额。

任务案例

【案例1】某公司丁2009年12月发生以下业务。

(1)为宣传新产品发生广告费40 000元,用银行存款支付。

(2)销售部门12月份发生费用120 000元,其中,销售人员薪酬50 000元,销售部门专用办公设备折旧费40 000元,业务费30 000元(均用银行存款支付)。

(3)公司销售一批产品,销售过程中发生运输费4 000元、装卸费1 000元,均用银行存款支付。

(4)公司销售一批产品,代垫运输费和装卸费合计1 000元,以现金支付。

要求进行账务处理。

解析

	借方	贷方
(1)借:销售费用	40 000	
贷:银行存款		40 000
(2)借:销售费用	120 000	
贷:应付职工薪酬		50 000
累计折旧		40 000
银行存款		30 000
(3)借:销售费用	5 000	
贷:银行存款		5 000

(4)借:应收账款 1 000

贷:库存现金 1 000

【案例2】某企业筹建期间发生办公费、差旅费等开办费15 000元,均用银行存款支付。要求编制会计分录。

解析

借:管理费用 15 000

贷:银行存款 15 000

【案例3】甲企业2010年1月发生以下经济业务。

(1)销售产品发生业务招待费20 000元,均用银行存款支付。

(2)开出现金支票一张,支付咨询费10 000元。

(3)企业行政部本月共发生费用120 000元,其中,行政人员薪酬50 000元,行政部专用办公设备折旧费41 000元,报销行政人员差旅费21 000元(假定报销人均未预借差旅费),其他办公费、水电费8 000元(均用银行存款支付)。

(4)本月按规定计算确定的应交房产税为2 000元、应交车船使用税为2 600元、应交土地使用税为4 300元。

要求进行账务处理。

解析

(1)借:管理费用 20 000

贷:银行存款 20 000

(2)借:管理费用 10 000

贷:银行存款 10 000

(3)借:管理费用 120 000

贷:应付职工薪酬 50 000

累计折旧 41 000

库存现金 21 000

银行存款 8 000

(4)借:管理费用 8 900

贷:应交税费——应交房产税 2 000

——应交车船使用税 2 600

——应交土地使用税 4 300

【案例4】某企业于2009年12月1日向银行借入生产经营短期借款60 000元,期限6个月,年利率5%,该借款本金到期后一次归还,利息分月预提,按季支付。假定1月份其中20 000元暂时作为闲置资金存入银行,并获得利息收入100元。假定所有利息均不符合利息资本化条件。要求进行账务处理。

解析

该企业在12月份相关利息的会计处理如下。

(1)12月末预提当月应计利息250(250=60 000×5%÷12)元,会计分录如下。

借:财务费用 250

贷:应付利息 250

(2)支付利息(因为是按季支付,12 月份是第四季度最后一个月)时的会计分录如下。

借:应付利息　　250

　贷:银行存款　　250

(3)12 月取得的利息收入 100 元应作为冲减财务费用处理,会计分录如下。

借:银行存款　　100

　贷:财务费用　　100

任务实训

(一)单项选择题

1. 以下不属于期间费用的是(　　)。

A. 管理费用　B. 财务费用　C. 制造费用　D. 销售费用

2. 销售费用不包括(　　)。

A. 包装费　B. 公司经费　C. 广告费　D. 保险费

3. 企业销售部门发生的业务招待费计入(　　)科目。

A. 制造费用　B. 销售费用　C. 财务费用　D. 管理费用

4. 企业生产车间发生的固定资产的修理费应计入(　　)科目。

A. 制造费用　B. 生产成本　C. 长期待摊费用　D. 管理费用

5. 某企业 2009 年 12 月份发生的费用有:计提车间固定资产折旧 10 万元,发生车间管理人员工资 40 万元,支付广告费 30 万元,预提短期借款利息 20 万元,支付矿产资源补偿费 10 万元。则该企业当期的期间费用总额为(　　)万元。

A. 50　B. 60　C. 100　D. 110

6. 某企业某销售商品发生商业折扣 20 万元、现金折扣 15 万元、销售折让 25 万元。该企业当月的财务费用金额为(　　)万元。

A. 15　B. 20　C. 35　D. 45

(二)多项选择题

1. 费用的基本特点是(　　)。

A. 费用在企业的日常生产经营活动中产生　B. 费用可能引起资产减少或负债增加

C. 费用会引起所有者权益减少　D. 费用的发生必然引起收入的增加

2. 下列各项中,不应计入销售费用的是(　　)。

A. 已售商品预计保修费用　B. 为推广新产品而发生的广告费用

C. 随商品出售且单独计价的包装物成本　D. 随商品出售但不单独计价的包装物成本

3. 下列各项中,不应计入管理费用的是(　　)。

A. 总部办公楼折旧　B. 生产设备改良支出

C. 经营租出专用设备的修理费　D. 专设销售机构房屋的修理费

4. 下列各项中,不应计入财务费用的是(　　)。

A. 企业筹建期间的借款费用　B. 销售商品发生的商业折扣

C. 销售商品发生的现金折扣　D. 支付银行承兑汇票的手续费

E. 购买支票的工本费　F. 收到银行存款的利息收入

5. 企业销售商品交纳的下列各项税费,记入“营业税金及附加”科目的有(　　)。

A. 增值税　　B. 营业税　　C. 消费税　　D. 教育费附加

6. 下列项目中,属于其他业务成本核算的内容有(　　)。

A. 随同商品出售单独计价的包装物成本　　B. 销售材料结转的材料成本

C. 出租无形资产支付的服务费　　D. 出售无形资产结转的无形资产摊余价值

(三)判断题

1. 企业在一定期间所发生的费用不一定能与当期营业收入配比。(　　)

2. 管理费用、销售费用、制造费用、财务费用均属于期间费用。(　　)

3. 企业向银行或其他金融机构借入的各种款项所发生的利息应计入财务费用。(　　)

4. 企业专设销售机构的销售人员工资应记入管理费用账户。(　　)

5. 土地使用税和耕地占用税都应记入管理费用账户。(　　)

四、综合分析题

1. 某企业 12 月份发生下列业务。

(1)以银行存款支付借款利息 30 000 元,其中在建工程利息费用 20 000 元。

(2)以银行存款支付咨询费 1 000 元;支付业务招待费 5 000 元,其中销售部门 3 000 元,管理部门 2 000 元;支付营业税 2 200 元,消费税 5 000 元;支付专设销售部门的办公费 5 000 元。

(3)本月共发出材料 35 000 元,其中,生产产品领用 20 000 元,车间领用 5 000 元,辅助部门领用 2 000 元,管理部门领用 3 000 元,销售材料的成本为 5 000 元,售价为 4 000 元,增值税税率为 17%。

(4)发生固定资产修理费 3 000 元,其中,专设销售部门 1 000 元,生产车间 2 000 元。

要求:根据上述业务编制会计分录。

任务三　利润的核算

任务认知

一、利润的概念及相关计算

利润是指企业在一定会计期间的经营成果,包括收入减去费用后的净额、直接计入当期利润的利得和损失等。其中,直接计入当期利润的利得和损失是指应当计入当期损益、会导致所有者权益发生增减变动的、与所有者投入资本或者向所有者权益分配利润无关的利得或者损失。利润相关计算公式如下。

(1)营业利润 = 营业收入 - 营业成本 - 营业税金及附加 - 销售费用 - 管理费用 - 财务费用 - 资产减值损失 + 公允价值变动收益(- 公允价值变动损失) + 投资收益(- 投资损失)

其中,营业收入是指企业经营业务所确认的收入总额,包括主营业务收入和其他业务收入;营业成本是指企业经营业务所发生的实际成本总额,包括主营业务成本和其他业务成本;资产减值损失是指企业计提各项资产减值准备所形成的损失;公允价值变动收益(或损失)是指企业交易性金融资产等的公允价值变动形成的应计入当期损益的利得(或损失);投资收益(或损失)是指企业以各种方式对外投资所取得的收益(或发生的损失)。

(2)利润总额 = 营业利润 + 营业外收入 − 营业外支出
其中,营业外收入是指企业发生的与日常活动无直接关系的各项利得;营业外支出是指企业发生的与日常活动无直接关系的损失。

(3)净利润 = 利润总额 − 所得税费用
其中,所得税费用是指企业应从当期利润总额中扣除的所得税费用。

二、营业外收支的核算

(一)营业外收入

1. 营业外收入核算的内容

营业外收入是指企业发生的与日常活动无直接关系的各项利得。营业外收入并不是企业经营资金耗费所产生的,不需要企业付出代价,实际上是经济利益的流入,不可能也不需要与有关的费用进行配比。营业外收入包括非流动资产处置利得、盘盈利得、罚没利得、捐赠利得、政府补助、非货币性资产交换利得、债务重组利得、确实无法支付而按规定程序经批准后转作营业外收入的应付款项等。

(1)非流动资产处置利得包括固定资产处置利得和无形资产出售利得。固定资产处置利得是指企业出售固定资产所取得的价款或报废固定资产的材料价值和变价收入等,扣除处置固定资产的账面价值、清理费用、处置相关税费后的净收益;无形资产出售利得是指企业出售无形资产所取得的价款,扣除出售无形资产的账面价值、与出售相关税费后的净收益。

(2)盘盈利得是指对于现金等清查盘点中盘盈的现金等,报经批准后计入营业外收入的金额。

(3)罚没利得是指企业取得各项罚款,在弥补由于对违反合同或协议而造成的经济损失后的罚款净收益。

(4)捐赠利得是指企业接受捐赠产生的利得。

(5)政府补助是指企业从政府无偿取得货币性资产或非货币性资产形成的利得。

2. 营业外收入的核算

企业通过"营业外收入"科目,核算企业外收入取得及结转情况。该科目贷方登记企业确认的各项营业外收入,借方登记期末结转入本年利润的营业外收入。结转后该科目应无余额。该科目应按照营业外收入的项目进行明细核算。

企业确认营业外收入,借记"固定资产清理"、"银行存款"、"库存现金"、"应付账款"等科目,贷记"营业外收入"科目。期末,应将"营业外收入"科目余额转入"本年利润"科目,借记"营业外收入"科目,贷记"本年利润"科目。

(二)营业外支出

1. 营业外支出核算的内容

营业外支出是指企业发生的与其日常活动无直接关系的各项损失,包括非流动资产处置损失、盘亏损失、罚款支出、公益性捐赠支出、非常损失、非货币性资产交换损失、债务重组损失等。

(1)非流动资产处置损失包括固定资产处置损失和无形资产出售损失。固定资产处置损失是指企业出售固定资产所取得的价款或报废固定资产的材料价值和变价收入等不足以抵补处置固定资本的账面价值、清理费用、处置相关税费所发生的净损失;无形资产出售损失是指企业出售无形资产所取得的价款不足以抵补出售无形资产的账面价值、出售相关税费所发生

的净损失。

(2)盘亏损失是指对固定资产清查盘点中盘亏的固定资产,在查明原因处理时按确定的损失计入营业外支出的金额。

(3)罚款支出是指企业由于违反税收法规、经济合同等而支付的各种滞纳金和罚款。

(4)公益性捐赠支出是指企业对外进行公益性捐赠发生的支出。

(5)非常损失是指企业对于客观因素(如自然灾害)造成的损失,在扣除保险公司赔偿后应计入营业外支出的净损失

2. 营业外支出的核算

企业通过"营业外支出"科目核算营业外支出的发生及结转情况。该科目借方登记企业发生的各项营业外支出,贷方登记期末结转本年利润的营业外支出,结转后该科目应无余额。该科目应按照营业外支出的项目进行明细核算。

企业发生营业外支出时,借记"营业外支出"科目,贷记"固定资产清理"、"待处理财产损益"、"库存现金"、"银行存款"等科目。期末,应将"营业外支出"科目余额转入"本年利润"科目,借记"本年利润"科目,贷记"营业外支出"科目。

三、所得税费用的核算

企业的会计核算和税收处理分别遵循不同的原则,服务于不同的目的。在我国,会计的确认、计量和报告应当遵循企业会计准则的规定,其目的在于真实、完整地反映企业的财务状况、经营成果和现金流量等,为相关的会计信息使用者提供对决策有用的信息。税法则是以课税为目的,根据国家有关税收法律法规的规定,确定一定时期纳税人应交纳的税额,从所得税的角度,主要是确定企业的应纳税所得额,以对企业的经营所得征税。所得税会计是会计与税收规定之间的差异在所得税会计核算中的具体体现。

根据会计准则规定,企业采用资产负债表债务法核算所得税。资产负债表债务法是从资产负债表出发,通过比较资产负债表上列示的资产、负债按照企业会计准则规定确定的账面价值和按照税法规定确定的计税基础,对于两者之间的差额分别可抵扣暂时性差异和应纳税暂时性差异,确认相关的递延所得税资产和递延所得税负债,并在此基础上确定每一会计期间利润表中的所得税费用。

按照资产负债表债务法核算所得税,利润表中的所得税费用由当期所得税和递延所得税两个部分组成。

所得税费用 = 当期所得税 + 递延所得税

(一)当期所得税

当期所得税是指企业按照税法规定计算确定的针对当期发生的交易或事项,应交纳给税务部门的所得税金额,即应交所得税应以适用的税收法规为基础计算确定。

企业在确定当期所得税时,对于当期发生的交易或事项,会计处理与税收处理不同的,应在会计利润的基础上,按照适用税收法规的要求进行调整,计算出当期应纳税所得额,按照应纳税所得额与适用所得税税率计算确定当期应交所得税,即:

当期所得税 = 当期应交所得税
= 应纳税所得额 × 所得税税率
= (税前会计利润 + 纳税调整增加额 - 纳税调整减少额) × 所得税税率

纳税调整增加额包括税法规定允许扣除项目中,企业计入当期费用但超过税法规定扣除

标准的金额(如超过税法规定标准的工资支出、职工福利费、工会经费、职工教育经费、业务招待费支出、公益性捐赠支出、广告费和业务宣传费等),以及企业计入当期损益但税法规定不允许扣除项目的金额(如税收滞纳金额、罚款、罚金)。

纳税调整减少额包括税法规定允许弥补的亏损和准予免税的项目,如前5年内的未弥补亏损和国债利息收入等。

(二)递延所得税

递延所得税是指按照企业会计准则规定应予确认的递延所得税资产和递延所得税负债在期末应有的金额与原已确认金额之间的差额,即递延所得税资产及递延所得税负债的当期发生额,但不包括直接计入所有者权益的交易或事项及企业合并产生的所得税影响。

递延所得税=(期末递延所得税负债-期初递延所得税负债)-(期末递延所得税资产-期初递延所得税资产)

企业应通过"所得税费用"科目,核算企业所得税适用的确认及其结转情况。期末,应将"所得税费用"科目的余额转入"本年利润"科目,借记"本年利润"科目,贷记"所得税费用"科目。结转后,"所得税费用"科目应无余额。

四、本年利润的会计处理

(一)结转本年利润的方法

会计期末结转本年利润的方法有表结法和账结法两种。

1. 表结法

按表结法,各损益类科目每月月末只须结计出本月发生额和月末累计余额,不结转到"本年利润"科目,只有在年末时才将全年累计余额结转入"本年利润"科目。但每月月末要将损益类科目的本月发生额合计数填入利润表的本月栏内,同时将本月末累计余额填入利润表的本年累计数栏,通过利润表计算反映各期的利润(或亏损)。按表结法,年中损益类科目无须结转入"本年利润"科目,从而减少了转账环节和工作量,而且并不影响利润表的编制及有关损益指标的利用。

2. 账结法

按账结法,每月月末均须编制转账凭证,将在账上结计出的各损益类科目的余额转入"本年利润"科目。结转后,"本年利润"科目的本月余额反映当月实现的利润(或亏损),"本年利润"科目的本年余额反映本年累计实现的利润(或亏损)。按账结法,各月均可通过"本年利润"科目提供当月及本年累计的利润(或亏损)额,但增加了转账环节和工缩量。

(二)结转本年利润的会计处理

企业应设置"本年利润"科目,核算企业本年度实现的净利润(或发生的净亏损)。

会计期末,企业应将"主营业务收入"、"其他业务收入"、"营业外收入"等科目的余额分别转入"本年利润"科目的贷方,将"主营业务成本"、"其他业务成本"、"营业外支出"、"营业税金及附加"、"管理费用"、"财务费用"、"销售费用"、"资产减值损失"、"所得税费用"等科目的余额分别转入"本年利润"科目的借方。企业还应将"公允价值变动损益"、"投资收益"科目的净收益转入"本年利润"科目的贷方,"公允价值变动损益"、"投资收益"科目的净损失转入"本年利润"科目的借方。结转后"本年利润"科目如为贷方余额,表示当年实现的净利润;如为借方余额,表示当年发生的净损失。

年度终了,企业还应将"本年利润"科目的本年累计余额转入"利润分配——未分配利润"

科目。结转后"本年利润"科目应无余额。

五、利润分配的核算

(一)净利润分配的原则

利润分配是指企业根据国家有关规定和投资者的决议,对企业当年可供分配的利润进行的分配。企业本年实现的净利润加上年初未分配利润(或减去年初未弥补亏损)和其他转入后的余额,作为可供分配的利润。

利润按下列顺序分配。

(1)提取法定盈余公积。法定盈余公积按照净利润(减弥补以前年度亏损)的10%提取(非公司制企业也可按照超过10%的比例提取),当企业法定盈余公积累计额已达注册资本的50%时可不再提取。

(2)提取任意盈余公积。

(3)向投资者分配利润。

(二)净利润分配的财务处理

为了核算企业利润的分配(或亏损的弥补)和历年利润分配(或亏损的弥补)后的积存余额,企业应设置"利润分配"账户。该账户一般应包括"提取法定盈余公积"、"应付现金股利(或利润)"、"提取任意盈余公积"、"未分配利润"、"盈余公积补亏"等明细科目。

1. 亏损的弥补

经批准用税前利润弥补亏损或用净利润弥补亏损时,不作账务处理。如果用盈余公积弥补亏损时,应借记"盈余公积"科目,贷记"利润分配——盈余公积补亏"科目。

2. 按规定提取盈余公积

企业按规定提取盈余公积时,借记"利润分配——提取法定盈余公积(提取任意盈余公积)"科目,贷记"盈余公积——法定盈余公积(任意盈余公积)"科目。

3. 向投资者分配现金股利或利润

企业年度实现的净利润,在提取盈余公积之后,才能向投资者分配利润。

向投资者分配现金股利或利润时,借记"利润分配——应付现金股利(或利润)"科目,贷记"应付股利"科目。

4. 利润分配的年终结转

在年终时,将"利润分配"账户下的其他所有明细科目的余额全部转入"未分配利润"明细科目;结转后,只有"未分配利润"明细科目有期末余额,如为贷方余额,表示累计未分配的利润数额,如为借方余额,则表示累计未弥补的亏损数额。

📖 任务案例

【案例1】某企业于2009年12月发生的与营业外收支有关的经济业务如下。

(1)上月现金清查中盈余的现金236元无法查明原因,经批准转作营业外收入。

(2)将已发生的原材料意外灾害损失20 000元转作营业外支出。

(3)将报废固定资产清理的净收益18 000元转作营业外收入。

(4)用银行存款支付税款滞纳金35 000元。

(5)将拥有的一项非专利技术出售,取得价款108万元,应缴的营业税为5.5万元。该非专利技术的账面余额为100万元,累计摊销额为10万元,未计提减值准备。

要求根据上述业务编制会计分录。

解析

(1)借:待处理财产损益——待处理流动资产损益　　236
　　贷:营业外收入　　236
(2)借:营业外支出　　20 000
　　贷:待处理财产损益——待处理流动资产损益　　20 000
(3)借:固定资产清理　　18 000
　　贷:营业外收入　　18 000
(4)借:营业外支出　　35 000
　　贷:银行存款　　35 000
(5)借:银行存款　　1 080 000
　　累计摊销　　100 000
　　贷:无形资产　　1 000 000
　　　应交税费——应交营业税　　55 000
　　　营业外收入　　125 000

【案例2】承【案例1】,期末将“营业外收入”、“营业外支出”结转本年利润。要求进行账务处理。

解析

本月“营业外支出”发生额合计 = 20 000 + 35 000 = 55 000(元)

本月“营业外收入”发生额合计 = 236 + 18 000 + 125 000 = 143 236(元)

借:本年利润　　55 000
　贷:营业外支出　　55 000
借:营业外收入　　143 236
　贷:本年利润　　143 236

【案例3】甲公司2009年度按企业会计准则计算的税前会计利润为19 900 000元,其中包括本年收到的国库券利息收入80 000元。公司所得税率为25%。甲公司全年实发工资为2 000 000元(该工资符合税法规定的全年计税工资标准),职工福利费300 000元。经查,甲公司当年营业外支出中有200 000元为税款滞纳罚金。假定甲公司全年无其他纳税调整因素。要求进行账务处理。

解析

本例中,按税法规定,企业发生的职工福利费支出准予扣除的金额 = 2 000 000 × 14% = 280 000(元),显然公司的职工福利费已经超过税法规定的标准。所以甲企业当期所得税的计算如下:

纳税调整数 = (300 000 - 280 000) + 200 000 - 80 000 = 140 000(元)

应纳税所得额 = 19 900 000 + 140 000 = 20 040 000(元)

当期应交所得税额 = 20 040 000 × 25% = 5 010 000(元)

借:所得税费用　　5 010 000
　贷:应交税费——应交所得税　　5 010 000

【案例4】承【案例3】,甲公司递延所得税负债年初数为400 000元,年末数为500 000元,

递延所得税资产年初数为250 000元,年末数为200 000元。要求进行账务处理。

解析

本例在案例3的基础上增加了递延所得税的内容,所以,甲企业所得税费用的计算如下:

递延所得税=(500 000-400 000)+(250 000-200 000)=150 000(元)

所得税费用=5 010 000+150 000=5 160 000(元)

借:所得税费用　　5 160 000

　贷:应交税费——应交所得税　　5 010 000

　　递延所得税负债　　150 000

【案例5】A公司2009年有关损益类科目的年末余额如下表所示(该企业采用表结法年末一次结转损益类科目,所得税税率为25%,假设公司在2009年不存在所得税纳税调整因素)。要求编制年终结转的会计分录,计算本年所得税费用及其账务处理。

有关损益类科目年末余额表

单位:元

科目名称	借或贷	结账前余额
主营业务收入	贷	6 000 000
其他业务收入	贷	700 000
公允价值变动损益	贷	150 000
投资收益	贷	600 000
营业外收入	贷	50 000
主营业务成本	借	4 000 000
其他业务成本	借	400 000
营业税金及附加	借	80 000
销售费用	借	500 000
管理费用	借	770 000
财务费用	借	200 000
资产减值损失	借	100 000
营业外支出	借	250 000

解析

A公司2009年年末结转本年利润应编制如下会计分录。

(1)将各损益类科目年末余额结转入"本年利润"科目。

结转各项收入、利得类科目,会计分录如下。

借:主营业务收入　　6 000 000

　其他业务收入　　700 000

　公允价值变动损益　　150 000

　投资收益　　600 000

　营业外收入　　50 000

贷:本年利润　　7 500 000

结转各项费用、损失类科目,会计分录如下。

借:本年利润　　6 300 000

　贷:主营业务成本　　4 000 000

　　其他业务成本　　400 000

　　营业税金及附加　　80 000

　　销售费用　　500 000

　　管理费用　　770 000

　　财务费用　　200 000

　　资产减值损失　　100 000

　　营业外支出　　250 000

(2)经过上述结转后,“本年利润”科目的贷方发生额合计7 500 000元减去借方发生额合计6 300 000元,即为税前会计利润1 200 000元。

(3)应交所得税 = 1 200 000 × 25% = 300 000(元)

确认所得税费用,会计分录如下。

借:所得税费用　　300 000

　贷:应交税费——应交所得税　　300 000

将所得税费用结转入“本年利润”科目,会计分录如下。

借:本年利润　　300 000

　贷:所得税费用　　300 000

(4)将“本年利润”[余额 = 7 500 000 − 6 300 000 − 300 000 = 900 000(元)]结转入“利润分配——未分配利润”科目,会计分录如下。

借:本年利润　　900 000

　贷:利润分配——未分配利润　　900 000

【案例6】甲企业交纳所得税后净利润为201 000元,按规定提取10%的法定盈余公积。要求编制会计分录。

解析

借:利润分配——提取法定盈余公积　　20 100

　贷:盈余公积——法定盈余公积　　20 100

【案例7】甲企业宣告经股东大会决议向股东分派现金股利10 000元。要求编制会计分录。

解析

借:利润分配——应付现金股利　　10 000

　贷:应付股利　　10 000

实际向股东支付现金股利时,作如下会计分录。

借:应付股利　　10 000

　贷:银行存款　　10 000

【案例8】甲企业年终“本年利润”科目贷方余额为201 000元,“利润分配”科目的各明细科目余额为:“提取法定盈余公积”借方20 100元,“提取任意盈余公积”借方10 050元,“应付现金股利”借方10 000元。要求编制年终结转会计分录。

解析

借:本年利润 201 000

　　贷:利润分配——未分配利润 201 000

借:利润分配——未分配利润 40 150

　　贷:利润分配——提取法定盈余公积 20 100

　　　　　　——提取任意公积 10 050

　　　　　　——应付现金股利 10 000

任务实训

(一)单项选择题

1. 下列交易和事项中,不应确认为营业外支出的是(　　)。

A. 对外捐赠支出　　B. 债务重组损失

C. 计提的存货跌价准备　　D. 固定资产盘亏损失

2. 某企业去年发生亏损235 000元,按规定可以用本年度实现的利润弥补去年全部亏损时,应当(　　)。

A. 借:利润分配——盈余公积补亏 235 000

　　贷:利润分配——未分配利润 235 000

B. 借:盈余公积 235 000

　　贷:利润分配——未分配利润 235 000

C. 借:其他应收款 235 000

　　贷:利润分配——未分配利润 235 000

D. 不作账务处理

7. 下列不影响企业营业利润的项目是(　　)。

A. 主营业务收入　　B. 劳务收入

C. 固定资产租金收入　　D. 营业外收入

8. 某企业2009年利润总额为315万元,其中国债利息收入为15万元,当年纳税法核定的全年计税工资为250万元,实际分配并发放工资为230万元。假定该企业无其他纳税调整项目,适用的所得税税率为25%,该企业在2009年所得税费用为(　　)万元。

A. 75　　B. 78.75　　C. 70　　D. 73.75

(二)多项选择题

1. 下列项目中,应计入营业外收入的有(　　)。

A. 非货币交易过程中发生的收益　　B. 出售无形资产净收益

C. 出租无形资产净收益　　D. 收到退回的增值税

2. 下列项目中,应计入营业外支出的核算有(　　)。

A. 对外捐赠支出

B. 处理固定资产净值

C. 债务重组损失

D. 因债务人无力支付欠款而发生的应收账款损失

3. 下列各项中,影响利润表“所得税费用”项目金额的有(　　)。

A. 当期应交所得税　　　　　　　　B. 递延所得税资产

C. 递延所得税负债　　　　　　　　D. 代扣代交的个人所得税

4. 下列各项,影响当期利润表中利润总额的有(　　)。

A. 固定资产盘盈　　　　　　　　B. 确认所得税费用

C. 对外捐赠固定资产　　　　　　D. 无形资产出售利得

(四)计算分析题

S公司2009年年终结账前有关损益类科目的年末余额如下表所示。经查,S公司在2009年有一笔非公益性捐赠1 000元列作营业外支出;该年超过工资合理支出数额为3 500元;本年国债利息收入4 000元已入账。

有关损益类科目余额表

单位:元

科目名称	借或贷	结账前余额
主营业务收入	贷	950 000
其他业务收入	贷	200 000
投资收益	贷	15 000
营业外收入	贷	40 000
主营业务成本	借	650 000
其他业务成本	借	150 000
营业税金及附加	借	36 000
销售费用	借	40 000
管理费用	借	120 000
财务费用	借	25 000
营业外支出	借	70 000

根据上述资料,要求:(1)将损益类科目结转“本年利润”科目(该公司平时采用表结法计算利润);(2)计算公司当年所得税费用并编制相关会计分录(所得税税率25%,除上述事项外,不考虑其他纳税调整因素);(3)计算当年公司净利润。

项目十四

财务报告

项目导入

明悦机械有限公司财务部实习生苏菲的父母在家里经常讨论的话题就是股票。耳濡目染下,苏菲也开始关注股票。随后她发现,上交所、深交所有一千多只股票,怎么才能判断哪只股票值得投资呢?母亲告诉她,要弄清公司的经营状况,一定要阅读它们的财务报表。但当她看到上市公司出具的财务报告时,更疑惑了:这么多的表格和数据,哪些才是对自己有用的信息呢?同时,也深深感到,作为一名会计,编制这些报表一定不能马虎了事,否则,就会给报表使用者带来错误的信息以致作出错误的决策。那么,财务报表应该如何编制呢?完整的财务报告又该包括哪些内容呢?带着疑问,苏菲又虚心地向公司的财务主管请教。如果你是该公司的财务主管,你将如何向苏菲介绍报表编制等相关内容及注意事项呢?

项目目标

(1)了解财务报告的构成。
(2)掌握资产负债表和利润表的具体编制方法。
(3)熟悉现金流量表和所有者权益变动表的编制方法。
(4)理解财务报表附注的作用和内容。
(5)能够熟练编制资产负债表和利润表。

任务一　资产负债表的编制

任务认知

企业财务报告是指企业对外提供的反映其某一特定日期财务状况和某一会计期间经营成果、现金流量等会计信息的文件。它是企业根据日常的会计核算资料进行归集、加工和汇总后编制而成的,是企业会计核算的最终成果,是企业对外提供财务信息的主要形式。企业财务报告由财务报表和其他应当在财务报告中披露的相关信息和资料构成。企业向外提供的财务报表包括资产负债表、利润表、现金流量表、所有者权益(或股东权益,下同)变动表、附注等。

一、资产负债表概述

(一)资产负债表的定义

资产负债表是指反映企业在某一特定日期所拥有的或所控制的经济资源、所承担的现时

义务和所有者对净资产的要求权的财务报表。它是根据资产、负债和所有者权益(或股东权益,下同)之间的相互关系,按照一定的分类标准和一定的顺序,把企业某一日期的资产、负债和所有者权益各项予以适当排列,并对日常工作中形成的大量数据进行高度浓缩整理后编制而成的。

(二)资产负债表的作用

资产负债表的作用表现在以下几个方面。

(1)资产负债表可以提供某一日期的资产总额及其构成,表明企业拥有或控制的资源及其分布情况。

(2)资产负债表可以提供某一日期的负债总额及其构成,表明企业未来需要用多少资产或劳务来清偿债务以及清偿的时间。

(3)资产负债表可以提供某一日期的所有者权益的构成情况,表明企业所有者所拥有的权益,据以判断资产保值、增值的情况以及对负债的保障程度。

(4)资产负债表可以提供进行财务分析的基本资料,如通过资产负债表可以计算流动比率、速动比率等,以了解企业的短期偿债能力等。

(三)资产负债表的内容和结构

1. 资产负债表的内容

资产负债表的内容包括资产、负债和所有者权益。

(1)资产反映由过去的交易和事项形成的,由企业在某一特定日期所拥有或控制的、预期会给企业带来经济利益的资源。资产应当按照流动资产和非流动资产两大类别在资产负债表中列示,在流动资产和非流动资产类别下进一步按性质分项列示。

流动资产是指预计在一个正常营业周期中变现、出售或耗用,或者主要为交易目的而持有,或者预计在资产负债表日起一年内(含一年)变现的资产,或者自资产负债表日起一年内交换其他资产或清偿负债的能力不受限制的现金或现金等价物。资产负债表中列示的流动资产项目通常包括货币资金、交易性金融资产、应收票据、应收账款、预付账款、应收利息、应收股利、其他应收款、存货和一年内到期的非流动资产等。

非流动资产是指流动资产以外的资产。资产负债表中列示的非流动资产项目通常包括可供出售金融资产、持有至到期投资、长期股权投资、固定资产、在建工程、工程物资、固定资产清理、无形资产、开发支出、长期待摊费用以及其他非流动资产等。

(2)负债反映在某一特定日期企业所承担的,预期会导致经济利益流出企业的现时义务。负债应当按照流动负债和非流动负债在资产负债表中列示,在流动负债和非流动负债类别下再进一步按性质分项列示。

流动负债是指预计在一个正常营业周期中清偿,或者主要为交易目的而持有,或者自资产负债表日起一年内(含一年)到期应予以清偿,或者企业无权自主地将清偿推迟至资产负债表日后一年以上的负债。资产负债表中列示的流动负债项目通常包括短期借款、应付票据、应付账款、预收账款、应付职工薪酬、应交税费、应付利息、应付股利、其他应付款、一年内到期的非流动负债等。

非流动负债是指流动负债以外的负债。资产负债表中列示的非流动负债项目通常包括长期借款、应付债券和其他流动负债等。

(3)所有者权益是企业资产扣除负债后的剩余权益,反映了企业在某一特定日期股东(投

资者)拥有的净资产的总额,一般按照实收资本、资本公积、盈余公积和未分配利润分项列示。

2. 资产负债表的结构

我国企业的资产负债表采用账户式结构。账户式资产负债表分左右两方。左方为资产项目,大体按资产的流动性大小排列,流动性大的资产如"货币资金"、"交易性金融资产"等排在前面,流动性小的资产如"长期股权投资"、"固定资产"等排在后面;右方为负债及所有者权益项目,一般按要求清偿时间的先后顺序排序。"短期借款"、"应付票据"、"应付账款"等需要在1年以内或者长于1年的1个正常营业周期内偿还的流动负债排在前面,"长期借款"等在1年以上才须偿还的非流动负债排在中间,在企业清算之前不须要偿还的所有者权益项目排在后面。

账户式资产负债表中的资产各项目的合计等于负债和所有者权益各项目的合计,即资产负债表左方和右方平衡。因此,通常账户式资产负债表可以反映资产、负债、所有者权益之间的内在关系,即"资产 = 负债 + 所有者权益"。

二、资产负债表的编制

资产负债表各项目均须填列"年初余额"和"期末余额"两栏。其中"年初余额"栏内的各项数字,应根据上年末资产负债表的"期末余额"栏内所列数字填列。"期末余额"栏主要有以下几种填列方法。

1. 根据总账科目余额填列

如"交易性金融资产"、"短期借款"、"应付票据"、"应付职工薪酬"等项目,应根据"交易性金融资产"、"短期借款"、"应付票据"、"应付职工薪酬"各总账科目的余额填列。

2. 根据总账科目的期末余额合计填列

如"货币资金"项目,应根据"库存现金"、"银行存款"、"其他货币资金"3个总账科目的期末余额的合计填列。

3. 根据明细账科目余额计算填列

如"应付账款"项目,应根据"应付账款"和"预付账款"2个科目所属的相关明细科目的期末贷方余额计算填列。"应收账款"项目,需要根据"应收账款"和"预收账款"2个科目所属的相关明细科目的期末借方余额计算填列。

4. 根据总账科目和明细账科目余额分析计算填列

如"长期借款"项目,应根据"长期借款"总账科目余额扣除"长期借款"科目所属的明细科目中将在1年内到期且企业不能自主地将清偿义务展期的长期借款后的金额计算填列。

5. 根据有关科目余额减去其备抵科目余额后的净额填列

如资产负债表中的"应收票据"、"应收账款"、"长期股权投资"、"在建工程"等科目,应根据"应收票据"、"应收账款"、"长期股权投资"、"在建工程"等科目的期末余额减去"坏账准备"、"长期股权投资减值准备"、"在建工程减值准备"等科目余额后的净额填列。"固定资产"科目,应根据"固定资产"科目的期末余额减去"累计折旧"、"固定资产减值准备"备抵科目余额后的净额填列;"无形资产"科目,应根据"无形资产"科目的期末余额,减去"累计摊销"、"无形资产减值准备"备抵科目余额后的净额填列。

6. 综合运用上述填列方法分析填列

如资产负债表中的"存货"科目,应根据"原材料"、"库存商品"、"委托加工物资"、"周转材料"、"材料采购"、"在途物资"、"发出商品""材料成本差异"、"生产成本"等总账科目期末

余额的分析汇总数，再减去“存货跌价准备”科目余额后的净额填列。

任务案例

【案例】

(一)资料

1.2008 年 12 月 31 日资产负债表

飞宏股份有限公司为一般纳税人，适用的增值税税率为 17%，所得税税率为 25%。原材料采用计划成本进行核算。该公司 2008 年 12 月 31 日的资产负债表见表 14-1。其中，“应收账款”科目的期末余额为 4 000 000 元，“坏账准备”科目的期末余额为 9 000 元，其他诸如存货、固定资产、无形资产等资产都没有计提资产减值准备。

表 14-1　资产负债表

编制单位：飞宏股份有限公司　　　　2008 年 12 月 31 日　　　　单位：元

资产	期末余额	年初余额	负债和所有者权益(或股东权益)	期末余额	年初余额
流动资产：		略	流动负债：		略
货币资金	14 063 000		短期借款	3 000 000	
交易性金融资产	150 000		交易性金融资产	0	
应收票据	2 460 000		应付票据	2 000 000	
应收账款	3 991 000		应付账款	9 548 000	
预付账款	1 000 000		预收账款	0	
应收利息	0		应付职工薪酬	1 100 000	
应收股利	0		应交税费	366 000	
其他应收款	3 050 000		应付利息	0	
存货	25 800 000		应付股利	0	
1 年内到期的非流动资产	0		其他应付款	500 000	
其他流动资产	0		1 年内到期的非流动负债	10 000 000	
流动资产合计	50 514 000		其他流动负债	0	
非流动资产：			流动负债合计	26 514 000	
可供出售金融资产	0		非流动负债：		
持有至到期投资	0		长期借款	6 000 000	
长期应收款	0		应付债券	0	
长期股权投资	2 500 000		长期应付款	0	
投资性房地产	0		专项应付款	0	
固定资产	8 000 000		预计负债	0	
在建工程	15 000 000		递延所得税负债	0	
工程物资	0		其他非流动负债	0	
固定资产清理	0		非流动负债合计	6 000 000	
生产性生物资产	0		负债合计	32 514 000	

续表

资产	期末余额	年初余额	负债和所有者权益(或股东权益)	期末余额	年初余额
油气资产	0		所有者权益(或股东权益)		
无形资产	6 000 000		实收资本(或股本)	50 000 000	
开发支出	0		资本公积	0	
商誉	0		减:库存股	0	
长期待摊费用	0		盈余公积	1 000 000	
递延所得税资产	0		未分配利润	500 000	
其他非流动资产	2 000 000		所有者权益(或股东权益)合计	51 500 000	
非流动资产合计	33 500 000				
合计资产总计	84 014 000		负债和所有者权益(或股东权益)合计	84 014 000	

2.2009 年经济业务

宏飞股份有限公司发生了以下经济业务。

(1)收到银行通知,用银行存款支付到期的商业承兑汇票 1 000 000 元。

(2)购入一批原材料,收到的增值税专用发票上注明的原材料价款为 1 500 000 元,增值税进项税额为 255 000 元。款项已通过银行转账支付,原材料尚未验收入库。

(3)收到一批原材料,实际成本 1 000 000 元,计划成本 950 000 元。原材料已验收入库,存款已于上月支付。

(4)用银行汇票支付采购原材料价款,公司收到开户银行转来银行汇票多余款项收账通知,通知上填写的多余款为 2 340 元,购入原材料及运费 998 000 元,支付的增值税进项税额为 169 660 元。原材料已验收入库,该批原材料计划价格 1 000 000 元。

(5)销售一批产品,开出的增值税专用发票上注明的销售价格为 3 000 000 元,增值税销项税额为 510 000 元。货款尚未收到。该批产品实际成本 1 800 000 元,产品已发出。

(6)公司将交易性金融资产(股票投资)兑现 165 000 元,该投资的成本为 130 000 元,公允价值变动为增值 20 000 元,投资收益为 15 000 元,均存入银行。

(7)购入不需要安装的非生产用设备 1 台,收到的增值税专用发票上注明的设备价款为 854 700 元,增值税进项税额为 145 300 元,支付包装费、运费 10 000 元。价款及增值税、包装费、运费均以银行存款支付。设备已交付使用。

(8)购入一批工程物资,收到的增值税专用发票上注明的物资价款和增值税进项税额合计为 1 500 000 元。款项已通过银行转账支付。

(9)工程应付职工薪酬 2 280 000 元。

(10)一项工程完工,交付生产使用,已办理竣工手续,固定资产价值 14 000 000 元。

(11)基本生产车间报废 1 台机床,原价 2 000 000 元,已提折旧 1 800 000 元,清理费用 5 000元,残值收入 8 000 元,均通过银行存款收支。该项固定资产已清理完毕。

(12)从银行借入 3 年期借款 10 000 000 元,并已存入银行账户。

(13)销售一批产品,开出的增值税专用发票上注明的销售价款为 7 000 000 元,增值税销项税额为 1 190 000 元,款项已存入银行。销售产品的实际成本为 4 200 000 元。

(14)公司将要到期的一张面值为 2 000 000 元的无息银行承兑汇票(不含增值税)连同解

讫通知和进账单交银行办理转账。收到银行盖章退回的进账单一联。款项银行已收妥。

(15)公司出售1台不需用的设备,收到价款3 000 000元,该设备原价4 000 000元,已提折旧1 500 000元。该项设备已由购入单位运走。

(16)取得交易性金融资产(股票投资),价款1 030 000元,交易费用20 000元,已用银行存款支付。

(17)支付工资5 000 000元,其中包括支付在建工程人员的工资2 000 000元。

(18)分配应支付职工工资3 000 000元(不包括在建工程应负担的工资),其中生产人员薪酬2 750 000元,车间管理人员薪酬100 000元,行政管理部门人员薪酬150 000元。

(19)提取职工福利费420 000元(不包括在建工程应负担的福利费280 000元),其中生产工人福利费385 000元,车间管理人员福利费14 000元,行政管理部门人员福利费21 000元。

(20)基本生产车间领用原材料,计划成本为7 000 000元,领用低值易耗品,计划成本为500 000元,采用一次摊销法摊销。

(21)结转领用原材料应分摊的材料成本差异。材料成本差异率为5%。

(22)计提无形资产摊销600 000元。以银行存款支付基本生产车间水电费900 000元。

(23)计提固定资产折旧1 000 000元,其中计入制造费用800 000元,管理费用200 000元,计提固定资产减值准备300 000元。

(24)收到应收账款510 000元,存入银行。计提应收账款坏账准备9 000元。

(25)用银行存款支付产品展览费100 000元。

(26)计算并结转本期制造费用2 339 000元及完工产品成本12 824 000元。没有期初在产品,本期生产的产品全部完工入库。

(27)支付广告费100 000元,已用银行存款支付。

(28)公司采用商业承兑汇票结算方式销售一批产品,开出的增值税专用发票上注明的销售价款为2 500 000元,增值税销项税额为425 000元。收到2 925 000元的商业承兑汇票一张,产品实际成本为1 500 000元。

(29)公司将上述商业承兑汇票到银行办理贴现,贴现利息为200 000元。

(30)公司本期产品销售应交纳的教育费附加为20 000元。

(31)用银行存款交纳增值税1 000 000元和教育费附加20 000元。

(32)本期在建工程应负担的长期借款利息费用2 000 000元,长期借款为分期利息。

(33)提取应计入本期损益的长期借款利息用100 000元,长期借款为分期付息。

(34)归还短期借款利息2 500 000元。

(35)支付长期借款利息2 100 000元。

(36)偿还长期借款10 000 000元。

(37)持有的交易性金融资产的公允价值为1 050 000元。

(38)结转本期产品销售成本7 500 000元。

(39)将各收支科目结算到本年利润。

(40)除计提固定资产减值准备300 000元造成固定资产账面价值与其计税基础存在差异外,不考虑其他项目的所得税费用影响。企业按照税法规定计算确定的应交所得税额为897 500元。

(41)结算本年净利润。

(42)按照净利润的10%提取法定盈余公积。

(43)将利润分配各明细科目的余额转入“未分配利润”明细科目。

(44)用银行存款交纳当年应交所得税。

要求编制飞宏股份有限公司2009年度经济业务的会计分录,并在此基础上编制资产负债表。

(二)编制会计分录

解析

(1)借:应付票据　1 000 000
　　贷:银行存款　1 000 000

(2)借:材料采购　1 500 000
　　应交税费——应交增值税(进项税额)　255 000
　　贷:银行存款　1 755 000

(3)借:原材料　950 000
　　材料成本差异　50 000
　　贷:材料采购　1 000 000

(4)借:材料采购　988 000
　　银行存款　2 340
　　应交税费——应交增值税(进项税额)　169 660
　　贷:其他货币资金　1 170 000
　借:原材料　1 000 000
　　贷:材料采购　998 000
　　　材料成本差异　2 000

(5)借:应收账款　3 510 000
　　贷:主营业务收入　3 000 000
　　　应交税费——应交增值税(销项税额)　510 000

(6)借:银行存款　165 000
　　贷:交易性金融资产——成本　130 000
　　　　　　　　　——公允价值变动　20 000
　　　投资收益　15 000
　借:公允价值变动损益　20 000
　　贷:投资收益　20 000

(7)借:固定资产　1 010 000
　　贷:银行存款　1 010 000

(8)借:工程物资　1 500 000
　　贷:银行存款　1 500 000

(9)借:在建工程　2 280 000
　　贷:应付职工薪酬　2 280 000

(10)借:固定资产　14 000 000

中级财务会计实务

贷:在建工程 14 000 000

(11)借:固定资产清理 200 000

累计折旧 1 800 000

贷:固定资产 2 000 000

借:固定资产清理 5 000

贷:银行存款 5 000

借:银行存款 8 000

贷:固定资产清理 8 000

借:营业外支出——处置固定资产净损失 197 000

贷:固定资产清理 197 000

(12)借:银行存款 10 000 000

贷:长期借款 10 000 000

(13)借:银行存款 8 190 000

贷:主营业务收入 7 000 000

应交税费——应交增值税(销项税额) 1 190 000

(14)借:银行存款 2 000 000

贷:应收票据 2 000 000

(15)借:固定资产清理 2 500 000

累计折旧 1 500 000

贷:固定资产 4 000 000

借:银行存款 3 000 000

贷:固定资产清理 3 000 000

借:固定资产清理 500 000

贷:营业外收入——处置固定资产净收益 500 000

(16)借:交易性金融资产 1 030 000

投资收益 20 000

贷:银行存款 1 050 000

(17)借:应付职工薪酬 5 000 000

贷:银行存款 5 000 000

(18)借:生产成本 2 750 000

制造费用 100 000

管理费用 150 000

贷:应付职工薪酬 3 000 000

(19)借:生产成本 385 000

制造费用 14 000

管理费用 21 000

贷:应付职工薪酬 420 000

(20)借:生产成本 7 000 000

贷:原材料 7 000 000

借:制造费用　　500 000
　贷:周转材料　　500 000

(21)借:生产成本　　350 000
　　制造费用　　25 000
　　贷:材料成本差异　　375 000

(22)借:管理费用——无形资产摊销　　600 000
　　贷:累计摊销　　600 000
　　借:制造费用——水电费　　900 000
　　贷:银行存款　　900 000

(23)借:制造费用——折旧费　　800 000
　　管理费用——折旧费　　200 000
　　贷:累计折旧　　1 000 000
　　借:资产减值损失——固定资产减值　　300 000
　　贷:固定资产减值准备　　300 000

(24)借:银行存款　　510 000
　　贷:应收账款　　510 000
　　借:资产减值损失——坏账准备　　9 000
　　贷:坏账准备　　9 000

(25)借:销售费用——展览费　　100 000
　　贷:银行存款　　100 000

(26)借:生产成本　　2 339 000
　　贷:制造费用　　2 339 000
　　借:库存商品　　12 824 000
　　贷:生产成本　　12 824 000

(27)借:销售费用——广告费　　100 000
　　贷:银行存款　　100 000

(28)借:应收票据　　2 925 000
　　贷:主营业务收入　　2 500 000
　　　应交税费——应交增值税(销项税额)　　425 000

(29)借:财务费用　　200 000
　　银行存款　　2 725 000
　　贷:应收票据　　2 925 000

(30)借:营业税金及附加　　20 000
　　贷:应交税费——应交教育费附加　　20 000

(31)借:应交税费——应交增值税(已交税金)　　1 000 000
　　　　——应交教育费附加　　20 000
　　贷:银行存款　　1 020 000

(32)借:在建工程　　2 000 000
　　贷:应付利息　　2 000 000

(33)借:财务费用　　100 000
　　贷:应付利息　　100 000
(34)借:短期借款　　2 500 000
　　贷:银行存款　　2 500 000
(35)借:应付利息　　2 100 000
　　贷:银行存款　　2 100 000
(36)借:长期借款　　10 000 000
　　贷:银行存款　　10 000 000
(37)借:交易性金融资产——公允价值变动　　20 000
　　贷:公允价值变动损益　　20 000
(38)借:主营业务成本　　7 500 000
　　贷:库存商品　　7 500 000
(39)借:主营业务收入　　12 500 000
　　营业外收入　　500 000
　　投资收益　　15 000
　　贷:本年利润　　13 015 000
　借:本年利润　　9 497 000
　　贷:主营业务成本　　7 500 000
　　　营业税金及附加　　20 000
　　　销售费用　　200 000
　　　管理费用　　971 000
　　　财务费用　　300 000
　　　资产减值损失　　309 000
　　　营业外支出　　197 000
(40)借:所得税费用——当期所得税费用　　897 500
　　贷:应交税费——应交所得税　　897 500
　借:本年利润　　897 500
　　贷:所得税费用　　897 500
(41)借:本年利润　　2 638 500
　　贷:利润分配——未分配利润　　2 638 500
本年净利润 = 13 015 000 - 9 497 000 - 879 500 = 2 638 500(元)
(42)借:利润分配——提取法定盈余公积　　263 850
　　贷:盈余公积——法定盈余公积　　263 850
提取法定盈余公积数额为 2 638 500 × 10% = 263 850(元)
(43)借:利润分配——未分配利润　　263 850
　　贷:利润分配——提取法定盈余公积　　263 850
(44)借:应交税费——应交所得税　　897 500
　　贷:银行存款　　897 500

(三)编制年末资产负债表

解析

根据2009年年初资产负债表和上述会计分录,编制2009年年末资产负债表,见表14-2。

表14-2 资产负债表

编制单位:飞宏股份有限公司 2009年12月31日 单位:元

资产	期末余额	年初余额	负债和所有者权益(或股东权益)	期末余额	年初余额
流动资产:			流动负债:		
货币资金	10 573 840	14 063 000	短期借款	500 000	3 000 000
交易性金融资产	1 050 000	150 000	交易性金融负债	0	0
应收票据	460 000	2 460 000	应付票据	1 000 000	2 000 000
应收账款	6 982 000	3 991 000	应付账款	9 548 000	9 548 000
预付款项	1 000 000	1 000 000	预收款项	0	0
应收利息	0	0	应付职工薪酬	1 800 000	1 100 000
应收股利	0	0	应交税费	1 066 340	366 000
其他应收款	3 050 000	3 050 000	应付利息	0	0
存货	25 747 000	25 800 000	应付股利	0	0
一年内到期的非流动资产	0	0	其他应付款	500 000	500 000
其他流动资产	0	0	一年内到期的非流动负债	0	0
流动资产合计	48 862 840	50 514 000	其他流动负债	10 000 000	10 000 000
非流动资产:			流动负债合计	24 414 340	26 514 000
可供出售金融资产	0	0	非流动负债		
持有至到期投资	0	0	长期借款	6 000 000	6 000 000
长期应收款	0	0	应付债券	0	0
长期股权投资	2 500 000	2 500 000	长期应付款	0	0
投资性房地产	0	0	专项应付款	0	0
固定资产	19 010 000	8 000 000	预计负债	0	0
在建工程	5 280 000	15 000 000	递延所得税负债	0	0
工程物资	1 500 000	0	其他非流动负债		
固定资产清理	0	0	非流动负债合计	6 000 000	6 000 000
生产性生物资产	0	0	负债合计	30 414 340	32 524 000
油气资产	0	0	所有者权益(或股东权益)		
无形资产	5 400 000	6 000 000	实收资本(或股本)	5 000 000	50 000 000
开发支出	0	0	资本公积	0	0
商誉	0	0	减:库存股	0	0
长期待摊费用	0	0	盈余公积	1 263 850	1 000 000
递延所得税资产	0	0	未分配利润	2 874 650	500 000
其他非流动资产	2 000 000	2 000 000	所有者权益(或股东权益)合计	54 138 500	51 500 000
非流动资产合计	35 690 000	33 500 000			
合计资产总计	84 552 840	84 014 000	负债和所有者权益(或股东权益)合计	84 552 840	84 014 000

注:"应付账款"科目的期末余额为7 000 000元,"坏账准备"科目的期末余额为18 000元

任务实训

(一)单项选择题

1. 下列财务报表中,反映会计主体特定时点财务状况的报表是(　　)。

A. 资产负债表　　B. 利润表　　C. 现金流量表　　D. 所有者权益变动表

2. 下列各项属于资产负债表作用的是(　　)。

A. 反映企业利润的形成　　B. 反映企业利润的分配

C. 反映企业的资产构成及其来源　　D. 反映所有者权益变动

3. 我国企业现行资产负债表的格式采用(　　)。

A. 账户式　　B. 直接式　　C. 单步式　　D 多步式

4. 下列资产负债表项目中,可根据相应总账账户期末余额直接填列的是(　　)。

A. 交易性金融资产　　B. 应收账款

C. 长期股权投资　　D. 预收款项

5. 资产负债表中资产项目的排列顺序是(　　)。

A. 项目的重要性　　B. 项目的流动性　　C. 项目的时间性　　D. 项目的收益性

6. 在下列资产负债表项目中,不可根据相应的总分类账户期末余额直接填列的是(　　)。

A. 短期借款　　B. 应收票据

C. 可供出售金融资产　　D. 应付账款

7. 期末,企业"应收账款"所属明细科目借方余额合计 280 000 元,贷方余额合计 73 000 元;"坏账准备"科目贷方余额 1 000 元。则在资产负债表中"应收账款"项目应填列的期末余额为(　　)元

A. 352 000　　B. 207 000　　C. 279 000　　D. 206 000

8. 将于 1 年内到期的持有至到期投资填列资产负债表时,应反映(　　)。

A. 在持有至到期投资项目下单设"1 年内到期的金额"项目

B. 直接填入"持有至到期投资"项目

C. 合并计入"交易性金融资产"项目

D. 在流动资产项目下单设"1 年内到期的非流动资产"项目

9. 企业年末"预收账款"所属明细账户有借方余额 3 000 元、贷方余额 10 000 元。则在年末资产负债表中"预收账款"项目的年末余额应为(　　)元。

A. 3 000　　B. 7 000　　C. 10 000　　13 000

10. 如果期末"预付账款"所属明细账户出现贷方余额,则在编制资产负债表时应将其填列的项目是(　　)。

A. 预付账款　　B. 预收账款　　C. 应付账款　　D. 应收账款

11. 某公司年末结账前"应收账款"科目所属明细科目中有借方余额 50 000 元,贷方余额 20 000 元。"预付账款"科目所属明细科目中有借方余额 13 000 元,贷方余额 5 000 元。"应付账款"科目所属明细科目中有借方余额 50 000 元,贷方余额 120 000 元。"预收账款"科目所属明细科目中有借方余额 3 000 元,贷方余额 10 000 元。"坏账准备"科目贷方余额为 300 元。则年末资产负债表中"应收账款"项目和"应付账款"项目的期末数分别是(　　)。

A. 52 700 元和 125 000 元　　B. 63 000 元和 53 000 元
C. 300 000 元和 70 000 元　　D. 53 000 元和 125 000 元

12. 甲企业"原材料"科目借方余额 300 万元,"生产成本"科目借方余额 200 万元,"材料采购"科目借方余额 50 万元,"受托代销商品"科目借方余额 100 万元,"代销商品款"科目贷方余额 100 万元,"材料成本差异"科目贷方余额 30 万元,"存货跌价准备"科目贷方余额 20 万元。该企业期末资产负债表中"存货"项目应填列的金额为(　)万元。

A. 650　　B. 500　　C. 550　　D. 520

(二)多项选择题

1. 资产负债表中"应付账款"项目的期末数可能包括(　　)。
A. "应付账款"所属明细账户的期末贷方余额
B. "预付账款"所属明细帐户的期末贷方余额
C. "预收账款"所属明细帐户的期末借方余额
D. "应收账款"所属明细帐户的期末借方余额
E. "应收账款"所属明细账户的期末贷方余额

2. 资产负债表中"存货"项目反映的内容包括(　　)。
A. 在途物资　　B. 发出商品　　C. 委托代销商品　　D. 工程物资
E. 发出展览的商品

3. 下列各项属于资产负债表中"货币资金"项目内容的是(　　)。
A. 备用金　　B. 库存现金　　C. 银行存款　　D. 其他货币资金
E. 现金等价物

4. 下列各项中,不能直接根据总分类账户的期末余额填列的项目有(　　)。
A. 固定资产　　B. 应收票据　　C. 长期借款　　D. 持有至到期投资
E. 实收资本

5. 下列账户余额可能影响资产负债表中"存货"项目期末数的有(　　)。
A. 在途物资　　B. 库存商品　　C. 生产成本　　D. 材料成本差异
E. 周转材料

6. 下列资产负债表项目中,其"期末数"可以根据总账科目期末余额直接填列的有(　　)。
A. 应收票据　　B. 应收利息　　C. 无形资产　　D. 长期借款
E、应付职工薪酬

(三)判断题

1. 资产负债表的资产方是按资产的流动性排列的。(　　)
2. "应付账款"科目所属明细科目有借方余额的,应填列在"预付账款"项目内。(　　)
3. 资产负债表是反映某一个特定时点财务状况的报表,属于静态报表。(　　)

(四)计算分析题

PMF 股份有限公司为工业一般纳税企业。其适用的所得税税率为 25%,增值税税率为 17%。销售价格中均不含向购方收取的增值税。库存材料采用实际成本核算(假设不涉及纳税调整事项)。其 2009 年 1 月 1 日的科目余额见表 14-3。

表 14-3 科目余额表 单位:元

科目名称	借方余额	科目名称	贷方余额
库存现金	7 600	短期借款	300 000
银行存款	580 000	应收票据	50 000
交易性金融资产	500 000	应付账款	890 000
应收票据	15 000	其他应付款	60 000
应收账款	400 000	应付职工薪酬	99 000
坏账准备	-800	应交税费(不含增值税)	26 000
其他应收款	18 000	应付利息	5 000
在途物资	18 000	长期借款	1 600 000
原材料	180 000	其中:一年内到期的长期负债	1 000 000
周转材料	80 000		
库存商品	1 020 000		
长期股权投资	500 000		
固定资产	1 500 000	股本	4 000 000
累计折旧	-400 000	盈余公积	100 000
在建工程	2 000 000	利润分配(未分配利润)	187 800
无形资产	900 000		
合计	7 317 800	合计	7 317 800

2009 年该公司共发生如下经济业务。

(1)购入原材料一批,用银行存款支付货款 300 000 元,其中,收到的增值税专用发票上注明增值税进项税额为 51 000 元,材料验收入库。

(2)购入需要安装的生产用设备一台,收到的增值税专用发票上注明的设备价款为 120 000 元,增值税进项税额为 20 400 元,同时支付包装费、运杂费 2 000 元。价款及包装费、运杂费均以银行存款支付。

(3)出售一项交易性金融资产,收到款项 230 000 元,该交易性金融资产的账面余额为 200 000元(无公允价值变动记录),款项已存入银行。

(4)提取现金 600 000 元,准备支付职工工资。

(5)支付工资 600 000 元。

(6)分配支付的职工工资,其中生产人员 300 000 元,车间管理人员 120 000 元,行政管理人员 100 000 元,在建工程人员 80 000 元。

(7)提取职工福利费,其中生产人员福利费 42 000 元,车间管理人员福利费 16 800 元,行政管理人员福利费 14 000 元,在建工程人员福利费 11 200 元。

(8)工程完工,计算应负担的借款利息 110 000 元。

(9)基本生产车间报废一台设备,原价 280 000 元,已提折旧 160 000 元,清理费用 1 000 元,残值收入 2 000 元,以用银行存款收支。

(10)从银行借入 5 年期借款 500 000 元,借款存入银行,该项借款用于在建工程。

(11)销售产品一批,销售价款1 800 000元,应收取的增值税额为306 000元,销售产品的实际成本为620 000元,货款已收到并存入银行。

(12)拥有其100%股份的被投资单位本年度实现净利润1 000 000元,该投资单位适用的所得税税率为25%。

(13)计提生产车间用固定资产折旧,其原价为1 000 000元,从2003年12月投入使用,会计折旧年限为5年,采用直线法计提折旧,预计净残值为零。

(14)销售材料一批,销售价款为380 000元,增值税额为64 600元,款项已收到并存入银行。该批材料的实际成本为200 000元。

(15)计提本年销售应负担的城市维护建设税80 000元,其中产品销售应负担的城市维护建设税为60 000元。

(16)计提本年销售应负担的教育费附加4 000元,其中产品销售应负担的教育费附加3 000元。

(17)以银行存款支付违反税收规定的罚款20 000元,非公益性捐赠支出100 000元。

(18)计提应计入本期损益的短期借款利息50 000元。

(19)归还短期借款本金200 000元及利息25 000元。

(20)摊销无形资产60 000元。

(21)收到应收账款200 000元,款项存入银行,计提本年坏账准备5 000元。

(22)用银行存款支付广告费10 000元,退休人员工资50 000元,其他管理费用150 000元。

(23)用银行存款交纳增值税80 000元、教育费附加4 000元。

(24)偿还长期借款本金1 000 000元,偿还上年所欠货款390 000元。

(25)将各损益类科目结转本年利润。

(26)计算所得税费用和应交所得税。

(27)按净利润的10%提取法定盈余公积,按净利润的5%提取任意盈余公积。

(28)分配现金股利400 000元。

(29)将利润分配各明细科目的余额转入"未分配利润"科目。

要求:编制该公司2009年度经济业务的会计分录,及该公司2009年12月31日资产负债表。

任务二　利润表的编制

任务认知

一、利润表概述

(一)利润表的定义

利润表是反映企业在一定会计期间经营成果的报表。利润表把一定会计期间的收入与同一会计期间相关的费用进行配对,以计算出企业一定时期的净利润(或净亏损)。

(二)利润表的作用

利润表主要提供有关企业经营成果方面的信息,其作用表现在以下几个方面。

(1)利润表可以反映企业一定会计期间的收入实现情况，即实现的营业收入、公允价值变动收益、营业外收入等。

(2)利润表可以反映企业一定会计期间的费用耗用情况，即耗费的营业成本、营业税金及附加、销售费用、管理费用、财务费用、资产减值损失、营业外支出等。

(3)利润表可以反映企业生产经营活动的成果，即净利润的实现情况，据以判断资本保值、增值情况。

(4)利润表可以反映企业不同时期的比较数字(本月数、本年累计数、上年数)，以便于财务报告使用者分析判断企业未来利润的发展趋势和获利能力，并作出正确的经营决策。

(三)利润表的内容和结构

1. 利润表的内容

利润表的内容包括营业利润、利润总额、净利润和每股收益。

(1)构成营业利润的各项要素：营业收入、营业成本、营业税金及附加、销售费用、管理费用、财务费用、资产减值损失、公允价值变动收益(公允价值变动损失)。

(2)构成利润总额(或亏损总额)的各项要素：营业利润、营业外收入、营业外支出。

(3)构成净利润(或净亏损)的各项要素：利润总额(或亏损总额)、所得税费用。

(4)构成每股收益的各项要素：基本每股收益、稀释每股收益。

2. 利润表的结构及编制

利润表一般由表首、正表和补充资料三部分构成。其中，表首说明报表名称、编制单位、编制日期、报表编号、货币名称、计量单位等；正表是利润表的主体，反映企业形成经营成果的各个项目和计算过程；补充资料反映非经常性项目对利润总额的影响。

利润表正表的结构一般有单步式利润表和多步式利润表两种。我国现行的利润表采用多步式。其主要编制步骤和内容如下。

第一步，以营业收入为基础，减去营业成本、营业税金及附加、销售费用、管理费用、财务费用、资产减值损失，加上公允价值变动收益(减去公允价值变动损失)和投资收益(减去投资损失)，计算出营业利润。

第二步，以营业利润为基础，加上营业外收入，减去营业外支出，计算出利润总额。

第三步，以利润总额为基础，减去所得税费用，计算出净利润(或净亏损)。

普通股或潜在普通股已公开交易的企业，以及正处于公开发行普通股或潜在普通股过程中的企业，还应当在利润表中列示每股收益信息。

利润表各项目均需填列“本期金额”和“上期金额”两栏。其中“上期金额”栏内各项数字，应根据上年该期利润表的“本期金额”栏内所列数字填列。“本期金额”栏内各项数字，除“基本每股收益”和“稀释每股收益”项目外，应当按照相关科目的发生额分析填列。

任务案例

【案例】根据任务一【案例】中的资料及飞宏股份有限公司2009年度利润表科目本年累计发生额，如表14-4所示，编制飞宏股份有限公司2009年度的利润表。

表 14-4　2009 年度利润表科目本年累计发生额

单位:元

科目名称	借方发生额	贷方发生额
主营业务收入		12 500 000
主营业务成本	7 500 000	
营业税金及附加	20 000	
销售费用	200 000	
管理费用	971 000	
财务费用	300 000	
资产减值损失	309 000	
投资收益		15 000
营业外收入		500 000
营业外支出	197 000	
所得税费用	879 500	

解析

根据 2009 年度相关发生额,编制利润表,如表 14-5 所示。

表 14-5　利润表

编制单位:飞宏股份有限公司　　2008 年度　　单位:元

项　目	本期金额	上期金额
一、营业收入	12 500 000	略
减:营业成本	7 500 000	
营业税金及附加	20 000	
销售费用	200 000	
管理费用	971 000	
财务费用	300 000	
资产减值损失	309 000	
加:公允价值变动收益(损失以"－"号填列)	0	
投资收益(损失以"－"号填列)	15 000	
其中:对联营企业和合营企业的投资收益	0	
二、营业利润(亏损以"－"号填列)	3 215 000	
加:营业外收入	500 000	
减:营业外支出	197 000	
其中:非流动资产处置损失		
三、利润总额(亏损总额以"－"号填列)	3 518 000	
减:所得税费用	879 500	
四、净利润(净亏损以"－"号填列)	2 638 500	
五、每股收益		

续表

项　目	本期金额	上期金额
(一)基本每股收益		
(二)稀释每股收益		

任务实训

(一)单项选择题

1. 目前我国企业利润表的格式采用(　　)。

A. 账户式　　B. 直接式　　C. 单步式　　D. 多步式

2. 利润表中的"本年累计金额"栏反映各项目的(　　)。

A. 期末余额　　B. 截止本月末的年内累计金额

C. 本期实际发生额　　D. 期初余额加本期实际发生额

3. 填列利润表项目中的"本期金额"栏的主要依据是(　　)。

A. 损益类账户的本期净发生额　　B. 损益类账户的期末余额

C. 收入类账户的贷方余额　　D. 费用类账户的借方余额

4. 企业发生的下列经济业务中,对资产负债表和利润表均有影响的是(　　)。

A. 从银行提取现金　　B. 预付购货款

C. 从银行借款存入银行备用　　D. 列支本期所得税

5. 下列利润表项目中,不影响营业利润的是(　　)。

A. 所得税费用　　B. 公允价值变动表　　C. 投资收益　　D. 资产减值损失

6. 下列项目中,不包括在利润表中的是(　　)。

A. 销售费用　　B. 管理费用　　C. 长期待摊费用　　D. 财务费用

(二)多项选择题

1. 利润表的作用包括(　　)。

A. 能反映企业收入、费用及净利润的实现及构成情况

B. 能反映企业的资产总额及其来源情况

C. 可分析企业的获利能力及利润的未来发展趋势

D. 可反映企业支付能力及偿债能力

E. 能反映企业的现金流量

2. 下列有关利润表的说法中,正确的是(　　)。

A. 只应按年编报　　B. 动态报表　　C. 静态报表　　D. 反映经营成果

E. "本期金额"栏根据损益类账户的期末余额填列

3. 为计算营业利润,应从营业收入中减去(　　)。

A. 营业成本　　B. 营业税金及附加

C. 销售费用、管理费用、财务费用　　D. 资产减值损失

4. 利润表中的"营业税金及附加"项目反映企业应交纳的税金,主要包括(　　)。

A. 营业税、城市维护建设税　　B. 增值税

C. 资源税、消费税　　D. 土地使用税、印花税

E. 房产税、车船使用税

(三)判断题

1. 利润表是反映某一时点经营成果的报表。(　　)

2. 利润表是静态报表。(　　)

3. 税后利润就是净利润,在数量上等于利润总额扣除所得税费用后的余额。(　　)

(四)计算分析题

根据任务一【任务实训】中计算分析题的资料编制 2009 年度的利润表。

任务三　现金流量表的编制

任务认知

一、现金流量表概述

(一)现金流量表的定义

现金流量表是指反映企业一定会计期间内现金和现金等价物(除特别注明外,以下所指的现金均含现金等价物)流入和流出的报表。

(二)现金流量表的作用

现金流量表主要提供有关企业现金流量方面的信息,其作用表现在以下几个方面。

(1)现金流量表有助于评价企业的支付能力、偿债能力和周转能力。

(2)现金流量表有助于预测企业未来现金流量。

(3)现金流量表有助于分析企业收益质量及影响现金净流量的因素。

(三)现金流量表的编制基础

现金流量是指一定会计期间内企业现金和现金等价物的流入和流出。企业从银行提取现金、用现金购买短期到期的国库券等现金和现金等价物之间的转换不属于现金流量。

这里的现金是指广义的现金,即企业库存现金以及可以随时用于支付的存款,包括库存现金、银行存款和其他货币资金(如外埠存款、银行汇票存款、银行本票存款等)等。不能随时用于支付的存款不属于现金。

现金等价物指企业持有的期限短、流动性强、易于转换为已知金额现金、价值变动风险很小的投资。期限短,一般是指从购买日起 3 个月内到期。现金等价物通常包括 3 个月内到期的债券投资等。权益性投资变现的金额通常不确定,因而不属于现金等价物。企业应当根据具体情况,确定现金等价物的范围,一经确定不得随意变更。

(四)现金流量表的内容和结构

1. 现金流量表的内容

企业按不同活动方式产生的现金流量分为以下 3 类。

1)经营活动产生的现金流量

经营活动是指企业投资活动和筹资活动以外的所有交易或事项。经营活动产生的现金流量主要包括销售商品或提供劳务、购买商品、接受劳务、支付工资和交纳税款等流入和流出的现金和现金等价物。

2)投资活动产生的现金流量

投资活动是指企业长期资产的构建和不包括在现金等价物范围内的投资及其处置活动。投资活动产生的现金流量主要包括构建固定资产、处置子公司及其他营业单位等流入和流出的现金和现金等价物。

3)筹资活动产生的现金流量

筹资活动是指导致企业资本及债务规模和构成发生变化的活动。筹资活动产生的现金流量主要包括吸收投资、发行股票、分配利润、发行债券、偿还债务等流入和流出的现金和现金等价物。偿还应付账款、应付票据等商业应付款等属于经营活动,不属于筹资活动。

企业编制现金流量进行现金流量分类时,对于未特别指明的现金流量,应当按照现金流量的分类方法和重要性原则,判断某项交易或有事项所产生的现金流量应归属的类别或项目;对于重要的现金流入或流出项目应单独反映;对于自然灾害损失、保险索赔等特别项目,应根据其性质,分别归并到经营活动、投资活动和筹资活动现金流量类别中并单独列表。

2. 现金流量表的结构

我国企业现金流量表采用报告式结构,分类反映经营活动产生的现金流量、投资活动产生的现金流量和筹资活动产生的现金流量,最后汇总反映企业某一期间现金和现金等价物的净增加额。

我国企业现金流量表的格式如表14-6所示。

二、现金流量表的编制

(一)经营活动产生的现金流量的编制

在我国,经营活动产生的现金流量应采用直接法填列。

直接法是指按现金收入和现金支出的主要类别直接反映企业经营活动产生现金流量的方法。现金流量一般按现金流入和现金流出总额列报,但代客户收取或支付的现金以及周转快、金额大、期限短的项目的现金流入和现金流出,可以按照净额列报。采用直接法编制经营活动所产生的现金流量时,一般以利润表中的营业收入为起算点,调整与经营活动有关的项目的增减变动,然后计算经营活动的现金流量。编制现金流量表时,可以采用工作底稿法或T形账户法,也可以根据有关科目的记录分析填列。

1.“销售商品、提供劳务收到的现金”项目

该项目反映企业销售商品、提供劳务实际收到的现金(含销售收入和应向购买者收取的增值税额),包括本期销售商品、提供劳务收到的现金,以及前期销售商品、提供劳务本期收到的现金和本期预收的账款,减去本期销售本期退回的商品和前期销售本期退回的商品支付的现金。企业销售材料和代购代销业务收到的现金也在本项目反映。本项目可以根据“库存现金”、“银行存款”、“应收账款”、“应收票据”、“预收账款”、“主营业务收入”、“其他业务收入”等科目的记录分析填列。公式如下:

销售商品、接受劳务收到的现金 = 当期销售商品、提供劳务收到的现金 +
当期收到前期的应收账款和应收票据 + 当期预收的账款 -
当期销售退回而支付的现金 + 当期收回前期核销的坏账损失

2.“收到税费返还”项目

该项目反映企业收到返还的各种税费,如收到的增值税、消费税、营业税、所得税、教育费附加返还等。本项目可以根据“库存现金”、“银行存款”、“营业外收入”、“其他应收款”等科

目的记录分析填列。

3.“收到的其他与经营活动有关的现金”项目

该项目反映企业除了上述各项目外所收到的其他与经营活动有关的现金,如罚款收入、流动资产损失中由个人赔偿的现金收入等。其他现金流入如价值较大,应单列项目反映。本项目可以根据“库存现金”、“银行存款”、“营业外收入”等科目的记录分析填列。

4.“购买商品、接受劳务支付的现金”项目

该项目反映企业购买商品、接受劳务实际支付的现金,包括本期购入商品、接受劳务支付的现金(包括增值税进项税额)以及本期支付前期购入商品、接受劳务的未付款项和本期预付款项。本期发生的购货退回收到的现金应从本项目内减去。企业代购代销业务支付的现金也在该项目反映。本项目可以根据“库存现金”、“银行存款”、“应付存款”、“应付票据”、“预付账款”、“主营业务成本”、“其他业务支出”等科目的记录分析填列。公式如下:

购买商品、接受劳务支付的现金 = 当期购买商品、接受劳务支付的现金 + 当期支付前期的应付账款和应付票据 + 当期预付的账款 - 当期因购货退回收到的现金

5.“支付给职工以及职工支付的现金”项目

该项目反映企业实际支付给职工以及职工支付的现金,包括本期实际支付给职工的工资、奖金、各种津贴和补贴等,以及为职工支付的其他费用,不包括支付给离退休人员的各项费用和支付给在建工程人员的工资等。企业支付给离退休人员的各项费用,包括支付的统筹退休金以及未参加统筹的退休人员的费用,在“支付的其他与经营活动有关的现金”项目中反映;支付给在建工程人员的工资,在“购建固定资产、无形资产和其他长期资产所支付的现金”项目中反映。本项目可以根据“应付职工薪酬”、“库存现金”、“银行存款”等科目的记录分析填列。

企业为职工支付的养老、失业等社会保险基金,补充养老保险、住房公积金,支付给职工的住房困难补助以及企业支付给职工或为职工支付的其他福利费用等,应按职工的工作性质和服务对象,分别在本项目和“购建固定资产、无形资产和其他长期资产所支付的现金”项目中反映。

6.“支付的各项税费”项目

该项目反映企业按规定支付的各种税费,包括本期发生并支付的税费,以及本期支付以前各期发生的税费和预交的税金,如支付的教育费附加、矿产资源补偿费、印花税、房产税、土地增值税、车船使用税、营业税、增值税、销售税等。不包括计入固定资产价值、实际支付的耕地占用税、契税等,也不包括本期退回的增值税、所得税,本期退回的增值税、所得税在“收到的税费返还”项目中反映。本项目可以根据“应交税费”、“库存现金”、“银行存款”等科目的记录分析填列。

7.“支付的其他与经营活动有关的现金”项目

该项目反映企业除上述各项目外所支付的其他与经营活动有关的现金,如罚款支出、支付的差旅费、业务招待费现金支出、支付的保险费等,其他现金流出如价值较大,应单列项目反映。本项目可以根据“库存现金”、“银行存款”、“管理费用”、“营业外支出”等科目的记录分析填列。

(二)投资活动产生的现金流量的编制

1.“收回投资所收到的现金”项目

该项目反映企业出售、转让或到期收回除现金等价物以外的对其他企业的权益工具、债务

工具和合营中的权益等投资收到的现金。收回债务工具实现的投资收益、处置子公司及其他营业单位收到的现金净额不包括在本项目内。本项目可以根据"持有至到期投资"、"长期股权投资"、"可供出售金融资产"、"库存现金"、"银行存款"等科目的记录分析填列。

2."取得投资收益所收到的现金"项目

该项目反映企业除现金等价物以外的对其他企业的权益工具、债务工具和合营中的权益等投资分回的现金股利和利息,不包括股票股利。本项目可以根据"库存现金"、"银行存款"、"投资收益"的科目的记录分析填列。

3."处置固定资产、无形资产和其他长期资产所收回的现金净额"项目

该项目反映企业出售、报废固定资产、无形资产和其他长期资产所取得的现金(包括因资产毁损收到的保险赔偿款),减去为处置这些资产而支付的有关费用后的净额。如所收到现金净额为负数,则应作为投资活动现金流出项目反映,列在"支付的其他与投资活动有关的现金"项目中。本项目可以根据"固定资产清理"、"库存现金"、"银行存款"等科目的记录分析填列。

4."处置子公司及其他营业单位收到的现金净额"项目

该项目反映企业处置子公司及其他营业单位所取得的现金,减去相关处置费用以及子公司及其他营业单位持有的现金和现金等价物后的净额。本项目可以根据"长期股权投资"、"银行存款"、"库存现金"等科目的记录分析填列。

5."收到的其他与投资活动有关的现金"项目

该项目反映企业除了上述各项目以外所收到的其他与投资活动有关的现金。比如,企业收回购买股票和债券时支付的宣告但尚未领取的现金股利或已到付息期但尚未领取的债券利息。若其他与投资活动有关的现金流入金额较大,应单列项目反映。本项目可以根据"应收股利"、"银行存款"、"库存现金"等科目的记录分析填列。

6."购建固定资产、无形资产和其他长期资产实际支付的现金"项目

该项目反映企业本期购买、建造固定资产、取得无形资产和其他长期资产实际支付的现金,以及用现金支付的应由在建工程和无形资产负担的职工薪酬,不包括为购建固定资产而发生的借款利息资本化的部分,以及为融资租入固定资产支付的租赁费;企业支付的借款利息和融资租入固定资产的租赁费,在筹资活动产生的现金流量中反映。本项目可根据"固定资产"、"在建工程"、"无形资产"、"库存现金"、"银行存款"等科目的记录分析填列。

7."投资所支付的现金"项目

该项目反映企业取得除现金等价物以外的对其他企业的权益工具、债务工具和合营中的权益等投资所支付的现金,以及支付的佣金、手续费等交易费用,但取得子公司及其他营业单位支付的现金净额除外。本项目可以根据"可供出售金融资产"、"持有至到期投资"、"长期股权投资"、"库存现金"、"银行存款"等科目的记录分析填列。

8."取得子公司及其他营业单位支付的现金净额"项目

该项目反映企业购买子公司及其他营业单位购买出价中以现金支付的部分,减去子公司及其他营业单位持有的现金和现金等价物净额。本项目可以根据"长期股权投资"、"库存现金"、"银行存款"等科目的记录分析填列。

9."支付的其他与投资活动有关的现金"项目

该项目反映企业除上述各项目以外所支付的其他与投资活动有关的现金,如企业购买股

票和债券时,支付的已宣告但尚未领取的现金股利或已到付息期但尚未领取的债券利息等。若某项其他与投资活动有关的现金流出金额较大,应单列项目反映。本项目可以根据“应收股利”、“应收利息”、“银行存款”、“库存现金”等科目的记录分析填列。

(三)筹资活动产生的现金流量的编制

1.“吸收投资收到的现金”项目

该项目反映企业以发行股票、债券等方式筹集资金实际收到的款项净额(发行收入减去支付的佣金、手续费、宣传费、咨询费、印刷费等发行费用后的净额)。本项目可以根据“实收资本(或股本)”、“库存现金”、“银行存款”等科目的记录分析填列。

2.“取得借款收到的现金”项目

该项目反映企业举借各种长、短期借款实际收到的现金。本项目可根据“短期借款”、“长期借款”、“库存现金”、“银行存款”等科目的记录分析填列。

3.“收到的其他与筹资活动有关的现金”项目

该项目反映企业除上述各项目外所收到的其他与筹资活动有关的现金,如接受现金捐款等。若某项其他与筹资活动有关的现金流入金额较大,应单列项目反映。本项目可以根据“银行存款”、“营业外收入”、“库存现金”等科目的记录分析填列。

4.“偿还债务所支付的现金”项目

该项目反映企业以现金偿还的债务本金,包括偿还金融企业的借款本金、偿还债券本金等。企业偿还的借款利息、债券利息在“分配股利、利润或偿付利息支付的现金”项目反映,不包括在本项目内。本项目可以根据“短期借款”、“长期借款”、“应付债券”、“库存商品”、“银行存款”等科目的记录分析填列。

5.“分配股利、利润或偿付利息支付的现金”项目

该项目反映企业实际支付的现金股利,支付给其他投资单位的利润以及用现金支付的借款利息、债券利息等。本项目可以根据“应付股利”、“应付利息”、“财务费用”、“库存现金”、“银行存款”等科目的记录分析填列。

6.“支付的其他与筹资活动有关的现金”项目

该项目反映企业除上述各项目外所支付的其他与筹资活动有关的现金,如捐款现金支出、融资租入固定资产支付的租赁费等。若某项其他与筹资活动有关的现金流出金额较大,应单列项目反映。本项目可以根据“银行存款”、“营业外支出”、“长期应付款”、“库存现金”等科目的记录分析填列

(四)汇率变动对现金及现金等价物的影响

该项目反映企业外币现金流量及境外子公司的现金流量折算为人民币时,按照现金流量发生日的即期汇率或按照系统合理方法确定的、与现金流量发生日的即期汇率近似的汇率折算的人民币金额与“现金及现金等价物净增加额”中外币现金净增加额按期末汇率折算的人民币金额之间的差额。

(五)现金流量表补充资料项目

除现金流量表反映的信息外,企业还应在附注中披露将净利润调节为经营活动现金流量、不涉及现金收支的重大投资和筹资活动、现金及现金等价物净变动情况等信息。

现金流量表补充资料项目的内容及填列略。

任务案例

【案例】根据任务一**【案例】**中资料及表 14-2 资产负债表和表 14-5 利润表的资料,采用直

接法编制2009年度现金流量表，见表14-6。

解析

表14-6 现金流量表

编制单位：飞宏股份有限公司　　2009年度　　单位：元

项　目	本期金额	上期金额
一、经营活动产生的现金流量		略
销售商品、提供劳务收到的现金	13 425 000	
收到的税费返还	0	
收到的其他与经营活动有关的现金	0	
经营活动现金流入小计	13 425 000	
购买商品、接受劳务支付的现金	4 822 660	
支付给职工以及为职工支付的现金	3 000 000	
支付的各项税费	1 899 500	
支付的其他与经营活动有关的现金	200 000	
经营活动现金流出小计	9 922 160	
经营活动产生的现金流量净额	3 502 840	
二、投资活动产生的现金流量		
收回投资所收到的现金	165 000	
取得投资收益所收到的现金	0	
处置固定资产、无形资产和其他长期资产收回的现金净额	3 003 000	
处置子公司及其他营业单位收到的现金净额	0	
收到的其他与投资活动有关的现金	0	
投资活动现金流入小计	3 168 000	
购建固定资产、无形资产和其他长期资产所支付的现金	4 510 000	
投资所支付的现金	1 050 000	
取得子公司及其他营业单位支付的现金净额	0	
支付的其他与投资活动有关的现金	0	
投资活动现金流出小计	5 560 000	
投资活动产生的现金流量净额	-2 392 000	
三、筹资活动产生的现金流量		
吸收投资收到的现金	0	
取得借款收到的现金	10 000 000	
收到的其他与筹资活动有关的现金	0	
筹资活动现金流入小计	10 000 000	
偿还债务所支付的现金	12 500 000	
分配股利、利润或偿付利息支付的现金	2 100 000	
支付的其他与筹资活动有关的现金	0	
筹资活动现金流出小计	14 600 000	

续表

项　目	本期金额	上期金额
筹资活动产生的现金流量净额	-4 600 000	
四、汇率变动对现金及现金等价物的影响	0	
五、现金及现金等价物净增加额	-3 489 160	
加:期初现金及现金等价物余额	14 063 000	
六、期末现金及现金等价物余额	10 573 840	

任务实训

(一)单项选择题

1. 在我国现金流量表中,对全部业务的现金流量分为(　　)。

A. 现金流入、现金流出及非现金活动的现金流量

B. 经营活动、投资活动及筹资活动的现金流量

C. 直接现金流量及间接现金流量的现金流量

D. 经营活动、投资活动及收款活动的现金流量

2. 下列经济业务产生的现金流量中,属于"投资活动产生的现金流量"的是(　　)。

A. 收到的现金股利　　B. 支付的各种税费

C. 吸收投资所收到的现金　　D. 支付的购货款

3. 在现金流量表中对于企业偿还的长期借款利息应填列的项目是(　　)。

A. 偿还债务支付的现金　　B. 分配股利、利润或偿付利息支付的现金

C. 支付的其他与筹资活动有关的现金　　D. 支付的利息费用

4. 下列各项中,不属于筹资活动产生的现金流量的是(　　)。

A. 吸收权益性投资所收到的现金　　B. 收回债券投资所收到的现金

C. 分配现金股利　　D. 借入资金所收到的现金

5. 引起现金流量净额变动的项目是(　　)。

A. 将现金存入银行　　B. 用现金购买1个月到期的债券

C. 用现金支付购买材料　　D. 用1台设备清偿50万元的债务

(二)多项选择题

1. 下列各项中,影响现金流量变动的项目有(　　)。

A. 用固定资产抵债　　B. 发行债券收到的现金

C. 用现款购买普通股股票　　D. 发行股票收入的现金

2. 下列各项中,属于投资产生的现金流量的有(　　)。

A. 购买固定资产支付的现金　　B. 发行债券收到的现金

C. 转让无形资产收入的现金　　D. 发行股票收入的现金

3. 下列各项中,属于经营活动的现金流量的有(　　)。

A. 支付的所得税款　　B. 购买固定资产支付的增值税

C. 出租包装物收入的现金　　D. 用银行存款支付职工保险费

4. 通过现金流量表,可以(　　)。

A. 说明企业一定期间内现金流入和流出的原因
B. 说明企业的偿债能力
C. 分析企业未来获取现金的能力
D. 分析企业投资和理财活动对经营成果和财务状况的影响

5. 下列各项中，属于经营活动产生的现金流量的有（　　）。

A. 支付的各种活动的所得税　　B. 支付给职工的各种费用
C. 收到的各种罚款　　D. 支付的各种罚款
E. 支付业务招待费得现金支出　　F. 用现金发放在建工程人员工资

（三）判断题

1. 在现金流量表中，所有影响现金流量的项目都应按照现金流量总额反映。（　　）
2. 现金流量表的编制是以权责发生制为基础。（　　）
3. 现金流量表中所指的现金是广义的现金。（　　）

（四）计算分析题

根据任务一、二、三的【任务实训】中计算分析题的资料，编制2009年度的现金流量表。

任务四　所有者权益变动表的编制

任务认知

一、所有者权益变动表的内容及结构

所有者权益变动表是指反映构成所有者权益各组成部分当期增减变动情况的报表。对于当期损益、直接计入所有者权益的利得和损失，以及与所有者的资本交易导致的所有者权益的变动，应当分别列示。

在所有者权益变动表中，企业至少应当单独列示反映下列信息的项目：①净利润；②直接计入所有者权益的利得和损失项目及其总额；③会计政策变更和前期差错更正的累积影响金额；④所有者投入资本和向所有者分配利润等；⑤提取的盈余公积；⑥实收资本或股本、资本公积、盈余公积、未分配利润的期初余额及其调节情况。

二、所有者权益变动表的编制

（一）"上年年末余额"项目

"上年年末余额"项目反映企业上年资产负债表中实收资本（或股本）、资本公积、库存商品、盈余公积、未分配利润的年末余额。

（二）"会计政策变更"、"前期差错更正"项目

"会计政策变更"、"前期差错更正"项目分别反映企业采用追溯调整法处理的会计政策变更的累积影响金额和采用追溯重述法处理的前期差错更正的累积影响金额。

（三）"本年增减变动金额"项目

1）"净利润"项目反映企业当年实现的净利润（或净亏损）金额

2）"直接计入所有者权益的利得和损失"项目反映企业当年直接计入所有者权益的利得和损失金额

(1)“可供出售金融资产公允价值变动净额”项目反映企业持有的可供出售金融资产当年公允价值变动的金额。

(2)“权益法下被投资单位其他所有者权益变动的影响”项目反映企业对按照权益法核算的长期股权投资,在被投资单位除当年实现的净损益以外其他所有者权益当年变动中应享有的份额。

(3)“与计入所有者权益项目相关的所得税影响”项目反映企业根据《企业会计准则第18号——所得税》的规定应计入所有者权益项目的当年所得税影响金额。

3)“所有者投入和减少资本”项目,反映企业当年所有者投入的资本和减少的资本

(1)“所有者投入的资本”项目,反映企业接受投资者投入形成的实收资本(或股本)和资本溢价或股本溢价。

(2)“股份支付计入所有者权益的金额”项目反映企业处于等待期中的权益法结算的股份支付当年计入资本公积的金额。

4)“利润分配”项目反映企业当年的利润分配金额

(1)“提取盈余公积”项目反映企业按照规定提取的盈余公积。

(2)“对所有者(或股东)的分配”项目反映对所有者(或股东)分配的利润(或股利)金额。

5)“所有者权益内部结转”项目反映企业构成所有者权益的组成部分之间的增加变动情况

(1)“资本公积转增资本(或股本)”项目反映企业以资本公积转增资本或股本的金额。

(2)“盈余公积转增资本(或股本)”项目反映企业以盈余公积转增资本或股本的金额。

(3)“盈余公积弥补亏损”项目反映企业以盈余公积弥补亏损的金额。

三、附注

附注是财务报告不可或缺的组成部分。财务报告使用者为了解企业的财务状况、经营成果和现金流量,应当全面阅读附注,附注相对于报表而言,同样具有重要性。

按照规定,企业应披露的附注信息主要包括以下内容。

(一)企业的基本情况

(1)企业注册地、组织形式和总部地址。

(2)企业的业务性质和主要经营活动。

(3)母公司以及集团最终母公司的名称。

(4)财务报告的批准报出者和财务报告的批准报出日。按照有关法律和行政法规等规定,企业所有者或其他方面有权对报出的财务报告进行修改的事实。

(二)财务报告的编制基础

说明企业的持续经营情况。

(三)遵循企业会计准则的声明

企业应当明确说明编制的财务报告符合会计准则体系的要求,真实、完整地反映了企业的财务状况、经营成果和现金流量。

(四)重要会计政策和会计估计

企业应当披露重要的会计政策和会计估计。不重要的会计政策和会计估计可以不披露。在披露重要会计政策和会计估计时,应当披露重要会计政策的确定依据和财务报表项目的计量基础,以及会计估计中所采用的关键假设和不确定因素。

(五)会计政策和会计估计变更以及差错更正的说明

企业应当按照《企业会计准则第 28 号——会计政策、会计估计变更和差错更正》及其应用指南的规定进行披露。

(六)重要报表项目的说明

企业应当尽可能以列表的形式披露重要报表项目的构成或当期的增减变动情况。

对重要报表项目的明细说明,应当按照资产负债表、利润表、现金流量表、所有者权益变动表的顺序以及报表项目列示的顺序进行披露,采用文字和数字描述相结合的方式进行披露,并与报表项目相互参照。

报表中重要报表项目主要有:①交易性金融资产;②应收账款;③存货;④可供出售金融资产;⑤持有至到期投资;⑥长期股权投资;⑦投资性房地产;⑧固定资产;⑨无形资产;⑩交易性金融资产;⑪职工薪酬;⑫应交税费;⑬短期借款和长期借款;⑭应付债券;⑮长期应付款;⑯营业收入;⑰公允价值变动收益;⑱投资收益;⑲资产减值损失;⑳营业外收入;㉑营业外支出;㉒所得税费用等。

任务案例

【案例】据任务一、二【案例】中资料及表 14-2 资产负债表和表 14-5 利润表编制 2009 年度所有者权益变动表,见表 14-7。

解析

表 14-7 所有者权益变动表

编制单位:飞宏股份有限公司　　2009 年度　　单位:元

项目	本年金额						上年金额					
	实收资本(或股本)	资本公积	减:库存股	盈余公积	未分配利润	所有者权益合计	实收资本(或股本)	资本公积	减:库存股	盈余公积	未分配利润	所有者权益合计
一、上年年末余额	50 000 000	0	0	1 000 000	500 000	51 500 000						
加:会计政策变更												
前期差错更正												
二、本年年初余额	50 000 000	0	0	1 000 000	500 000	51 500 000						
三、本年增减变动金额												
(一)净利润					2 638 500	2 638 500						
(二)直接计入所有者权益的利得和损失												
1. 可供出售金融资产公允价值变动净额												
2. 权益法下被投资单位其他所有者权益变动的影响												
3. 与计入所有者权益项目相关的所得税影响												
4. 其他												
(一)和(二)小计												

续表

项目	本年金额						上年金额					
	实收资本（或股本）	资本公积	减:库存股	盈余公积	未分配利润	所有者权益合计	实收资本（或股本）	资本公积	减:库存股	盈余公积	未分配利润	所有者权益合计
(三)所有者投入和减少资本												
1. 所有者投入的资本												
2. 股份支付计入所有者权益的金额												
3. 其他												
(四)利润分配												
1. 提取盈余公积				263 850	-263 850	0						
2. 对所有者(或股本)的分配					0	0						
3. 其他												
(五)所有者权益内部结转												
1. 资本公积转增资本(或股本)												
2. 盈余公积转增资本(或股本)												
3. 盈余公积弥补亏损												
4. 其他												
四、本年年末余额	50 000 000	0	0	1 263 850	2 874 650	54 138 500						

📖 任务实训

(一) 单项选择题

1. 下列报表中,(　　)一般不是月度报表。

A. 资产负债表　　B. 利润表　　C. A 和 B　　D. 现金流量表

2. 以下财务报表中,(　　)是属于静态财务报表。

A. 利润表　　B. 所有者权益变动表　C. 资产负债表　　D. 现金流量表

(二) 多项选择题

1. 按照我国《企业会计准则》的规定,财务报告应当包括(　　)。

A 资产负债表　　B 利润表　　C. 现金流量表　　D 利润分配表

E. 附注

2. 所有者权益变动表中至少应当单独列示反映(　　)项目。

A. 净利润

B. 直接计入所有者权益的利得和损失项目及其总额

C. 会计政策变更和差错更正的累积影响金额

D. 所有者投入资本和向所有者分配利润等

E. 提取的盈余公积

（三）判断题

1. 当企业的资产或负债的余额出现负数时，企业需要对有关的报表项目作出注释。（　　）

2. 编制财务报告是为了满足有关方面对财务信息的要求，财务报告的最终目的是为社会资源的合理配置提供所属的会计信息。（　　）

3. 财务报告附注不应包括或有事项的说明。（　　）

4. 所有者权益变动表属于静态财务报表。（　　）

（四）计算分析题

根据任务一、二的【任务实训】中计算分析题的资料，编制2009年度的所有者权益变动表。

参考文献

[1] 财政部会计司编写组.企业会计准则讲解(2008)[M]. 北京:人民出版社,2008.
[2] 赵治纲.最新企业会计核算实用指南[M]. 3 版. 北京:经济出版社,2009.
[3] 潘上永.财务会计[M]. 北京:高等教育出版社,2008.
[4] 杨有红.中级财务会计[M]. 3 版. 北京:中央广播电视大学出版社,2008.
[5] 李玉英.新编财务会计[M]. 5 版. 大连:大连理工大学出版社,2008.